情報化と社会心理

林 茂樹 編著

中央大学出版部

故 佐藤智雄先生に捧ぐ

はしがき

　ITという略語がマスメディアから見られない日はない，といっても過言ではないほど今日の社会は情報やそれをとりまく技術で賑わいをみせている。30年ほど前には，情報化とか情報社会という言葉がやはり同じような賑わいをみせていた。両者のもつイデオロギー性はその本質を変えないまま，状況は大いに変わっている，あるいは全く変わったとも言えよう。

　国際関係や政治経済の有り様も1990年前後を境にして大きく変わった。その大きな原因の一つは，IT化を含めた情報化によると言えよう。情報通信のデジタル化やインターネット化は，まさしくグローバルな広がりをみせているし，他方で情報機器の携帯化や個人化もすさまじい勢いで進んでいる。当然，個人生活から国際関係に至るまで情報の機能や意味も違ってくる。

　2001年9月11日，米国に同時多発テロが発生し，米国民のみならず全世界にこの激震が伝わった。この大事件は，一過性のものではなくそれ以降，目下，米国とアフガニスタンを両軸とする争いに発展し，全世界がその渦に巻き込まれている。従来の戦争や紛争とは異なり，その影響は政治，経済，社会，宗教などの各領域に世界規模で広がりをみせている。その一連の動向は，武力や外交による争い以上に世界的影響をもつうえで情報戦争の意味合いが強いとも言えよう。この事件の勃発は，バーチャル・テロを広範な現実社会のテロにしたし，その後，炭疽菌によるバイオ・テロも発生している。

　これら一連の事件は，今後なにが起こるかわからないという不安や，事件のたびに人々に新たな不安という心理的強圧を与えている。そのことによって，既存の価値観の修正や遠い存在でしかなかった宗教やその教義を改めて認識させられるような事態をまき起こしている。

　これらの事件にまきこまれた当該国民のみならず全世界に，刻々と移り変わ

る情勢が新聞やテレビ等のマスメディアやインターネットによって，その物語的な手法を使って逐次伝達され，解説されている。そのことによって，既存の枠組みを所与のものとしていた社会心理や価値観を改めて見直さなければならない事態を迎えている。

　このように，世界的な大事件が顕在化したことによる新たな社会心理のありようを考え直す必要性を感じているが，それらの分析や診断はいま少し時間を要する。しかし他方で，普段の日常生活を通した社会環境や状況が着実に変化しつつあるなかで，人々の意識や心理も変化している態様を無視することはできない。

　そこで私たちは，ほぼ1年前から情報化を縦軸に，人々の生活や人間関係を横軸において社会生活を眺めれば，各々のレベルで顕著な特徴や性格を見いだせるのではないかという素朴な発想から，著者個々の関心事を分析してみようと思いたち本書を編むキッカケをつくった。その意味から，本書は対象と方法が必ずしも一貫していない。しかし，情報化を通して現代社会，ひいては現代人の社会心理のありようを，それぞれの視座から分析するという共通認識はある。

　本書は，情報社会の流動的な全体像の分析から，情報をなりわいとしてハードやソフトを社会に提供する側の分析や，それらを日常の個人生活から社会生活に至るまで利用している多様なレベルの人々や消費者の側からの分析，あるいはその両者を視野に入れた分析といったさまざまな視点からの論文によって構成されている。そこで，本書の企画の前半部を二つの領域に分け，Ⅰ部は「情報化と社会」，Ⅱ部は「情報化と人間」とし，後半部の領域でⅢ部として「情報化と生活」，Ⅳ部として「情報化と地域」としてまとめた。昨今の情報化の動向は，社会構造というマクロな次元の議論のみならず，よりミクロな方向に沿った議論や分析も必要としており，具体的な変化を論じることをも視野に入れることが要請されている。

　読者諸氏の忌憚のないご批判やご叱声を期待している。

　ところで，本書は，昨年2月に逝去された中央大学名誉教授佐藤智雄先生を

偲んで編まれることとなった。したがって，ここに稿を寄せられた方々は，何らかの形で佐藤先生の驥尾に接した経験をもつ者たちである。亡き先生を偲びつつ，今は，ひとり立ちした本書の著者たちを一同に集わせる機会を与えてくださった佐藤先生に感謝したい。

　そしてまた，私たちの研究仲間でもあった立正大学教授美ノ谷和成氏が，本年5月に，思いがけず病魔に命を奪われることとなった。本来であれば，もちろん，執筆陣に名を連ねるところであったが，それも適わぬ事態に立ち至ることとなった。

　心からお二人の冥福を祈りつつ，本書を上梓したい。

　　2001年10月20日

　　　　　　　　　　　　　　　　　　　　　　　　　　　編　　者

目　次

はしがき

I　情報化と社会

I　情報化の社会心理 …………………………………林　　茂樹… 3
1. イデオロギーとしての情報化そしてIT化……………………… 3
2. 情報意識の変容 ………………………………………………… 8
3. 情報化の社会心理 ……………………………………………… 12

II　情報化社会の進展と情報空間の変容
──〈コンピュータ型情報空間〉の二面性をめぐって──
　　　　　　　　　　　　　　　………………………前　納　弘　武… 19
1. 〈コンピュータ型情報空間〉の日常化………………………… 19
2. 「コミュニケーション空間」をめぐる問題…………………… 22
3. 「シミュレーション空間」をめぐる問題……………………… 25
4. 〈コンピュータ型情報空間〉の身体性………………………… 28

III　思想としての情報化社会
──日本型〈公共圏論〉の展開と，情報公共圏構築の可能性──
　　　　　　　　　　　　　　　………………………梅　津　顕一郎… 33
1. はじめに ………………………………………………………… 33
2. 情報化の進展と情報公共圏論の興隆 ………………………… 34
3. 「情報公共圏論」の立論根拠 ………………………………… 38
4. 大衆情報化時代に於ける「公共圏論」の有効性 …………… 42
5. 結語──対抗的選択肢としての「自律的議論空間」……… 45

Ⅳ　IT社会と信頼 ……………………………………岡澤憲一郎… 49
　　1．歴史の狡智 ………………………………………………… 49
　　2．IT革命とIT社会………………………………………… 51
　　3．IT社会の光と影 ………………………………………… 54
　　4．信頼と自己責任 …………………………………………… 57

　Ⅴ　「情報立国」と「情報鎖国」のジレンマ
　　　　——IT革命時代に問われる中国の行方——………林　　暁光… 63
　　1．IT革命時代を迎える中国 ……………………………… 63
　　2．情報化時代の光と影 ……………………………………… 66
　　3．情報化社会の利害を巡る政府の出方 …………………… 70

Ⅱ　情報化と人間

　Ⅰ　電子情報空間と政治行動
　　　　——電子民主主義試論——　……………………飯田良明… 79
　　1．電子政府 …………………………………………………… 79
　　2．インターネット選挙 ……………………………………… 82
　　3．電子民主主義のジレンマ ………………………………… 88

　Ⅱ　情報化の中の自我の可能性
　　　　——G.H.ミード社会心理学からの示唆——………豊沢　敏… 95
　　1．はじめに——情報化とシンボリック相互作用論の自我論 …… 95
　　2．ミードにおける自我の社会的形成——情報を収集し整理する
　　　　人間の能力 ………………………………………………… 99
　　3．ミードにおける自我の創造性——情報を発信し社会を
　　　　変化させる人間の可能性 ………………………………… 102
　　4．結びにかえて——情報化時代における自我論の意義 …… 105

　　　　　　　　　　　　　　　　　　　　　　　　　　目　　次　vii

Ⅲ　「IT 革命」下の自己と他者
　　　──若い世代の問題── ……………………小 谷　　敏…111
　1．「IT 革命」の現況 …………………………………………………111
　2．「自己と他者」のいま ……………………………………………116
　3．若い世代の問題──「余地」なき世代の青春 …………………120

Ⅳ　ディスクールとしての若者文化
　　　──ヤング・カルチャー論序説── ………新 井 克 弥…127
　1．アイデンティティ，戦後近代化，ヤング・カルチャー …………127
　2．団塊世代，ヤング・カルチャーの誕生 …………………………131
　3．ヤングから新人類へ──記号消費による差異化戦略の
　　　システム化 …………………………………………………………134
　4．若者文化論における問題点の構造 ………………………………139
　5．一元的若者像の終焉と文化社会学として若者を扱うことの課題
　　　………………………………………………………………………141

III　情報化と生活

　Ⅰ　生活情報の社会心理 ……………………………松 澤　　勝…149
　1．人間の生活と情報 …………………………………………………149
　2．生活情報とは何か …………………………………………………153
　3．消費分野の生活情報 ………………………………………………158

　Ⅱ　家庭の情報化と消費者意識 ……………………佐古井貞行…165
　1．はじめに ……………………………………………………………165
　2．調査地の概況と調査方法 …………………………………………166
　3．調査内容と分析の方法 ……………………………………………167
　4．調査結果の分析 ……………………………………………………168
　5．おわりに ……………………………………………………………186

Ⅲ　生活者の福祉分野における情報化 ……………守 弘 仁 志…189
　　1．はじめに ………………………………………………………189
　　2．「福祉」からみた「情報」と「情報」からみた「福祉」…………192
　　3．情報伝達と供給の中の生活者 ………………………………198
　　4．コミュニケーション・ネットワークとしての福祉情報化 ……201
　　5．生活者の立場からの福祉情報化 ……………………………203

Ⅳ　公的介護保険と福祉情報
　　　――地域福祉との係わりで――……………松 下 育 夫…207
　　1．公的介護保険の発足 …………………………………………207
　　2．公的介護保険と福祉情報 ……………………………………212
　　3．公的介護保険下における住民参加と福祉情報 ……………217

Ⅳ　情報化と地域

Ⅰ　アポリアとしての地域情報 ……………………岩 佐 淳 一…225
　　1．はじめに ………………………………………………………225
　　2．地域メディアと地域の大きさ ………………………………226
　　3．地域情報のアポリア …………………………………………229
　　4．地域情報の社会心理 …………………………………………233
　　5．おわりに ………………………………………………………237

Ⅱ　社会運動と新聞報道
　　　――栗東町産廃処分場問題を事例にして――　……早 川 洋 行…241
　　1．社会運動，新聞，そして社会学 ……………………………241
　　2．社会運動の見取り図 …………………………………………243
　　3．新聞報道の量と質 ……………………………………………246
　　4．闘争への機能 …………………………………………………254
　　5．新聞報道の果たす役割 ………………………………………260

Ⅲ　地震罹災地域の情報意識とアイデンティティ
　　　──兵庫県北淡町の場合──　……………………植 村 貴 裕…263
　1．北淡町と神戸市におけるマスメディア情報空間と
　　　マスメディア状況　………………………………………………263
　2．北淡町住民の情報メディアの利用とマスコミに対する評価
　　　──平成10年度調査から（その1）──　………………………266
　3．集合的記憶と地域アイデンティティ　…………………………268
　4．北淡町における地域アイデンティティの一断面
　　　──平成10年度調査から（その2）──　………………………270
　5．北淡町民の情報意識と地域アイデンティティ　………………272

I 情報化と社会

I 情報化の社会心理

［キーワード］ 情報化，IT 化，IT 革命，デジタル革命，ポストモダン，デジタルデバイド(情報格差)，選択共同体

1．イデオロギーとしての情報化そして IT 化

(1) 情報化そして IT 化の本質

「情報化」というキーワードが世界的にさまざまな領域でとびかっている。わが国においても，この言葉が公的な分野において使用されるようになって40年を越えようとしている。そして，情報化と本質が変わらないまま，1999年から「IT（化）」というキーワードに移行してきた。その理念と論理は奈辺にあるのだろうか。

情報化は，「人間の体内にある器官（眼，耳，声帯，頭脳など）に代わる道具（言葉，文字，筆記用具，印刷技術，電子技術など）の出現と，それをめぐる組織の生成（郵便，電話，新聞，出版，放送事業など）という長い時間をへてたどりついた着地点にその端緒が開かれている。」[1]と言われている。ただ情報化の端緒を上のように規定したとしても，この数十年の現実の社会変動に照らして，情報化を改めて考察する必要があろう。

「1970年代以降，そこを起点に，主としてテレビ技術とコンピュータ技術の結合により，体外化した情報機能はその高次化を開始する。情報機能の高次化とは，①各道具間の機能分化（テレビは速報性，新聞は詳述性という棲み分けなど），②情報内容の細分化・詳細化・専門化（雑誌の多様化，都市型CATVにみられる多

チャンネル化など），③道具の小型化・軽量化とそれにともなう携帯化とパーソナル化（ウォークマン，パソコン，携帯電話など），④情報の再現精度の高密化と索引速度の高速化（ハイビジョンやインターネットなど）である。この結果，個人の生活において，精巧な道具を媒介にして間接的に獲得する公的な情報が，あまり道具を用いずに直接的に獲得する私的な情報を，圧倒するようになる。これがいわゆる情報化である。そして，これら〔体外化し高次化した情報機能と情報ソフト〕が社会経済を推進する有力な資源として浮上し，新たなビジネス・チャンスを情報化はあわせもつことになる」[2]。

　上の説明は，今日言われるところのIT化をも包含した情報化についてとりわけ技術あるいはハード面にシフトをおいた内容である。ただ，ここで注意しておくべき必要なことは，新しいメディアが旧いメディアに置き換えられるのではなく，付加されていったということである。新旧メディアは，当初並行して使われ，時間の経過とともにそれぞれの役割を変えながら，分担や機能を変えていく。そのことによって，メディア状況や秩序が変わる。その際，新しいメディアの登場によって旧いメディアが消え去るとは限らない。むしろそこには，メディアのパラダイムコンフリクトが発生する。と同時に，今日のようにメディアの変化が急速かつ複合的であるために，パラダイムシフトが捉えにくい面をもつ。新しいメディアの登場は，情報の量的変化のみならず質的変化をもたらし，さらに人間や社会に与える影響は多岐にわたる。マクルーハンを引き合いに出すまでもなく，印刷メディアから電子メディアへのシフトは，単に情報量の増大を意味しない。同時に，文字から音声や映像という情報の質の変化のみを意味するものでもない。それは，人間や社会の思考パラダイムを変えることによって，人間や社会の存在そのものやあり方を変えてきた。

　T.クーンのいう科学上の革命は，前のパラダイムを全く妥当性のないものにし，破棄させるものであった[3]。すなわち新しいパラダイムの登場が優越視されるのである。しかし，現実にはメディアのパラダイムシフトは断絶ではなく連続して機能する。新しい要素が加わることによって，従来のものの性質や機能が徐々に変わっていくのを常としている。そしてその変化が他のさまざま

な領域にも波及するため，長い年月のスパンで大きなパラダイムシフトに変化を生じさせたり，その年月が転換期であったりすることが後年認識されるのである。

マクルーハンも述べているように，グーテンベルグによる活版印刷の登場は，歴史上きわめて大きなパラダイムシフトの提起であった。しかし，この印刷術の発明によって直ちに宗教革命や市民革命が起きたわけではない。印刷術の重要性は，それまで支配階級に独占されていた情報を伝達し蓄積するシステムを一般民衆のレベルにまで拡げたところにある。それまでに約400年の年月を要した。このことから類推すれば，IT化をふくめた情報化がその本来の機能を発揮するのはかなり後のことで，それまでわれわれは長い過渡期を生きていることになる。

インターネットの普及は，今までの手紙や電話の機能をより早くより便利にしたということにとどまらない。コミュニケーションの仕方や質，ひいては心理的抵抗を軽減させるといった変化を招来させる。人間の生活や情報意識をも変えるのである。まさに，「最初に人間が道具を創る。しかしその後は道具がわれわれ人間を形作る」[4]と言われる所以である。

(2) 情報化の実像

このように情報化やIT化の理念と技術的将来の可能性が多くの識者から指摘されるところであるが，それらの理念や可能性に見え隠れするイデオロギー性を見落とすことはできない。すなわち，これまでの情報化をめぐる論議がどのような新たな情報のあり方や意味付けを行ってきたかを整理する必要性があろう。そうしたなかで情報化を推進する主体がだれなのか，新しいメディア環境の下での情報内容はどのように変わるのか，新技術の技術基準はいかなるプロセスで決まるのか，そして，情報マーケットの覇権競争のなかで展開される資本の合従連衡の実態等々について，分析の必要があろう。

1994年5月，郵政省電気通信審議会が『21世紀の知的社会への改革に向けて——情報通信基盤整備プログラム』を発表してから，それは一挙に具体化に向け

て進み，2010年を目標にあらゆるメディアのデジタル化＝IT化を完成させるプログラムが構想され，実施に向けての政策展開が進められた。政府はIT革命やデジタル化の推進にバラ色の夢を託す発表を次々に打ち出しているが，現状においては，それを社会的に定着させるプロセスがしばしば国民不在のままに一部の大手事業者や特定資本，あるいは非メディア資本の国際的な合従連衡によって，新たな情報マーケットの創出とそれへの参入，そして覇権争いに勝つことでしかないように見える。

　情報化の名の下に進められた商業主義と市場競争は，はたしていかなる内実をもったメディアになるのであろうか。想定できることは，メディア事業体に幾ばくか残されている情報の公共的性格が大きく削減され，マーケッティング手段としてどれだけ有効かといったこと，あるいは対価を得て享受されるような特定の情報内容をもったメディア事業体のみが勝ち誇るといったことである。

　これまで情報化の政策的目的には，経済振興，国際化への対応，国際競争力の強化，労働力の創出，多様な情報流通，利用者主権と利便などと，あたかも情報技術がこれまでにない新たな社会をもたらす救世主であるかのような言説が与えられてきたため，国民にとって文句のつけようがないかのごとく描かれてきた。しかし，いま進められている情報化をいくらかでも市民や国民の手に取り戻すには，政府や産業界の目指す情報化の意図を明らかにする作業が必要だ。IT革命，デジタル革命といった政策，そして国際的な情報通信分野で起こっている巨大資本によるメガコンペティション（大競争）の隠された意図は何か。それが見えないと情報化の波に飲み込まれるだけである。なぜなら，いま進んでいる事態は，メディア業界の浮沈という狭い領域の問題ではなく，広く社会の発展に不可欠な情報メディアの存立基盤を崩壊させるという重大な問題をはらんでいるからである。

　『通信・放送融合懇談会中間とりまとめ』では，情報化とくにデジタル化の技術特性を奨励しつつ「サイバー社会」論を展開しているが，そこでは個の確立，新たな人間関係の形成，社会的一体感の変容という三点が挙げられている。

しかし，これらの内容は，国民に幻想を与え政策の支持を得ようとするものにすぎない。確かに，目下進行中のデジタル化と大容量ネットワーク化の技術基盤は，メディアを利用したコミュニケーションに大きな変革をもたらすことも事実だ。それゆえ政府は，IT革命と称して国家戦略の重要施策と位置づけているのである。

　高度成長をなし遂げた日本の新たな経済社会に対応するために，長期戦略として情報革命は保守支配層の命題であった。これは，高度成長を支えた重化学工業から情報技術を活用した新たな産業への構造転換を図るだけでなく，市場原理を優先させるために規制緩和による民活利用と公的部門の商業主義化を徹底し，経済大国としての国民感情を統合しようとする意味合いが読み取れる。

　以上のように，情報化のイデオロギー性についての概要を上に述べてきたが，近年，国民のすべてにとっての大きな問題を看過するわけにはいかない。それは，IT化やデジタル化の進行にともなう情報生活や情報文化に係わる問題である。

　具体例としてまず，2010年までに移行が予定されている放送のデジタル化について考えてみよう。視聴者への影響として，アナログ放送が停止されるまでに半ば強制的に受信機を買い換えさせられるか，デジタルアダプターを購入しなければならない。既存の放送で満足し，高画質や多チャンネルを望まないからといって既存のアナログ受信機を使い続けることはできない。デジタルへの移行期間でもチャンネルプランに合わせた受信機の設定とアンテナの変更が必要になる場合もある。マンションなどではアナログ放送とデジタル放送との混在により，共聴施設などの二重負担が必要となる。これらの経済的負担は決して軽いものではない。また，放送事業者にとっても，デジタル機器の購入，アナログとデジタルの同時運用の経費，さらにデータ放送のコンテンツ制作などの経費が必要になるが，これらに見合う収入を確保することは容易ではない。結果的に制作費を切り詰めて番組の質の低下を招かざるを得ない状況をつくりだすのではないか。

　次に，テレビとパソコンとの関係についてみると，両者は形態的には近いも

のだがメディア利用の仕方や機能は全く別のものである。放送と通信とが融合すると言われているデジタルテレビで，複雑な知識と操作を必要とするパソコン文化が抵抗無く受け入れられるためには長い時間を要するであろう。

　以上のようにIT革命は，情報格差（デジタルデバイド）を生み，さらなるデメリットを拡大再生産する危険性を指摘する論者も多い。それなりの投資により利用する情報そのものには格差は生じない。必要な情報を選別し，再び組み立てる能力により格差が生じるのだ。同時に，情報への投資が経済的に負担できない人や，高齢者などに新たな情報弱者を生むことになる。問題は，情報格差以外の社会資本に関する不平等が存在することである，というR. ボワイエは，「ライフラインにつながるような基本的社会サービスを享受できない不平等を解決することが情報格差よりもはるかに重要である。犯罪，麻薬，暴力，教育などの問題を解決せずして，コンピュータを貧民街に持ち込むことはナンセンスではないだろうか」[5]と米国社会の批判を行っているが，同じことが日本においても言い得よう。まさに，功利主義的なものの見方が勝利し，あらゆる制度は市場的な効率性をもつべきであるということになれば，問題は極めて深刻である。

2．情報意識の変容

(1) 情報化による意識の変容

　社会学上の概念としての「生活世界」は，近代社会のシステム的・技術的なものに対する一種の魔除けとして作用する。そこで視野から抜け落ちてしまう点として，問題視されることの多い生活世界のテクノ化こそ根本的な負担軽減のメカニズムであり，このメカニズムによって近代の存在の有り様がはじめて可能になった，というのがマクルーハンの『グーテンベルクの銀河系—活字人間の形成』に通底する主張であった。そして人間の意識の負担を軽減し，それによって偶然出現して人を驚かせる現象に対する意識の能力を高めさせるのも，権力や貨幣のような操作メディアにほかならない。こうした能力は，マス

メディアとマルチメディアの時代を迎えていっそう重要さを増している。しばしば指摘される「情報洪水」という言葉で逆に隠されてしまう本当の問題とは，情報として把握されたものと操作によって制御できるものとの間の差異がますます拡大していることである。

ところで，IT革命によって，極言すれば仮に活字文化が後退した場合，新しいコミュニケーションの有り様はどうなるのかという問題が想起される。このことは，政治，経済，社会，メディアなどどの分野においても皆同じ問題をかかえている。インターネットやデジタル化が普及すれば，もはや大衆に訴えかけることはできない。消費者はブランドにこだわらなくなり，政党支持もつねに変わるようになり，新興宗教がはやり，読書の傾向も自分がとくに関心のあるものしか読まなくなる。したがってマスメディアは，コントロールできない受け手を始終相手にしなければならなくなる。そもそも共通のメディアなどもはや存在が希薄になるのである。さまざまに異なる価値体系に対し，これまたさまざまに異なるメディアが対応する。民族的，政治的，文化的な断層がさまざまな情報の世界をばらばらに分け隔てている。市民的公共性は，メディア共同体という仮想現実のなかに解消していくのである。こうしたことから，「マスメディアの死」といった診断を下しかねない。というのも，世界規模のコミュニケーションはブロードキャスティングという伝統的図式の現実を前に，消費者大衆はそのすきまの領域にたてこもる読者・視聴者の群衆と化してしまうからである。それどころか今ではポイントキャスティングが登場しつつある。すなわち，送り手と受け手の一対一の関係でなりたつメディアである。情報市場が先へ進みながら消えてなくなる事態があたりまえになる。大衆から分野別の目標集団を経て，最終的には個人へ至るルートである。しかし，目標集団が市場の小さな部門へ解消していく個別化の流れは必ずしもマスメディアの終わりを意味するのではなく，その消滅と再結合の可能性が高まったことを意味している。このプロセスの最後にいるのは個人ではなく選択した共同体である。市民社会は個々勝手な個人へと分解し，そこから選択した共同体へと再結合する。このような選択共同体は，メディアの仮想現実のなかで，ポストモ

ダン的根幹を形成することになる。コミュニケーションを行うことは有効な情報の授受とは直接的には関係ない。お喋りや暇つぶしが日常のルーティンワークなのだ。こうしたコミュニケーションを行うことで安心感を引き出すのだ。

　コンピュータ文化は，新しい文化技術を背景に新たなアイデンティティを築きつつある。同時に，人々もコンピュータという万能機械を前にして，将来の生き残りをかけて自らのアイデンティティを再構築しなければならない。始めのうちのコンピュータは，効率のよい計算機であったが，ついにはコンピュータのコミュニケーション潜在能力が発見されたことにより，計算機としてではなくメディアとしてのコンピュータを認識するようになった。しかも，今ではグローバルな規模のコミュニケーション・ネットワークとして利用されている。さらに，みんなのためのコンピュータから「個人に特化したコンピュータ」の時代を迎えつつある。さきに記した選択共同体が一般化すれば，コンピュータによる人間関係の構築というコンセプトも，メディアとしてのコンピュータ体験を出発点としている。すなわち，コンピュータのハードやソフトから取りかかるのではなく，コミュニケーション関係から始まる。しかもこのコミュニケーションは，放送と通信の融合によって，いわゆるウェブキャスティングの利用が常態となる。

(2) ポストモダンの情報意識

　マクルーハンのいう「グーテンベルクの銀河系」が意味するところは，近代社会をさしていたから，活版印刷技術の発明というメディア革命は「近代」を創造したことになる。これに対して現代は，電子メディア革命＝IT革命の真っ只中にある。さまざまなメディア技術の大きな変革のために，人間と社会と文化を構造的に変えてしまうはずである。少なくとも局所的には変換や変容が見られる。1960年代以降，情報化が時間の経過とともに急速化するにつれ，個人の存在様式は「近代」に由来する人間の定義によっては十分に捉えられなくなった。そこには，新しい要因を含み新しい様相を呈してきた。つまり，近代に属しているのとは違った人間のありようが出現してきた。モダンという時代

状況のなかでのポストモダンの出現，これとIT革命が相補的に作用しあいながら新しい文明の形態を形成しつつある。

さきに示した選択共同体は，マクルーハンのいう「地球村（global village）」あるいはglobalizationとの共通点が多い。電波メディアの発達・普及によって地球全体が村落社会化するというのがマクルーハンの主旨であり，その性質上，国境を越える。したがって，電波メディアによって伝統や文化や国籍の差を越えてオーディエンスは平等になる。また，電波メディアへの接触が繰り返され持続すれば文化圏や国境が規定していた差を減少する。こうして文化の均質化が進めばオーディエンスは「村落社会」の成員に限りなく接近することになる。しかも，このことは地球規模で同時に進行するため，「地球村」でありglobalizationであるという。

今日では，メディア状況がマクルーハンの述べた時期とは大きく異なっているが，主旨は変わらないであろう。デジタル化やインターネット化を軸とするIT革命では，一対一のコミュニケーションの無数の同時進行が地球的規模に拡大し，一切の国境や文化圏や民族を容易に越えることが普通となる。多様なメディアとこうしたコミュニケーションが所与のものとなる。すでにコンピュータを備えたネットワーク・コミュニケーションの世界はあらゆる境界を越えて地球規模に広がった。

ただ，ここに示した選択共同体は，マクルーハンのいう村落社会に近い共同体とは少々異なる。つまり，今日のオンライン・サークルと呼ばれるものは，伝統的な共同体とは性格を異にしているからである。むしろ，西垣通のいう「電縁広場」のようなものだ。「参入・離脱は自由で，匿名も許され，メッセージの内容も大半が断片的である」[6]からである。しかし，西垣も述べているように「ネット社会では生産者と消費者との境界はあいまいになってくる。そこに出現するのは，『生産的消費者』や『消費的生産者』である。……単なる『電縁広場』的なオンライン・サークルだけでなく，贈与・互酬経済的な性格をもつ持続的な『オンライン共同体』さえも生まれてくる可能性がある」[7]。これにともなって，ある程度安定した共同体的つながりをも反映するものなの

だ。いわば，ネット縁による個と個の関係の集積としての集団に似たものであり，これはやはり新しい集合態と言える。

さらに，ネットワーク化が普通のこととなれば，当然のことながら社会の構造的側面，すなわち人と人との関係や結合状態に変化が起こる。ネットワークには明らかにローカル性という意味合いが含まれている。つまりローカリゼーションである。別の表現で言えばグローバリゼーションだけが支配的に加速されるのではなく，ローカリゼーションをともなっているのだ。

3．情報化の社会心理

(1) IT利用意識の偏差——世代間格差

最初に情報化およびIT化のイデオロギー性について指摘しておいたが，他方で，社会の各領域においてそのイデオロギー性が浸透していることも事実である。かつてのニューメディアやマルチメディアのブームが起こったように，IT（革命）という言葉が大きなブームを巻き起こしている。ブームだからといって一時的だとか，単なる空騒ぎかというと，必ずしもそうとは言えない事態が進行している。デジタル・コンピュータの出現による情報技術の変化は，従来の技術を根底から揺さぶりつつある。それは，情報が物質から逃れる，つまり脱モノ化するという動きであると言えよう。言い換えれば，すべての情報が0と1とに還元されるというデジタル情報革命が起こっているのである。それは，すべての情報をメディアの物質性から解放したことなのだ。そのことによって，社会構造や経済構造，産業構造がグローバルな規模で変わりつつあるが，その根底には人間そのものを変えていく可能性がある。コミュニケーション・メディアが変容することによって，人々のものの考え方や行動様式が変わるのも事実である。すでに，マクルーハンやイリイチ，オング等がそのことを立証してきた。

ある技術が導入されたときに，それが人間や社会に対していかなる影響を与えるかということは，長い時間をかけなければ分からないということが言える

が，IT革命は，あまりにも速くかつ変化も急速だ。それに，人々が慣れることができるのか。実感として，慣れかつ克服するという人々の力を超えたスピードでことが進んでいる。

こうしたなかで，最近の若者はITに強く，熟年層とのギャップが明らかなのは，諸々の調査データが立証している。大きくはデジタルデバイド（情報格差）という問題に連関するが，とりわけ日本において最も気掛かりなのは，年齢差によるIT格差であろう。通信総合研究所が2000年に行った「インターネット利用意向調査」によれば，「若い人ほど近い将来インターネットを利用する可能性に肯定的な回答をする傾向が見られ……これを見るかぎり，わが国ではインターネット利用者における年齢差が急激に改善するとはいえないように思われる」[8]という指摘があるが，あらかじめ予測されたことでもある。しかし，米国では20歳代から50歳代まで，比較的差はないという指摘[9]がある。

図1　インターネットの利用意向

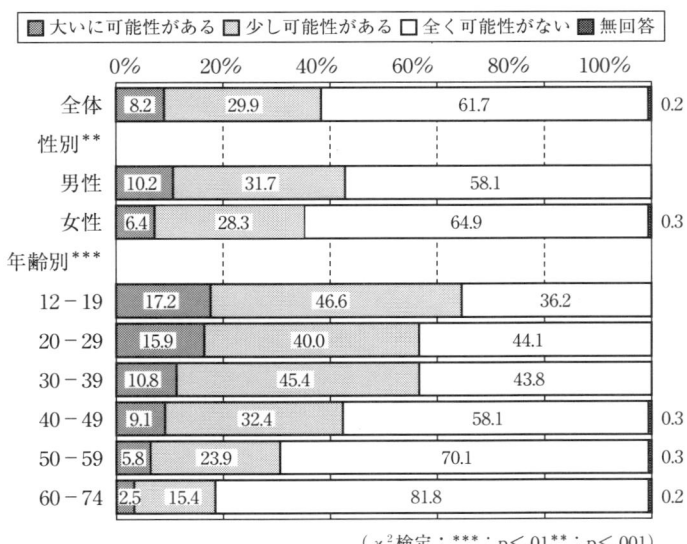

（χ^2検定；*** : p<.01** : p<.001）

出典：通信総合研究所『インターネット利用動向に関する実態調査報告書2000』
　　　2001年1月，21頁。

一般に，人々は慣れ親しんだメディアの枠組みで新しいメディアを捉えようとする。それゆえに，既存のメディアの延長線上で新しいメディアの機能を捉えようとする。これまでの枠組みで捉えられない機能は理解も評価もできないからだ。したがって，新しいメディアはいつも前のメディアとの連続性にのみ注目されることになる。だからとりわけ日本では年配者で保守的な人の眼には新しいメディアの革新性を理解したり克服しようとはしない場合が多い。このような人は新しいメディアがこれまでにない機能を発揮し，これまでにない状況をつくりだし，やがては自分や社会の生活を大きく変えようとも，新しいメディアがそのような変化を起こしたのだと思いたくないという心理がはたらく。新しいメディアへのパラダイム転換に踏み切れなかったり，躊躇をしてしまうのだ。

(2) 若者の情報行動と情報観

30歳未満を中心として，それより年長者の特質である情報の持続的・体系的受容傾向に対抗して，情報の断片的・検索的受容傾向を示した興味ある指摘がある。すなわち，「ホーム・ビデオの普及がテレビの具体情報の部分的・反復受容を可能にさせ，テレビ受信機にリモコン装置が付加されたことにより，チャンネルを頻繁に切り換える，フリッピングという新しいテレビの視聴形態が生まれてきた。それは，提供される情報群の中から少数を選択し，それを，持続的・体系的に受容するのではなく，大量の情報群を検索しながら，情報の断片の間を際限なく渡り歩くというものである。そして，そのかたちはインターネットの出現によって，より本格的なものとなっている。……得られる知識は飛躍的に多種類とはなるが，それらを結合させて物事に判断を下していく能力には結びつきにくいと考えられる。」[10]とあるが，若い世代が担っている電子メールや携帯電話によるコミュニケーションも，そこで行われているのは，「現時点では多様な知識の交換にとどまっており，さまざまな争点に多彩な判断をもたらすものとはなっていない」[11]との指摘があり，若者世代に対する情報行動の危惧が示されている。さらに，米国のJ.ハーリーに代表される教育

学者や発達心理学者らは，コンピュータ教育は脳の発達に障害が生じ，子どもの教育にとってよかったという例はほとんどないという報告のみならず，「まだ頭の柔らかい時期に，コンピュータ的な思考にそまらなきゃいけないというような教育をすると，非常に偏頗な，ある部分だけ発達した，包容力のない人間になっていく」[12]とまで言われれば，ITの利用や教育のあり方について，早急に本格的な検討を行う必要があろう。ITの利用によって知識というものが所有するものからアクセスするものに変わってしまうのであれば，知識の意味は変わり，それは単にデータを扱うものと認識するようになる。そうであれば，自分を変えたり新しい状況に対応することができないような知識を形成してしまうことになる。

ITを中心とした新しい社会的メディアが実用化され，既存のメディアの変貌によって，一方では社会的メディアの巨大化とネットワーク化が進めば，他方で個の矮小化や無力化はさらに強化される。すでに若者にとって，意識空間の個室化への願望は，テレビゲーム，ウォークマン，パソコン，携帯電話等々のパーソナル化の進行によって顕著な様相を呈している。したがって，全人的なコミュニケーションの機会や頻度が少なくなるのみならず拒否的になるため，単にメディア相手の孤立したコミュニケーション行動が圧倒する。こうしたコミュニケーションのためのコードは極めて非人格的，形式的でもある。同時に，メディアそのものに内在化しているゲーム感覚や遊び感覚が主流を占めることになる[13]。

(3) 新しい人間関係と社会心理

高度なIT化が進めば，ゲーム感覚でコンピュータを操る若者も狂信的なハッカーもリスクとコントロールの新たな体現者となる。人間と機械の共生はアゴーン（格闘の場）となり，ITによる会話はドゥルーズ流に言えば欲望機械と呼ぶことができるかもしれない。事実，コンピュータ・オタクは輩出し，新しいメディアに麻薬的効果をなしとしない。すべての新しいメディアは，人間の拡張（マクルーハン）である。それらは人間を麻痺させる。したがって，人間

は，その特有の機能をほかの素材に外化していくことに魅せられてきた。いまや中枢神経は電子的なネットワークと理解されようとしている。中枢神経は，身体というメディア複合体，すなわち諸感覚を制御しつつ，その均衡を常に更新していく。それゆえに，人間の能力を拡張するような技術革新が起こるたびに，新たに諸器官を連結し直さざるを得なくなる。新しいメディアの条件の下では，極論すれば，人間はもはや道具や装置の使用者ではなく，メディア複合体のなかでのスイッチのひとつにすぎなくなる。ヴァーチャルな世界に遊ぶコンピュータ・オタクやハッカーなどはその体現者と言える。そうであれば，現実社会で直接的な人間関係はますます希薄にならざるを得ない。とりわけジェネレーション・ギャップという形が顕著だ。

フランスの哲学者レジス・ドブレは，デジタル世代が個人主義的であることを前提に，情報革命において，「心配なのは，人間を取り巻く空間と時間のバランスが崩れようとしていることであり，……空間は縮んでいくのに，一日の時間は変わらない。そのため人間は思索をしたり，記憶を確かめたりする余裕を失ってしまう」[14]ことに強い危機感を吐露している。

彼の言うように，IT化という情報化が政策として強行されつつあるいま，利潤や効率のみを追求する側に，とりわけ倫理や文化の問題を任せるわけには行くまい。

1) NHK放送文化研究所編『現代日本人の意識構造〔第5版〕』NHKブックス，2000年，198頁。
2) 同上。
3) クーン，トマス，中山　茂訳『科学革命の構造』みすず書房，1997年。
4) Lapham, l, "The Eternal Now: Introduction to the MIT Press Edition" 'Understanding Media —The Extension of Man—' Cambridge, 1994.
5) 「IT革命―光か闇か―」『別冊　環　①』藤原書店，2000年，14頁。
6) 西垣　通『IT革命』岩波新書，2001年，125頁。
7) 同上　154頁。
8) 通信総合研究所『インターネットの利用動向に関する実態調査報告書　2000』同研究所，2001年，21頁。

9) 西垣 通 同上，51頁。
10) NHK放送文化研究所編 同上，205-206頁。
11) 同上 206頁。
12) 柳沢賢一郎・東谷暁『IT革命？ そんなものはない』洋泉社，2000年，194-195頁。
13) NHK世論調査部編『情報・社会・人間―いま情報化社会を問い直す』日本放送出版協会，1986年，45頁。
14) 朝日新聞 2000年4月28日（朝刊）。

参 考 文 献

1．マクルーハン『グーテンベルクの銀河系―活字人間の形成』森常治訳，みすず書房，1986年
2．マクルーハン『メディア論―人間拡張の諸相』栗原裕・河本仲聖訳，みすず書房，1987年
3．西垣 通『IT革命』岩波新書，2001年

II 情報化社会の進展と情報空間の変容
――〈コンピュータ型情報空間〉の二面性をめぐって――

［キーワード］　コンピュータ型情報空間，シミュレーション，自己性，他者性

1．〈コンピュータ型情報空間〉の日常化

　20世紀末から21世紀にかけてのここ十数年の間，明らかに情報化の新しい展開がみられるといってよい。その兆候は，何と言ってもインターネットの急速な社会的浸透にあるが，そもそもわが国でのインターネットの開始は，1984年，一部の大学間における研究用ネットワークの構築にあった。慶大・東大・東工大の三校によるJUNET（Japan University - Unix Network）がそれであるが，その商業上の利用が開始されたのが約10年後の1993年。以降，商用目的の利用がいわゆる"ITバブル"を創出して一般利用者急増の契機となり，この頃から巷間に"IT"（Information Technology）という用語が氾濫，その後，ケータイとインターネットの合体が個人レベルの"IT"利用をより一層促進することとなったのはすでに周知のところである。

　いまや「情報化社会」というよりも，「情報社会」という呼称の方が定着しつつあるが，実際，インターネットやケータイに代表される"IT"は，今日，人々の必要欠くべからざるコミュニケーションツールとして生活のさまざまな場面で重要な役割を果たすようになってきた。2001年3月末時点の"IT"関連情報機器の普及状況をみると，ケータイの加入者総数は，6,094万6,000台にのぼり，PHSは584万2,000台。両者を併せると，6,678万8,000台に達し，その普

及率は52.6%に達している（総務省2001年4月6日発表）[1]。

この数字は，日本の総人口のほぼ2人に1人がケータイを所持している計算になるが，総人口のなかには乳幼児も含まれているわけであるから，国民1人当たりの実質的な利用実態は3人に2人，あるいはそれ以上にまで及ぶのではないであろうか。また，民間調査機関の調べによれば，2001年2月現在の「ネット人口」は，約3,263万6,000人，人口比からみれば約40%程度，世帯への浸透率では，この1年間のあいだに前年の24.6%から46.5%に倍増したとのことである[2]。

このように，1990年代以降における情報化にみる最大の特徴は，コンピュータがコミュニケーション・メディアとして，企業はもちろん一般家庭にも浸透し，社会的コミュニケーションの重要な一角を占めるようになった点に求めることができる。その結果，今日における情報社会は主として3つのコミュニケーション様式によって構成されることとなった。第1には，対人的な face-to-face のコミュニケーション，すなわち，パーソナル・コミュニケーションの様式，第2は，新聞やラジオ，テレビを代表とするマス・コミュニケーションの様式，そして第3には，「コンピュータを媒介としたコミュニケーション」（Computer Mediated Communication＝CMCと略す），いわゆるCMCの様式である。

現代情報社会は，この3つのコミュニケーション様式が重層化した社会ともいうべき様相を呈しており，人々は3つのコミュニケーション様式を適宜に活用しながら，それぞれタイプの異なった3種類の情報空間を経験することになった。パーソナル・コミュニケーションによって構成される〈対人的情報空間〉，マス・コミュニケーションによって構成される〈マスコミ型情報空間〉，そして，CMCによって構成される〈コンピュータ型情報空間〉がそれである。

現代の人々にとっての情報空間をこの3つの類型に分ければ，"IT"の代表といってよいケータイの技術特性は，さしずめ異質な3つのコミュニケーション様式を縦横に横断し，ひとつのメディアで3つの情報空間を楽しむことがで

きる点にある。他者との会話を楽しむためにケータイを用いる時には限りなくパーソナル・コミュニケーションに近づき，eメールを交わすときにはCMCそのものとして利用され，マスメディアが提供するニュースほかのサイトを閲覧する際には，マスコミ型の様式を享受するという具合に。まさに，この自由な"横断可能性"に，ケータイの急速な浸透の一因があるとみなすこともできようが，その爆発的な普及を反映して，いまや，電子系メディア全体の発信する情報量はマスメディアが発信する情報量を凌駕する勢いにあるという。

　この点について，『通信白書』(平成11年度版)は，「近年，インターネット等ネットワーク化の進展に伴って，デジタル情報を中心に情報流通量が飛躍的に増加しており，データ伝送を行う回線の大容量化が急速に進展している。今後も，データ伝送用電気通信系パーソナルメディアの伸びは続くものと考えられる。」「一方，電気通信系マスメディアの発信情報量は，ケーブルテレビ放送，CSデジタルテレビ放送等の多チャンネルメディアを中心として増加しているものの，発信情報量としては電気通信系パーソナルメディアと比較して少なく，全体の増分に対する寄与率も低くなっている」と記している[3]。

　このように，インターネット関連の発信情報量はすでにマスコミ情報を圧倒する傾向にあるが，他方，電子系メディアは消費情報量の増加にも大いに寄与している。同じく，『通信白書』によれば，その一因は，家庭におけるインターネットの普及，テレビの多チャンネル化等にあるというが[4]，留意すべきは，こうした事態が「ネット人口」未だ50％に満たない段階における結果であるという点にある。

　いうまでもなく，今後，「ネット人口」のさらなる増大は明らかであり，いわゆるコンピュータ・リテラシーを習得し，自由に，公の社会に向けて，思い通りの情報を発信する人々はますます増大の一途を辿るに違いない。無論，情報化に関わる問題が情報の量的な側面にのみあるわけではない。しかし量的側面から見る限り，今日，〈コンピュータ型情報空間〉の日常化は否定すべくもない事実であり，さらに，その質的側面に目を移すとき，〈コンピュータ型情

報空間〉は，その内実において他の2つの情報空間とは決定的な差異を有するというのがここでの課題である。

すなわち，〈対人的情報空間〉と〈マスコミ型情報空間〉の場合は，文字どおり「コミュニケーション空間」として構成されるが，〈コンピュータ型情報空間〉の場合は，「コミュニケーション空間」のほかに，いまひとつ「シミュレーション空間」という側面をもつ。前世紀末からの情報化の新たな展開は，第3の〈コンピュータ型情報空間〉の日常化をもたらしたが，そこにおける情報空間は二面性をもって現れ，これまでにない特異な問題を提起するようになった。

以下，この二面性をめぐる若干の基本的な問題について考察しておこう。

2．「コミュニケーション空間」をめぐる問題

上述のように，現代の情報社会は，3つの異なったコミュニケーション様式から成り立ち，人々は，主にこの3つの様式からさまざまな情報を入手し，その上で，自分なりの情報的世界を構成するという図式になってきた。これら3つのコミュニケーション様式が作る情報空間のなかでも，いまや〈コンピュータ型情報空間〉が，人間形成や社会秩序の形成にとって及ぼす影響は，年々，その重要性を増しつつある。

では，コンピュータを媒介としたコミュニケーションが作り出す情報空間の特色とは，どのように捉えることができるであろうか。この問題を考えるためには，3つのコミュニケーション様式それぞれの特質を確認しておく必要がある。

先ず第1に，対人的コミュニケーションであるが，この様式においては，普段，誰もが経験している対面的な状況のなかでの日常的会話にみるように，双方向的にメッセージのやり取りがなされ，誰もが情報の送り手になり，誰もが情報の受け手になる。その繰り返しがコミュニケーションを展開させていくことになるが，そこにおける「対面的」という事実は，受け手も送り手も同じ状

況のなかでコミュニケーションが行われることを意味している。

　言い換えれば，コミュニケーションが行われるその場の状況を，当事者はともに「共有」しながらコミュニケーションが進行していく。この「共有」という要素，送り手も受け手も，当事者同士が自己の置かれた「状況を共有する」という要素が，3つのコミュニケーション様式それぞれの差異をもたらすまことに重要なポイントになる。

　コミュニケーションが行われる場を相互に「共有」するということは，その「共有状況」を手がかりにして相手の言葉の意味を理解することもできる。言葉だけでは理解できない部分を，その場における相手の表情やらしぐさやら，身振り手振りや顔色や，その他諸々の要素から成るその時々の「状況」を手がかりにして，相手のメッセージの理解に役立てることができる。

　ところが，マス・コミュニケーションの場合には，受け手と送り手の間に「状況の共有」が介在することはない。新聞にしてもテレビにしても，情報は送り手から一方的に受け手に向かって伝達されるばかりであり，受け手はただそれを受動的に受け止めるのみである。受け手大衆の受動的な性格こそ，マス・コミュニケーション様式のもっとも大きな特徴であり，そこでは，日常的な対人的コミュニケーションのように，「共通の状況」を相手のメッセージの意味解釈に利用することができない。伝達されてきたメッセージをモデル的な「テクスト」として受け止め，自分の力量のみでその意味解釈を行わねばならない。

　それゆえ，受け手は，テクスト理解のため意味解釈の文法に習熟すること（リテラシーの獲得）を要請される。それによって自己の解釈の一貫性を作りあげなければならない。自己の解釈の一貫性を作りあげることができない人たちは，ただ受動的な大衆としてメディアの影響に晒される存在ということになる。

　では，コンピュータを用いたコミュニケーションの場合はどうであろうか。このCMCの場合は，マス・コミュニケーション型よりも対人的なコミュニケーションの特質に近い。すなわち，コンピュータをメディアとして用いれば，

そこでは双方向的なコミュニケーションを行うことが可能である。しかし、いわゆるサイバースペースのなかでのコミュニケーションは、双方向的であっても対面的ではない。CMCの場合は、メッセージは「双方向的」な流れであっても「非対面的」たらざるをえない。しかし、「非対面的」でありながら「双方向的」という特性ゆえに、CMCの場合も、対人的コミュニケーションにみられた「状況の共有」を実現することができる。

しかし、ひとくちに「状況の共有」とはいっても、CMCが構成する「状況の共有」と、対人的コミュニケーションが構成するそれとは質的に大いに異なることはいうまでもない。すなわち、対人的コミュニケーションは、他の2つの形態と比べれば、もっとも自然で技術的要素の介入しない様式であった。それゆえ、当事者同士が作りあげる「状況」は、相互にメッセージを送り出すコミュニケーションの場それ自体として、お互いに、「現実」そのものを構成していることになる。その「現実」のなかで、自らの体験が交流し合う。

しかし、コンピュータによるコミュニケーションが作る「共有」の場合は、送り手・受け手いずれも物理的に遠隔の地にある。それゆえ、「状況の共有」が可能であるとはいっても、単に、相互に交換される情報のみによって構成される「共有」にすぎない。そこでのコミュニケーションの場はサイバースペースという情報的な空間であって、相互にコミュニケーションの場を「現実」に共有するような意味での「共有」ではない。したがって、対人的コミュニケーションのように、自己の発したメッセージに対する相手の複雑な反応を、すぐにその場で確かめたり、その時の相手の表情やしぐさやら、言葉では表現できない部分を、その場の「状況」によって補うことはできない。その点では、むしろマス・コミュニケーションの様式に接近し、送り手から伝達される情報（テクスト）のみを手がかりに、自己の解釈を作りあげるほかはない。

このようにみてくると、〈コンピュータ型情報空間〉においては、「共通の状況」が構成されるという点では対人的コミュニケーションに接近する。しかし、与えられた情報（テクスト）のみを頼りに自己の解釈を作らなければならないという点ではマス・コミュニケーションに近い。また、対人的コミュニケーシ

ョンにおける「共有状況」は,「現実そのもの」であるに対して,〈コンピュータ型情報空間〉の構成する「共有状況」は,「ただ情報のみによって構成された状況」にすぎない。この2点に, コンピュータが作る情報空間と, 対人的コミュニケーションが作るそれとの決定的な質的差異があるとみなすことができる。

3.「シミュレーション空間」をめぐる問題

さて,〈コンピュータ型情報空間〉の場合,「共通の状況」は構成されるにしても, ただ「情報のみによって構成された共通性にすぎない」という特質は, コンピュータをコミュニケーションのメディアとして利用するときに浮かび上がってくる特性である。しかし, コンピュータは, コミュニケーションのメディアとしてのみ利用されるわけではない。いまひとつシミュレーションの機械という側面もある。

今日, 高度に進化したコンピュータは,「コミュニケーション空間」と「シミュレーション空間」という質的に異なる2種類の情報空間を内包することとなった。コミュニケーション空間からシミュレーション空間の側面に目を移してみると, 限りなく高度化した現代のコンピュータは, 情報のデジタル化とマルチメディア化により, いわば「本当は本当ではないが限りなく本当に近い情報空間」を作ることに成功した。それも, 日に日に, その精度を向上させており, そこから生じるさまざまな問題は, いわゆるヴァーチャルリアリティの問題として多々論じられている。また, その実用化は, すでにテレビや映画の一部に利用されたり, 子どもたちが日常的に接するゲーム・ソフトのなかに用いられたりしている。今日では, いろんな分野でシミュレーション的情報空間が活用され, リアリティの水準を高度化せしめている。

そこで改めて,〈コンピュータ型情報空間〉がもたらす基本的な問題を考えてみると, 2つの異質な情報空間が, 人間の対象認知のシステムにとってまことに重要な問題を投げかけている。その際に問題となる論点のひとつは, いわ

ゆるコミュニケーション空間における「匿名性」の要因である。すでに述べてきたように，コンピュータをコミュニケーションのメディアとして利用するとき，そのコミュニケーションは「非対面的」であった。それゆえ，コンピュータが作る情報空間の場合は，そこに，コミュニケーション主体の現実的な身体が介入する余地はなかった。ここに，「匿名性」を生み出す何よりの原因が存している。

　氏名はもちろん，性別，年齢ほか，さまざまな作為を施した「匿名性」のもとにコミュニケーションが行われるとき，公共性や倫理性に反するコミュニケーションへの転落はたやすい。しかし，反対に，匿名でなければ表出できないコミュニケーション（たとえば，心の相談ほか）のために，意図的に，「匿名性」を活用したネットワークを形成するという動きもある[5]。CMCにおける「匿名性」の要因は，社会や人間にとって，望ましくない方向にも作用するし，望ましい方向にも作用する。

　ところで，「匿名性」の成立とは，換言すれば，CMCにおいては，コミュニケーションの相手の実像を「知覚」することができないということにほかならない。相手がどこの誰であるかが分からないから，つまり，相手の実像を「知覚」できないゆえに「匿名性」が生じる。逆に，その要因が，コミュニケーションの当事者，とりわけ，送り手の自己表現の可能性を拡大することもある。ネットワークのなかであれば，心の相談がやりやすいというのも，送り手の自己表現の可能性が開かれるからに違いない。

　このように，〈コンピュータ型情報空間〉においては，基本的に，コミュニケーションの相手そのもの，さらに，相手の表現した情報が，真実かそれとも虚偽かを，当のコミュニケーションのみでは判別することができない。真実か虚偽かの最終的な判別は，コミュニケーションのレベルを離れて，主体の「思考」による判断に依存する。そのときに行われる主体の「思考」は，もちろん，CMC以外からの情報にも依存している。CMCによる情報だけでは判別不可能なのである。

　これに対して，シミュレーション的情報空間の場合はどうであろうか。シミ

ュレーションの場合，そこに表れる情報は，いわば，「本当は本当ではないが限りなく本当に近い」情報であった。当該の情報が，非実在的な世界を示すものであっても，また，遠方の実在的世界を示すものであっても，まさに眼前に存在するかのごとくに「知覚」できるようにするのがシミュレーション的情報空間の特質である。

　コンピュータは，しばしばヴァーチャルリアリティ論がいうように，「現実的なもの」ではないもの，「可能的なもの」にすぎないものを，「知覚」によって認知することができるように情報を加工する。そのために，かえって現実的なもの以上に，現実性を高めることができる。とりわけ，シミュレーション技術が高度化した現代情報社会においては，もともと，人間の身体的能力によっては知覚できない対象を，あたかも本当に実在するかのごとくにクローズアップすることができる。火星の環境条件を人工衛星で克明に精査し，あたかもオリジナルのごとく，リアリティに富んだ火星の環境を映像世界に描き出すことも行われている。

　さて，以上の論点を要約すれば，〈コンピュータ型情報空間〉は，「コミュニケーション空間」と「シミュレーション空間」を内包するが，前者においては，「非対面性」「匿名性」という要因が作用し，さらにコミュニケーションの相手を「知覚」できないために，情報の真偽を自らの「思考」によって補う作業を必要とする。たとえば，誰かと，「神は存在するか」という類の話題についてコミュニケーションするとき，その話題をシミュレーションすることは不可能である。したがって，相互に，コミュニケーションで交換される情報のほかに，自らの「思考」によってコミュニケーションを埋めなければならない。この側面においては，「知覚できないものを思考で補う」というメカニズムが作用する[6]。

　これに対して，「シミュレーション空間」の側面においては，「思考できないものを知覚で補う」というメカニズムが作用する。たとえば，先にも触れたように，火星の自然環境をめぐっては，人間はその実態を知る由もなく直接「知覚」できない。そのためコンピュータのシミュレーション技術によって加工さ

れた情報による「知覚」に依存するほかはない，というわけである。

4.〈コンピュータ型情報空間〉の身体性

　このように，〈コンピュータ型情報空間〉においては，人間の身体的能力を超えて，さまざまな情報処理の技術を具現化してくれる。そこに生じる基本的な問題は，結局，身体的に，「知覚できないもの」「実在的ではないもの」の認識をめぐる問題にほかならない。コンピュータならずとも，新しいメディアの登場は，人々の認識論上のインパクトをもたらすことが多いが，いま現在，進行しつつある問題は，まさに人々の認知システムの基底における変容の問題にほかならない。

　いまから400年も前の日本は，オランダとの修交を開始した。それを記念して，2000年にはオランダ絵画の展覧会が大阪や東京で開催された。そこでは，レンブラントやフェルメールをはじめとする絵画を楽しむことができた。400年前のオランダ絵画は，西洋の美術史上，日常的でありふれたモティーフに題材をもとめたリアリズム絵画を確立する端緒になった。当時のオランダ界隈の人々にとっては，新しいリアリズムの絵画が，これまでの宗教画とは違って極めて新鮮な世界に見えた。あまりにリアリズムの度が嵩じて，絵画を「人の目を欺くような現実世界の模倣である」と定義する人物も表れた。

　そのひとりである当時の画家は，リアリズム絵画が当時の社会に与えたインパクトを次のように述べている。「絵画芸術は目に見えるすべての自然によって与えられるあらゆる着想や概念を再現し，輪郭と色彩で目を欺く科学である。……完全な絵画とは，まさに自然の鏡のごとくであり，存在しないものを存在するようにみせかけ，適切で，楽しく，そして賞賛に値する方法で欺くのである」[7]。

　この指摘に窺われるように，1600年代のオランダ絵画におけるリアリズムの登場は，いってみれば新しい情報メディアの登場であった。これまでの絵画の概念が転換するほどの大きなインパクトをもって，新しいメディアとしての絵

画が登場することになった。そこでのインパクトの意味というのは，リアリズムが，「目に見える自然によって与えられる着想や概念を再現し，……存在しないものを存在するようにみせかける」という点にあった。

　この指摘に即して言えば，フェルメールを代表とするリアリズム絵画の出現は，現実世界と仮想世界の「分断」を体験的に実感させるようなインパクトであった。そうしたインパクトを受けて，当時のオランダの民衆は，リアリズムが提起する「非実在的なものの実在的な描写」をむしろ歓迎した。先に引用した当時の画家によれば，「存在しないものを存在するようにみせかける」ことによって，すなわち，現実世界の幻影によって自分の目が欺かれることに対して，当時の人々はこれを歓迎し，喜びを抱き，絵画を鑑賞する楽しみ，言い換えれば，「仮想現実の世界に欺かれる興奮」を快く楽しんだということである。

　それに対して，現代のコンピュータが作る情報空間の場合には，リアリズム絵画のように，「仮想現実の世界に欺かれる興奮を快く楽しむ」などという余裕はみられない。なぜなら，400年前にオランダの人々が体験した「仮想現実の世界に欺かれる興奮」は，現実世界と仮想世界の「分断」を体験的に実感するところから湧出してくるものであった。ところが，現代の〈コンピュータ型情報空間〉においては，現実世界と仮想世界の「分断」を，あたかも「分断」ではないかのごとくに体験させてしまう情報空間だからである。

　400年前のリアリズム絵画と現代の〈コンピュータ型情報空間〉は，「非実在的なものの実在的な描写」を可能にしたという点ではある種の共通性をもっている。しかし，そのメディアが内包する内的論理においては，両者の間には大いなる差異を認めないわけにはいかない。

　そもそも，メディアは，どのような類のメディアであっても，それを用いる主体の身体との接続を避けるわけにはいかない。電話は耳を通じて聴覚に接続され，映画やテレビは視覚や聴覚に接続され，活字メディアは文字に対する視覚に接続される。だとすれば，現代の電子メディアは，身体に対してどのような接続を強い，どのような体験的特性を刻印するのであろうか。この問題について，大沢真幸は，時間軸からみた電子メディアの技術的特性に注目しつつ次

のように指摘している。

　すなわち，電子メディアは，情報の伝達速度をほとんど極限的なものにまで高めてしまう装置である。したがって，「自己の選択は，瞬時にして――（ほとんど）光の速度で――，他者において再現される。……伝達時間がゼロである（ゼロにきわめて近い）ということは，他者が自己に対して直接に現前しており，ごく親密な領域（身近）の内部にいる，ということを表示している。他方，伝達に時間を要するということが，他者の非現前（身近にはいないこと）に対応する。ところが，電子（電気）メディアによるコミュニケーションは，この対応関係を斜めに横断してしまう。それは，現前しない他者，現前が回避されている他者に対する，ほとんど瞬間的なコミュニケーションとして成立しうるのだから」[8]ということになる。

　さらに，大沢は，このように，伝達速度の極限的な上昇をもたらす装置としての電子メディアの場合には，「現前しない遠隔の他者からの――あるいは他者への――伝達を，（物理的に）現前している親密な他者からの伝達を特徴づけるような直接性において，実現するわけだ。現前している他者とは，典型的には，自己(私)の領域に所属している他者，自己と同調している他者，自己がほとんど同化しているような他者である。それゆえ，電子メディアを使用するという行為は，いったん他者を，まさに他者的なものとして，つまり遠隔の存在として措定しつつ，同時に，自己の領域の内部へと固有化することを含意している」[9]と述べる。

　こうして，電子メディアを媒介にした他者は，「直接に現前する他者とも，また端的に遠くにいるだけの他者とも違う，独自の他者として現れざるをえない」存在となる。さらに，「（遠隔に措定された）他者の自己の領域への固有化・近接化が徹底的なものにまで進められれば，つまり他者の直接性の程度が高められれば，それは，やがて，自己自身とそのまま等置されるところまで来るにちがいない」[10]。こうして，電子メディアが身体に接続されると，自己性と他者性との奇妙な交錯という体験的特性をもたらす。その場合，電子メディアは，人間の身体の触覚性に接続されることになると，大沢はいう。すなわち，皮膚

Ⅱ　情報化社会の進展と情報空間の変容

による触覚という身体性は,「自分が触れるということが,自己が——なにものかに——触れられるということと,まったく同じこと」であり,自己性と他者性との交錯という体験的特性もまたこの触覚性に由来すると考えることができるからである。

　電子メディアに関して,大沢の述べるこの一連の論理は,伝達される相手が「人間」である場合を想定している。しかし,1人でコンピュータやワープロを使用しているような場合でも,「電子メディアは,目標となっている事物を一方では遠隔の対象として措定しつつ,他方では,自己にとって身近な対象としても現象させる」[11]ゆえに,原理的には,同じような自己性と他者性との交錯は生じるという。

　このように,電子メディアは,自己性と他者性とを融合してしまい,現実の世界における身体性,すなわち,それぞれ独自の主体性の上に成り立つ自己であり他者であるという自他関係をある種の混乱に陥れてしまう。再び,先述のオランダ絵画のリアリズムを持ち出せば,いかに新たな画風の絵画を鑑賞するとしても,当時の人々にとっては,自己性と他者性との奇妙な交錯は起こりえなかったに違いない。この点に,〈コンピュータ型情報空間〉の内包する内的論理との重大な差異を認めることができる。

1) 2001年4月7日付け『毎日新聞』朝刊。
2) 2001年6月26日付け『毎日新聞』朝刊。
3) 郵政省編『平成11年版通信白書』ぎょうせい刊,188頁。
4) 郵政省編『平成11年版通信白書』ぎょうせい刊,190頁。
5) たとえば,中高生自身が,インターネットを通じて,いじめの相談に応じる全国組織「いじめから友達を守る会」が長野県に設立され,そのネットワークは東京都ほか,他県にも広がりつつある(2001年5月26日付け『毎日新聞』による報道)。
6) いわゆる「デジタル情報」がもたらす問題を「知覚」と「思考」の対比から分析する視点は,正村俊之著『情報空間論』(勁草書房,2000年),同「デジタル技術と社会的リアリティ」(『社会情報学研究第4号』日本社会情報学会,2000年)を参照。

7) マリエット・ウェスターマン「郷土色―オランダ共和国における絵画と国民意識の原型」・『レンブラント・フェルメールとその時代』，36頁。
8) 大沢真幸著『電子メディア論』（新曜社，1995年）33頁。
9) 前掲書，75-76頁。
10) 前掲書，76頁。
11) 前掲書，315頁。

参 考 文 献

1．大沢真幸『電子メディア論』新曜社，1995年
2．西垣通『IT革命』岩波新書，2001年
3．正村俊之『情報空間論』勁草書房，2000年
4．前納弘武・美ノ谷和成編『情報社会の現在』学文社，1998年

III 思想としての情報化社会
―――日本型〈公共圏論〉の展開と，情報公共圏構築の可能性―――

［キーワード］　情報公共圏，メディア論的視座，大衆情報化と社会的危険の個人化

1．はじめに

　「思想としての情報化社会」――このタイトルから読者が想起しうる議論の道筋は，無数にあると言っていい。日々グローバル化を続け，ますます混迷の度を強くしている情報化社会という「怪物」の背景には，無数のコンテキストが連なっており，その思想的位置付けを行うという作業に当たっては，どの文脈に焦点を当てるかによって，幾多もの議論が可能だからである。そのなかで，本稿が議論のターゲットとするのは，近年とみに盛り上がりを見せている「公共圏」論，とりわけ我が国におけるそれである。

　周知のようにハーバマスを起点とするこの議論は，この10年，かなりの盛況ぶりを見せている。ひとつのやまとなったのは，1990年前後である。1961年の初版刊行以来，永らく英語圏において翻訳が見られなかった Strukturwandel der Öffentlichkeit（邦訳タイトル『公共性の構造転換』）[1]の英語版が出たのが1989年であり，1990年には本国ドイツにおいても長い序文をつける形で新版が刊行された。また，アメリカフランクフルト学派においてもアレイト＆コーヘン(1992)等により独自の言及がなされている[2]。さらに，マルチメディア・ブームやインターネットの爆発的普及により，社会的情報化が具現化していった90年代後半期以降，情報化と公共圏の議論的接合を図る言説が内外において見ら

れるようになってきた。

では何故今，公共圏論なのか，公共圏論の今日的盛り上がりは情報化，あるいはメディア・コミュニケーションの何を物語るのか。この点を考えるのが本稿のねらいである。

以下の展開を示そう。まず第1章においては，花田達郎を起点とする，我が国に於けるメディア・コミュニケーションを射程に入れた公共圏論の展開について整理し，何故今この議論が重要であるかについて，情報化との関係からラフスケッチ的に描き出す。ついで，第2章では，これらの議論の立脚点，とりわけメディア空間に関する視座についての検討を通じて，情報化との脈絡で「公共圏論」を展開することの意義と課題，および議論的留意点について理論内的に考える。そこから，大衆情報化時代というレベルにおいてこの問題を再措定し（第3章），情報公共圏論構築の可能性を探ってゆく（結語）。

2．情報化の進展と情報公共圏論の興隆

(1) 我が国における情報公共圏論の展開

言うまでもなく，ハーバマスの理論については，日本に於いても比較的早い時期から紹介され，Öffentlichkeit（＝公共圏）概念についても，これまで多数の研究者によって議論がすすめられてきた。そのなかで，社会情報，あるいはメディア・コミュニケーションの脈絡において，最初にこの議論を本格展開したのは花田達郎であろう。

花田はÖffentlichkeit概念の空間的性格を強調し，それをハーバマス理論の本質と考え，「公共圏」なる訳語を充てることを提唱し，今日的議論の突破口を作った。花田の根本的問題意識は，マスコミ／大衆社会からの脱却と，市民社会的価値の実現にある。花田は，放送，新聞等の研究を通じ，市民社会の根本原理に根ざしたメディア・コミュニケーション空間の形成と，ジャーナリズムの役割について論じている[3]。

また，阿部潔（1998）は，フランクフルト学派とカルチュラルスタディーズ

のマスメディア研究の融合から,ヘゲモニー闘争の場としての「公共圏」概念の抽出を図っている。阿部の問題意識の根幹は,花田同様,市民的コミュニケーションの実現にあるが,彼の場合,とりわけ冷戦構造の崩壊に伴い顕在化してきた,文化的次元でのアイデンティティをめぐる政治対立に対しての危機意識がある。阿部はコミュニケーション規範理論の次元で議論を繰り広げていく糸口を得ることで,このようなポスト冷戦構造的民族対立に対して,調停・解決することを「公共圏」の再定式化の役割と考えた[4]。

さらに,花田,阿部同様,市民社会構築へ向けた可能性の模索という問題意識に立ちつつ,インターネットの爆発的普及という現実に射程を置いたのが,吉田純(2000)と干川剛史(2001)である。吉田は,社会の情報化がミクロ(生活世界)からマクロ(政治/経済システム)までのあらゆるレベルに於いて突き進む状況を指摘し,社会変化をメディア技術の発達からの一方通行でとらえる「技術決定論」的発想を破棄し,メディア技術と社会・文化的変革との関係を双方向的かつ動的にとらえる「非決定論」的発想に立つべきであると主張した。そこからインターネット空間に於ける「仮想社会」と「現実社会」の相互浸透と,その両義性を指摘し,このような状況を受け,あるべきネットワーク・コミュニケーション社会の姿として,ハーバマスの公共圏論に依拠しつつ,自立的・理性的主体を担い手とする民主主義社会の実現を模索した[5]。

また,干川は,上記3人の議論について厳しい批判を展開しつつ,脱メディア論的な社会的公共圏論の構築を目指し,独自の論を進めている。彼の議論は,メディア・コミュニケーションに焦点を当てる従来の議論とは異なり,公共圏の実現可能な社会空間の模索をテーマとしている。干川自身,インターネットを通じた情報ボランティア活動の実践に深く関わっており,実践活動を通じてネット公共圏形成の理論的可能性を探るというスタンスに特色がある[6]。

(2) 情報化の進展と主体的メディア・コミュニケーション論の高まり

これらの議論に共通するのは,いずれも情報化時代の社会的コミュニケーションの研究に,ハーバマスもしくはフランクフルト学派の批判理論を援用する

ことによって，市民社会的価値を出発点とした社会理論の構築を目指していることであろう。そのなかでも「公共圏」のとらえ方については，花田，吉田，干川がハーバマス同様，社会的合意に基づく連帯の形成に向けた潜在的可能性に着目する，というスタンスであるのに対して，阿部は現実的空間としての公共圏に対するハーバマスのスタンスを批判し，公共圏批判による現実突破を考える。しかしながら批判理論に依拠しつつ民主主義社会の実現を模索するという点では他の論者と共通する「根っこ」にあると言える。

　無論この10年の国際社会情勢の激変（とりわけベルリンの壁崩壊に象徴される「おくればせの革命」）や，世界的規模に於ける情報化の進展に伴ない，民主主義社会のための新たなるグローバルスタンダードの構築が急務となったことは，こうした議論高揚の有力な背景として挙げられよう。さらに言うなら，情報化，国際化の進展に伴う社会・経済のシステム的変容を背景に，NPO，NGO等，従来にない単位での社会活動がさかんに見られるようになっており，こうしたなか，社会的コミュニケーション空間と，社会各ユニットの新たな連携の模索，ひいては民主主義的社会の実現といったテーマを，「情報化」という概念の下に統合するような議論に対する期待が高まってきている点も見のがせない。

　我が国における上記のような「公共圏」論の展開からも，同様のベクトルを読み取ることができる。無論，情報空間上の「公共圏」については，ハーバマス流の「規範的」概念を採用せず，あくまで実体概念としての把握を出発点とする議論も一方にはあり，全ての議論がそうであるとは言えないが，「情報化」という，世界的時代傾向を，民主主義的価値実現の好機としてとらえ，自由闊達なコミュニケーション空間（あるいは関係）をいかに形成するかを議論テーマとする論者は，我国にも多く，いわば市民社会論的「情報公共圏論」と呼ぶべき議論群としてとらえることができよう。

　また，「公共圏」を射程に入れた議論のみならず，1990年代は，社会的コミュニケーション研究において，マスメディア／大衆社会状況を突破しうる「新たなコミュニケーション主体」の模索が有力なテーマとなった時代であった。前半期はTVメディアの多チャンネル化と双方向化に期待が集まるなか，80年

代からの「能動的受け手論」の議論をも引き継ぐ形で，読み，情報選択，さらには情報発信も射程に入れた能動性の議論が盛り上がりを見せ，後半期には，インターネットの爆発的普及の下で，CMC研究における議論を引き継ぐ形で，市民的コミュニケーション空間形成への期待が高まった。

　このように「情報化」の下で被・操作的マスメディア／大衆社会から，主体的な市民（コミュニケーション）社会へと方向転換が期待されるなか花開いた「情報公共圏論」は，技術演繹論的視座も射程に入れながら，それに束縛されることなくメディア論的視座と，社会運動論的視座，および市民社会論的視座とにまたがりながら展開されてきた，と言えよう。

　しかしながら，「情報公共圏論」が，こうした役割をにないつつ社会理論として十分な説得力を持ちうるには，なおも議論を尽くすべき課題が多い，と筆者は考える。その根拠として，ひとつにはネット・コミュニケーション型社会が本格到来してまだ日も浅く，従来のマス・コミュニケーションを社会コミュニケーションの主要チャネルとして想定している議論から，完全に脱却していないと言うこと，第2に目下のところ，多くの論者たちがハーバマスの視座を導入するにあたり，インターネット等の新しいメディア空間を前提とした理論として。独自の視座を十分に構築しているとは言いがたく，従って社会理論としては，「情報化の時代」を見据えた一般理論的スタンスと，特殊具体的な「民主主義的活動」のための実践的議論としてのスタンスが，整理されていないということである。

　逆に言えば，このような課題が残されているがゆえに，今，情報化の下で「公共圏論」を吟味することは重要なのである。「公共圏」の問題にかぎらず，ここ数年来の情報化の現実的進展を背景に，従来の技術演繹的な議論の下でひとつに束ねられていた様々な情報化言説が（ネガ・ポジ両面を含め），現実的生活実感のコンテキストに従って再整理されることを余儀無くされている。とりわけ理想・理念としての言説と，一般理論としての言説，より具体的には情報化のもたらす新たな情報様式とコミュニケーション様式の議論と民主主義実現という理想像が，今再整理されることで，それぞれの持つ意義を再付与される

べきなのであり，「公共圏」論は，まさにそのような議論の足掛かりとして相応しいのである。

3．「情報公共圏論」の立論根拠

(1) メディア公共圏論的視座について

　では，花田らの「情報公共圏論」に於いて，それを支える分析視座の理論的説得力・有効性は如何であろうか。無論，社会的コミュニケーションおよびその空間についての歴史的展開を無視し，一律に，技術的変化を人間の心理，行動，ひいては社会的文化的変化の要因として安易に位置付けるような，技術演繹的決定論一辺倒のスタンスは論外であり，ここでの議論の焦点は，むしろ一連の「情報公共圏論」の中で，メディア論的視座，社会運動論的視座，市民社会論的視座がからみながら，いかに議論的有効性を持つかに絞られるであろう。

　とりわけ上記の論者達が拠り所とするハーバマス理論の手法は，実体概念でも理念型概念でもなく，より抽象度の高い再構成的概念の抽出によるものであり，その立論手段を誤ると，技術演繹論同様の「悪しき一般理論」に堕してしまう危険性がある，という点については留意せねばなるまい。周知のように，このような危険性を回避するためにハーバマスがとった手段は，現実を構成する要素のなかから再構成的に抽出した「規範的」理想像（それ自体は非・現実的）を現実と対峙させ，その距離を測ることから目指しうる方向性，可能性をさぐっていく，というやりかたであり，現象の説明原理の提示という一般的に考えられるような科学方法論とは一線を引いた手法である。

　他方，前出花田は，こうしたハーバマスの手法が，結局のところ規範の担い手としての「アソシエーション」に対する評価づけをゆるがし，結果，規範的受け皿が流転し続けざるを得ない欠点を生んでいるとし，規範的言説と存在論的言説とをより接近させ，交叉させるべきであるとして，空間概念の強調を提案する[7]。この，花田による空間概念への着目[8]は，多かれ少なかれ，彼に続

く論者たちに影響を与える重要な視座を提供したが，他方，この空間を形作る大きな要素である「メディア」については，花田，吉田，阿部がこれを重視するスタンスをとるのに対して，干川は，逆に激しく花田らを批判し，脱メディア論的な社会的ネットワーク論の必要性を強調する[9]。

　干川による批判のポイントは，社会的空間としての「公共圏」の理論的位置付けが貫徹できない，という点である。具体的には，花田，あるいは阿部の議論に対して，その言及領域の限界，および現実を見据えた視座の欠如を批判する。すなわち「所詮はマスメディアにおけるコミュニケーション過程を前提とするジャーナリズム論やメディア論の域を出ていない」，「「IT革命」による社会変容過程と，それに伴うデジタルネットワーキングの展開を視野に入れて公共圏再構築の可能性と課題を解明しうるだけの理論的射程と実証的説得力をもちえない」というのである。とりわけ阿部の議論に対しては，「メディアを媒介にしたコミュニケーションのあり方を変えれば民主主義が確立される」という短絡に堕しているとし，この点を激しく批判，実際に民主主義的な社会を創造し，発展させていくにあたり重要な要素となるものは，社会的実践活動であるとしている。

　また，吉田に対しては，情報・メディア技術と，社会・文化との相互作用に着目し，技術決定論を超越した動的かつマクロな社会像として「ネットワーク社会」をとらえている点，あるいは豊富な事例を下に，「仮想社会」と「現実社会」の相互浸透というインターネットの空間特性に留意している点などを評価するものの，一方において，「仮想」と現実とを結ぶ接点としての「公共圏」（例えば情報ボランティア）に言及していない点については，批判の目を向けている。

　このような批判的検討を経て，干川は，「NPOセクター論」，「社会的経済論」の観点から，非・鋭利活動の領域としての「公共圏」について，社会的位置付けを行うべきであると主張する。確かに，メディア論一辺倒の議論を進めた場合，メディアの変質がコミュニケーションの変容をもたらし，それが民主主義的社会をはぐくむという，あまりに短絡的な技術演繹論的三段論法に陥る危険

性は否めまい。前出の各氏がそのようなスタンスをとっているかどうかは別としても，情報社会論一般を見渡してみた場合，「IT 革命論」に見られるように，このような短絡的議論傾向が今日でもなお幅を利かせているということも事実であり，その意味では人間の社会的営為を基本に展開する干川の議論スタンスは，説得力のあるものと言える。

(2)　「メディア論パラダイム」の重要性

　とは言え，干川の議論には，理論全体に於ける「メディア論」の役割をめぐって次のような疑問点もある。

　まず，ハーバマスの提示したパラダイム——公／私パラダイムにせよ，システム／生活世界パラダイムにせよ——は，常に一貫して「市民的コミュニケーション」の自律性を前提とし，花田らも指摘するように，規範的言説と事実関係に関する言説とのアンビバレンツのなかで，理論的基礎付けを施そうとするものであった。すなわち『事実と妥当性』におけるアソシエーションへの着目，『コミュニケーション的行為の理論』における言語哲学的転回，あるいは『公共性の構造転換』における，歴史的事実からの純化・抽出作業。このいずれもがこうした立論方法によるものであり，またハーバマス理論をめぐる批判のなかで，ひとつの大きな柱になっているものは，言うまでもなくこのような「反事実的」概念の基礎付け作業に対してのものである。また，近年の公共圏論に対する批判も，この点と関連する。すなわち，「現実の情報化は，理想と異なるが故に問題だ」という批判的言説として，公共圏論を一元化してしまうというのである[10]。

　これらの点を踏まえた場合，ハーバマスの問題意識を受け継ぎつつメディア空間上の問題を考えるのであれば，「ネット上における」市民的コミュニケーションの自律性を，それぞれの論者独自のメディア分析に基づいた上で理論的に基礎付けねばならない，と考えるべきである。そのやり方が十分であるかどうかは別としても，前出花田，阿部，吉田 3 氏のメディア論的視座には，こうした脈絡も含まれると思われる。

他方，干川の立論は，議論を仮想から現実に移行させ，デジタル・ネットワーキングによる様々な社会活動について詳細に当たることにより，自らの立場を基礎付けている。しかしながらこれらの作業を通じてネット・コミュニケーションそのものを基礎付けるような理論を引き出すには至っていない。従って干川による理論的基礎付けの作業は，目下のところ，「社会的経済理論」による，「公共圏」の非・営利性の議論にとどまっており，メディア空間に於けるコミュニケーションの自律性を基礎付ける作業としては必ずしも十分ではない。なぜならば，非・営利的であることが，ある程度貨幣＝経済システムからの自由を示す要因にはなっても，それが即，全ての権力的行為からの自由を保証するものではないからである（例えば特定のセクトが支配・運営するNPOに於いて，「戦略的な」コミュニケーションが行われている場面を想像すれば良い）。

　いずれにせよ上記の論者たちに共通するのは，メディア論とコミュニケーション論的社会理論との間に掛け橋を作り，そこから情報社会に対する言及を基礎付けていこうとする立論方法である（どの点にストレスを置くかは別として）。「情報化」の下での公共圏形成が，かつてハーバマスが素材としたイギリスの初期市民社会と決定的に異なる点は，現実空間（例としてはコーヒーハウスやサロン）において育まれる部分に対して，メディア・コミュニケーションに依拠した部分が桁外れに大きくなる点であろう。現実のメディア・コミュニケーションがすべからく理性に基づく対話である，などと言うことはまずありえない。このあからさまな現実を踏まえた場合，『市民的コミュニケーションの場』に関する議論は，他のネット・コミュニケーション空間に関する言説とは区別され，あくまで規範的言説の領域にとどまるべきであると著者は考える。同様に，このような「規範的」議論の側からメディア論的視座を作る作業も，今後十分につくされるべきであろう。

4．大衆情報化時代に於ける「公共圏論」の有効性

(1) 大衆情報化時代の到来と,「公共圏」問題

　前章において筆者は，情報化の下に於ける公共圏形成が，メディア・コミュニケーションに依拠せざるを得ない以上，コミュニケーション様式もしくは情報様式にメディアの与える影響を考慮に入れつつ，コミュニケーション的自律性について，独自の理論的基礎付けを施す必要があることを指摘した。では，そのような作業に当たり，どのような道筋付けが可能であろうか。

　インターネット社会の登場以降に起きている具体的な社会変化，あるいは既に見通しのついた近未来的な変化については，現在多くの理論家たちが言及しているが，それでもなお特定の方向付けのもとに収斂したとは言いがたく，我々の社会の進む方向性をめぐっては，様々な立場からの言説が，今なお錯綜している。例えばネットワーク化の進展と連携型社会の誕生を歓迎する声があがる一方で，地域コミュニティや家族等，従来の社会的紐帯を形成してきた諸要素の解体を危惧する声も少なくない。また，若い世代を中心に広まりつつあるインターネットコミュニティについて，新しいコミュニケーション空間として歓迎する声もあれば，逆にその疑似空間性と，他者リアリティの欠如を危険視する見方もある。

　そのなかで著者が着目したいのは，インターネット・ブーム以降「社会的空間の再編成」が，〈大衆化〉という脈絡において進展している点である。言うまでもなくホームページの濫立や掲示板，チャットの流行，さらにモバイル通信の一般大衆化などに見るように，自由闊達な情報発信・受信の機会は，今や日常となっており，「メディア空間における市民的コミュニケーションの実現」などという理念に全く拘束されること無く，無限の「コミュニケーション空間」は広がりつつある。

　インターネットの日常生活への爆発的普及は，ネット公共圏に対する我々大衆の参加の機会を大幅に拡大したが，逆に「公共圏」と，それ以外のコミュニ

ケーション空間の境界線は曖昧になった。前出吉田の指摘にもあるように，今日メディア・テクノロジーの発達と普及は，「現実社会」と「仮想社会」が複雑に隣接しあい，なおかつ相互浸透しあう社会空間を作り上げた。換言すれば，我々生活者は，日常と，非日常，聖と遊（あるいは俗），責任性と無責任性，匿名性と実名性とが何の境界線もなく，入り交じる空間に絶えず置かれているのである。このようななかにあって，自律的コミュニケーション空間の形成を目指す場合，複雑かつ無数の疎外要因との格闘を余儀無くされるであろう。

この点で，インターネット時代に於いて「公共圏」を構築しようとする試みには，エリート的メディアの観が強かった「パソコン通信」の時代以上の困難さが予想される。パソコン通信の時点では，確かに市民社会の実現可能性が比較的好意的に模索されることも可能であったが，現在のインターネットによる大衆化は，場合によってはこうした潜在的可能性を縮小しかねないのである。

言うまでもなくこの両者の違いは，そこで織り成されるコミュニケーションの自律性の違いである。言い換えるなら，大衆情報化の進展は，「社会の進むべき方向性」の議論を超越して，現実の社会空間が，タガの外れた状態のまま再編されていくことを意味する。

(2) タガの外れた「コミュニケーション空間」
——〈自己責任〉の意味するもの——

こうした状況に伴ない，情報化進展の下での「自己責任」に関する議論が今日盛んに論じられていることに留意したい。言うまでもなく，権利と責任は，近代個人主義思想の根幹をなすセットであり，近年同様に盛り上がりを見せる「自己決定権」の議論と「自己責任」論は，ひとつのユニットと見なすことができる。

「近代個人主義思想」は，我々日本人にとって，明治期以降，たびたびその実現を図りつつも，ついに今日まで実現できない見果てぬ夢とも言うべき理念である。また，80年代には，ポストモダニズムやポスト構造主義といった思想的トレンドの下，むしろ過酷な個人主義思想を柔らかく解体するような考え方

も生まれた。しかし，90年代以降，情報化が現実生活のなかで進むにつれ，グローバルスタンダードへの対応とも相まって，再び責任と権利の議論は論調を強めていく。まさにネオ個人主義とも言うべき状況である。一方，よく指摘されるように，「責任」とは，本来他者を想定した概念であり，今日の我々が意識する「責任」概念，とりわけネット上の空間で我々が遭遇する「自己責任」に於いては，むしろ個別主義的なミーイズムの強調に終始することもあり，その意味では「責任」本来の意味を超え，他者との関係性を遮断する方向性が垣間見えることも多い[11]。

　「他者性」をめぐる，このような転倒は，現代社会の至る所に於いて見ることができる。今日，我々は「他者性」を喪失し，個別化した空間のなかで生きている。家族，地域社会等，我々が社会生活をおくる上で基礎を成してきた様々な空間が個別化し，社会的紐帯の見えない方向へと向かっている。このような個別主義，あるいは私生活主義の蔓延は，ある意味 U.ベックがかつて論じた，社会的危機の「個人化」とシンクロする[12]。

　ベック，あるいはギディンズらの「再帰的近代化」論について，これ以上足を踏み込んで議論することは，本稿のテーマ上差し控えたいが，ここで筆者が重視したいのは，ポスト産業化も近代のプログラムのうちにとらえ得るという点と，こうした「私生活主義」的スタンスが，社会的危機の認識をある意味困難にしているという点である[13]。従来人間は，地域コミュニティ，あるいは階級，階層といった，様々な集団に帰属し，そのことを強く意識するなかで社会生活を営むことが，様々な社会的課題，問題点を我々に明確に意識させる道具ともなってきた（例えば労働と富の配分の問題と，初期資本主義社会に於ける階級対立の関係のように）。しかし，モノと情報に満たされた社会のなかで，我々は社会的紐帯としての人間関係を見失い，社会集団への帰属意識も希薄化している。社会的階級や階層が顕在化していた時代には見え易かった諸々の「社会的危機」が見えにくくなっている。情報化の進展による人間集団あるいは社会空間の再編は，このような方向性を回避する可能性を持つ一方で，逆に加速する可能性も併せ持っているのである。

このことが,「再帰的近代化」の議論に連なるコンテキストにあるのか(すなわち情報化の進展が,別な形での社会的危険の発見方法の模索へと連なるのか),それとも「文明没落史」的コンテキストにあるのかについて,現時点での即答は困難である。しかし情報化のひとつの方向性として,私生活主義の蔓延に伴う社会的危機の不透明化があるとするならば,何らかの形による「連帯」の模索こそが,こうしたアポリアを回避する有力な対抗的選択肢であると言える。

このように考えた場合,「市民的公共圏」の構築は,もはや時代の運命と言っていいのかもしれない。すなわち,モダニズムの再構築という価値の是非を問う以前に,いいかえれば今日の社会的コミュニケーションをとりまく状況は,モダン／ポストモダンあるいは,理性／身体といった巨大な論点に立つ以前に,「自律的議論空間」の構成を,時代の運命に対する対抗的選択肢として,我々に求めているように思われる。

5．結語——対抗的選択肢としての「自律的議論空間」

このように「公共圏」の構築をひとつの時代の運命とするならば,我々はいかなる立論を目指すべきであろうか。最後に日本に於ける公共圏論に議論の矛先を戻し,先行議論に於ける意義と問題点,課題等について,対抗的選択肢としての「自律的議論空間」という観点からの提言を試みたい。

ここでポイントとなるのは個別主義,あるいは私生活主義の蔓延に伴う「社会的危機」の不透明化であり,その意味での連帯の模索である。私見であるが,「公共圏」論が,今後こうしたテーマに対して答えていくために必要なものは,議論空間に関するカテゴリー化の作業を今以上に進めていくことであると考える。対面空間,クローズドなネット空間,オープンなネット空間と言った,空間の構造的な議論から,様々なテーマに伴う各空間の秩序形成等について,ネットコミュニケーションに関する中範囲的研究を積み重ねていくことによって,「公共圏」論が社会理論とコミュニケーション論の接点としてより深い議論となっていくことを提案したい。

1) Habermas, J., 1961-1990, *Strukturwandel der Öffentlichkeit —Untersuchungen zu einer Kategorie der burgerlichen Gesellschaft,* Neuwied (Luchterhand) ＝細谷貞雄訳 1973『公共性の構造転換』未來社。
2) Arato, A. & J. L. Cohen 1992, *Civil Society and Political Theory,* MIT Press.
3) 花田達郎 1996,『公共圏という名の社会空間—公共圏　メディア　市民社会—』木鐸社。
4) 阿部潔 1998,『公共圏とコミュニケーション—批判的研究の新たな地平—』ミネルヴァ書房。
5) 吉田純 2000,『インターネット空間の社会学—情報ネットワーク社会と公共圏—』世界思想社。
6) 干川剛史 2001,『公共圏の社会学—デジタルネットワーキングによる公共圏構築へ向けて—』法律文化社。
7) 花田達郎 1996,「公共圏とマスメディアのアムビバレンツ—ハーバーマスにおける非決定論」岩波講座現代社会学 22『メディアと情報化の社会学』pp. 133-155。
8) そもそも，花田が「空間概念」に着目したのは何故なのか。花田自身の言によれば，「空間概念」として公共圏をとらえる理由として，ハーバマスによる社会理論の優れた特質をより明確化する意義がある，という。まず第一に近代化の機能的文化を社会空間の分割・再編成の過程としてとらえ，かつ近代に於けるアンビバレンツを，異なる二つの合理性の問題（独我的・道具的合理性による相互主観的・対話的理性の領域の侵食）として理解するハーバマスの理論を，よりクリアにし，図式的に明確化する意義がある。また，第2には，ポスト構造主義との論争に於いて，生産的な接点を設営することに役立つ，というのである。またこれら二つの意義について，観点を変えるならば，非・決定論的態度を維持し続けるためにハーバマスが取らざるを得ない立論上の欠点を克服するものでもある。しかし，花田が公共圏の空間概念的性格の強調によってもくろむものは，ハーバマス理論の範囲内にとどまるだけではない。すなわち，日本的近代，とりわけ戦後の近代化のなかで目指されてきた「日本的市民社会」を考える上で欠落するものは何なのかを指し示す足掛かりを提供するためでもある。詳しくは花田前掲論文を参照
9) 干川前掲書 pp. 46-67，73-78。
10) このようなハーバマス批判の一例として，Webster, F., 1995, *Theories of the Information Society* (＝田畑暁生訳 2001,『「情報社会」を読む』) がある。ウェブスターは，情報化の時代に於ける民主主義と公共圏について，一方では大衆プロパガンダの危険性を危惧しつつ，他方では生活世界内でのコミュニケーションの活性化について言及するなど，複雑かつ多元的なとらえ方につとめている。

11) このようにミーイズム化した自己責任論に対する優れた批判としては桜井哲夫が挙げられる。
12) Beck, U., 1986, *Risikogesellschaft Auf dem Weg in eine andere Moderne,* Suhrkamp Verlag＝東，伊藤訳 1998,『危険社会──新しい近代への道──』。
13) 周知のようにギディンズ，ベックらは現在の情報化社会に対して，近代の延長線上にとらえ，この観点より公共圏についても言及している。彼等の議論の詳細については邦訳『再帰的近代化』を参照されたい。

Ⅳ　IT社会と信頼

［キーワード］　IT革命　IT社会　貨幣と情報　信頼と自己責任

1．歴史の狡智

　歴史はまったく予期しない方向に動くようである。1989年12月のマルタ会談は，米ソ両首脳が「冷戦の終結」を宣言したことでよく知られている。その年は，すでに東欧の社会主義諸国が民主化（複数政党制）と自由化（市場経済化）を要求し，自由主義へもどる決断をした年であった。11月9日の「ベルリンの壁」崩壊はその象徴である。フランス革命がおきたのは，ちょうど200年前だから，歴史の狡智としかいいようがない。本家のソ連はだいじょうぶだろうとの憶測にもかかわらず，91年の12月には，ロシア，ウクライナ，ベラルーシのスラブ3共和国がソ連社会主義連邦の消滅と独立国家共同体の創設を宣言し，翌年の1月には，ロシアが価格自由化，つまり市場経済化へ移行した。資本主義への回帰である。マルクスの描いた歴史の発展法則は妥当しなかった。
　もともと近代の資本主義は，イギリスで誕生した。その技術的な起爆剤となったのが，18世紀後半からはじまった産業革命である。紡績機の発明からはじまり，ワットの蒸気機関がすべての分野の原動力となっていく。1825年のスティーヴンソンによる蒸気機関車の実用化は，交通運輸部門の飛躍的な発展をうながした。産業革命が「革命」とよばれるのは，機械による工場生産と新たな交通運輸システムによる新市場の創造とを可能にしただけでなく，資本家と労働者階級を生み出し，社会と生活を根底からかえたからである。

世界ではじめてコンピュータ（ENIAC）がつくられたのは，1946年。74年からパソコンが開発され，90年代にインターネットが普及する。いま話題のIT（Information Technology：情報技術）革命は，はたして産業革命に匹敵するような「革命」とよびうるのだろうか。

　冷戦は終結したけれども，IT社会の観点からすれば，つぎの2つの冷戦の落とし子を無視するわけにはいかない。1つはエシュロン（Echelon）であり，もう1つはインターネットである。

　エシュロンは，米英協定にもとづく通信傍受システムで，アメリカ国家安全保障局（NSA）を軸にして，イギリス，カナダ，オーストラリア，ニュージーランドの情報担当部局が地域を分担し，世界中の音声通話，ファクス，電子メールを傍受，分析しているとされるものである。旧東側陣営の情報収集が主目的だったが，冷戦後は，米英系企業の活動を支援するのに転用されているとの疑いが90年代後半に浮上した。傍受した通信データが蓄積され，「辞書」とよばれる高性能コンピュータが「核兵器」，「契約額」といったキーワードやメールアドレスでそれらのデータを抜き出し，整理する。その分野の専門家や関係機関によってデータの内容が吟味され，目的に応じて活用されているという。江下雅之は，日本赤軍最高幹部の重信房子が逮捕されたのも，過去10年間に日本企業が9件の国際入札でアメリカ系企業に敗れたのも，エシュロンによる傍受活動が介在していたからではないかとみて，「アメリカは官民が結託してエシュロンのような傍受システムを支えているのではないか，という疑惑が浮かんでくる」[1]と明言する。2001年9月6日付けの朝日新聞によると，欧州議会は5日，「エシュロン特別委員会」に提出されていた調査報告書案をもとに，地球規模の通信傍受システムについて，「存在は疑いない」とする決議を採択し，産業スパイ活動の自粛を求めた。

　一方，インターネットは，1960年代半ばに，核攻撃に耐えうる柔軟な通信ネットワークを構築するための開発プロジェクトから生まれた。69年にアメリカ国防総省での4台のコンピュータをつなぐ実験からはじまり，83年には，TCP/IP（Transmission Control Protocol/Internet Protocol）という通信規約が世界標

準となって，研究や教育用のネットワークができあがる。その後，欧州原子核共同研究所で開発されたWWW（World Wide Web）がインターネットを一般に普及させるきっかけをつくった。これは，この研究所に派遣されたコンピュータ・エンジニアが多くの研究員の膨大な研究成果をいかに蓄積し，再利用しやすくするかを考えるなかから生み出された。インターネットの最大の特徴は，世界中のあらゆるコンピュータがつながる点にある。それを可能にしたのが，TCP/IPとWWWである。商用化とはまったく無関係に，研究者集団によって育てあげられてきたインターネット。それが冷戦終結後の90年代に，IT革命の主役になろうとは，だれが予想しえただろうか。

　冷戦の終結に伴って，エシュロンは米英系企業の活動支援にその重点を移した。インターネットは世界中の人びとを結ぶコミュニケーション・ネットワークへと変容するとともに，ビジネスのために開放されていった。エシュロンの存在が事実だとするなら，自由主義の守護神であるかのような顔をしたアメリカは，逆にIT諜報活動によって世界の自由主義を窒息させかねない。初期の目的からずれて，予想もしなかったような方向へ動くのが歴史である。R. K. マートンの「目標の転移」という言葉を援用すれば，エシュロンは「目標の負（米英にとっては正）の転移」であり，インターネットは「目標の（意図せざる）正の転移」である。このことをふまえて，IT社会の核心を明らかにし，その現実的な光と影にふれながら，何がIT社会において求められているのかをさぐってみたい。

2．IT革命とIT社会

　メディア技術の組織論という視点から，小林宏一は，日常生活において電子メディアが果たした役割を3つの「時代相」に区分している[2]。第1は〈稀少性の時代〉で，1960年代末ころまでである。加入申し込みをしてもなかなかつけてもらえない電話，限られた電波資源を割り当てられる放送事業者などの事例がその時代を象徴する。第2は〈（従来型メディアの）多元化ないし拡張化の

時代〉で，70年代後半から90年代初頭まで。ケーブルテレビや衛星によるテレビの多チャンネル化，VTRの普及，携帯電話の登場などに象徴される。これにたいし，21世紀メディアのとるべき方向性としての時代相は，〈プラットホームの時代〉として特徴づけられる。この時代相は，90年代，とりわけ95年以降から電子メディア技術の趨勢として顕在化し，デジタル技術とサブ技術としての，(1)放送と通信，有線と無線の垣根をとりはらった伝送技術，(2)情報処理および蓄積技術の革新を具現したデジタル端末によって実現された。小林による3つの「時代相」区分は，電子メディアの役割にとどまらず，その進展をも明らかにしているだけに，注目されてよい。IT革命が叫ばれはじめたのは，〈プラットホームの時代〉に入ってからであることだけはたしかである。

　経済ないし経営を重視する人びとは，日本の景気回復の牽引役としてIT革命をとらえがちである。政治家もその例外ではない。そうした人びとは，景気浮揚とビジネス・チャンスの到来とばかり，IT革命に夢をたくす。おそらくそうした人びとにとっては，「『IT（情報技術）の飛躍的な発展を基礎とするIT関連の経済活動の急拡大が，経済社会を本質的に変革し，新たな経済発展の段階に進むこと』」[3]といったIT革命の定義が歓迎されるだろう。しかし，経済社会の本質的な変革にしても，新たな経済発展の段階にしても，いずれもその具体的な姿はみえてこない。経済中心の議論は，IT革命の短期的な達成とそれによる多くの経済的な波及効果を期待しすぎている。

　IT革命を30年から50年くらいの幅でとらえる西垣通は，IT革命を「文明史的な事件」として位置づけ，それを，「『単方向のマスメディアから，双方向のネットワーク・メディアへ』という，地球規模のメディア・ビッグバンに伴う生活革命である」[4]とみる。西垣は「IT革命の中核」を「放送と通信とが融合するメディア・ビッグバン」に求める。そしてつぎのようにいう。「メディア・ビッグバンが来れば，テレビ放送・ラジオ放送・ビデオ映画・電子新聞・オンライン雑誌・電子書籍などのマスメディア情報（第三ルート情報）が，電子メールや電話といった私的情報（第一ルート情報）と高速ネットワーク上で混在するようになる。さらに仕事に関連する公的情報（第二ルート情報）も統合され

Ⅳ　IT社会と信頼　53

るようになる。」[5]　おそらく小林のいう〈プラットホームの時代〉における情報流通は，こうした様相をみせるのだろう。

　2000年12月からはじまったBSデジタル放送は，視聴者から放送局への双方向機能をもっているから，西垣もいうように，「放送と通信の融合」の萌芽なのかもしれない。メディア・ビッグバンの到来まではまだ時間がかかるとしても，IT革命の中核は，たしかに「放送と通信の融合」にあるといえそうである。しかし，IT革命を社会史的な事件とみたばあい，それは，コミュニケーション媒体の革新にすぎず，それによる生活の質的な向上の促進にすぎないようにおもわれる。電子新聞や電子書籍といった情報の受信とeメールやホームページによる情報の発信など，情報交換の様式が便利になるだけで，IT化は，産業革命がもたらしたような，社会構造の大きな変化を引き起こしそうにはない。IT「革命」という言葉には，低迷する日本経済の回復を望む熱いおもいが込められている。

　IT社会を定義するとすれば，どのようになるだろうか。この点西垣は，IT革命で「ネット社会」が実現するとした上で，「公＝生産者側」だけが情報化されるのが「情報社会」であるのにたいし，公私にわたる情報化，とくに「私＝消費者側」が情報化されるのがネット社会だと考える。かれのみるところでは，マイクロプロセッサーとインターネットのおかげで，「IT革命後のネット社会では，エリートにかぎらず一般の人々も，自在に情報を蓄え，編集し，交信しあうことが可能となる。」[6]　たしかにネット社会では，そうなるかもしれない。しかし，ネット社会が社会になるには，生産者側も消費者側も，ともに情報の送り手であると同時に受け手でなくてはならない。そうとらえるとき，情報の送り手と受け手の双方が，とりわけマスメディア社会での弱者，つまり情報の受け手側が情報化される点に，IT社会の核心があるといえる。

　ジンメルのいうように，社会が「個人間の心的相互作用」であるなら，IT社会は，相互作用の媒介手段が手紙や電話からインターネットに高度化したところに成り立つにすぎない。そうであれば，情報の送り手と受け手とのあいだで，インターネットによって情報交換がおこなわれるばあい，それをIT社会

とよぶことができる。企業間であれ，企業と消費者間であれ，あるいはまったくの個人間であれ，インターネットが介在していれば，そこにIT社会が存在する。IT社会では，情報交換の頻度が多く，速度も速い。それだけにIT社会は，人間と人間，組織と個人，人間と物ないしサービスなどのあいだにある距離を，これまでの社会とは比較にならないほど短縮する。ただし，IT社会は到来したわけではなく，到来しつつある。だからそれはまだ，現在進行形の社会である。

3．IT社会の光と影

ITの活用によって，労働のスタイルがだいぶかわってきた。在宅勤務制度は，もともとは育児や介護のための制度だった。ところが，自宅のパソコンで仕事ができるのであれば，出社しない日があってもいいといった働き方が増えている。日本IBMでは，それをITを使うことから「e-work」とよぶ。工場勤務や営業以外の社員が対象で，ほぼ80人が週1日の割合でこの制度を利用しているそうである[7]。会社から完全に独立して自宅などで働いている人はまだわずかとはいえ，インターネットや移動体通信を使って自宅などで業務をおこなうSOHO（Small Office Home Office）人口は，IT化が進むにつれて多くなっている。日本テレワーク協会の調べでは，日本における2000年のSOHO人口（雇用者）は246万人。2005年には，445万人になると予測されている。生産性が向上し，通勤ラッシュからも解放され，家族との絆が深まるとすれば，そこにIT社会の光がみえる。

総務省の推計調査では，2000年12月の時点で，インターネットの利用者人口は4,780万人にのぼり，前年末に比べて78%も増えた。このうち，半数以上がiモードのようにネットに接続可能な携帯電話端末を用いている。それでも，ほぼ3世帯に1世帯がネットを利用しているという。ネット利用の状況はこれからも確実に増えつづけるだろう。主婦連合会の消費者調査（1999年末から2000年3月にかけて実施）によると，いままでに電子商取引（Electronic Commerce：EC）

で「購入した」商品ないしサービスの上位5つはいずれも6％以下とはいえ，本・雑誌（5.5），コンサート・観劇などのチケット（4.2），航空・鉄道乗車券（4.0），コンピュータのソフトウェア（3.8），食料品（2.5）の順である。それにたいし，ECで「購入したい」商品ないしサービスの上位5つは，つぎのとおりである。コンサート・観劇などのチケット（41.0），本・雑誌（38.0），航空・鉄道乗車券（36.4），音楽CD・レコード・MDなど（26.3），衣料品（19.1）。世帯のIT化が進み，これらの分野でネット直販が主流になれば，小売店は減少し，生活も豊かになるだろう。

2000年6月に，日本航空がe割（インターネット割引運賃）を開始して，代理店の「中抜き」騒動がおきたのは記憶に新しい。デル・コンピュータがBTO（Build to Order：受注生産）方式によって，消費者の希望に応じた製品を製造，販売しているのはよく知られている。日本でも家電メーカー（ソニー）がきめこまかなBTO方式を採用し，ネット直販をはじめている。これが普及すれば，小売店にかぎらず卸売業もなくなるかもしれない。ホンダは，1つの生産ラインで8車種生産できるようにした。同時に，ITを駆使して販売店情報が生産現場と密接に連携することで，注文から納入までの日数を短縮した。「市場連動型の生産システム」への転換である。価値観の多様化も手伝って，IT社会では，もはや大量生産・大量消費は通用しなくなる。このことは，自動車業界だけでなく，ほとんどのメーカーにあてはまる。消費者のニーズが最優先され，それが迅速かつ十分にみたされるところに，IT社会の光がある。その意味では，IT社会は消費者主体の社会である。消費者のニーズを的確にとらえ，それにすばやく対応できる企業だけが生き残っていく。

企業間の2003年度EC市場の内訳予測（通産省とアンダーセンコンサルティングの1999年3月調査）をみると，1位が電子・情報関連製品（31％）で，自動車・自動車部品（26％），建設（15％）がそれにつづく。上位2つの分野における電子商取引化率は，4割におよぶとされている。ECの最大の利点はコスト削減。ネットによる業者公募も加わって，良質の，しかも安い商品が消費者に提供されるなら，生活におけるIT化が加速し，便利さも増す。

日本では，企業の系列化ないしグループ化が顕著であり，閉鎖的なビジネス慣行も根強い。しかしインターネットによって，良質であれば一番安い部品や材料を，地域にこだわらず手に入れられるようになった。そうしたオープンポリシーを採用する企業が増えている。企業間のECで部品などの自由な調達が大企業を中心として活発になれば，系列が崩壊するのは明らかである。企業の系列化ないしグループ化は，品質をベースにした信頼の組織化でもある。それがなくなれば，詐欺まがいの部品製造業者も出てこよう。そうなると，林紘一郎が示唆しているような，「信頼に基づく『並列的なネットワーク型』ないし『相互依存グループ』といった関係」[8] を，どのようにして築くかが重要な課題となってくるにちがいない。

電子モール（仮想商店街）によるECは，楽天，So-net，IPPINなどの電子モール運営会社が開業した1997年から急増した。楽天のばあい，97年の出店社数は23にすぎなかったのに，2000年9月末には4,400をこえ，出店商品数も50万以上というから何とも驚くばかりである。いわゆるオークションは，出品者が企業であればB（ビジネス）to C（コンシューマー），個人であればC to Cに分けられるけれども，取引の安全性が確立していないこともあって，日本ではB to Cが大半を占めているそうである[9]。オークションはインターネットの即時性という特性を生かした取引であるだけに，将来性のある市場と見込まれている。ちなみに，ヤフーでの出品数は2000年8月には100万件をこえ，1日当たりの落札総額は2億から3億円だったという。

インターネットの出会い系サイトで知り合った男女間で，凶悪な事件や児童売春が多発している。2000年10月から2001年5月末までのあいだに，サイトで知り合った男が女性を殺害した事件が5件。児童売春事件は，2000年だけでも約40件にのぼった。ほかにも，誘拐や婦女暴行，恐喝がおきている。ネット上には，かなりの出会い系サイトがある。大手のあるネット検索会社のばあい，百数十万人が会員として登録し，アクセスは1日に20万件をこす。メル友がやがて直接会うようになり，仲がこじれて深刻な犯罪に発展してしまう。18歳の少年が一時交際した主婦を刺した事件，京都の女子大生殺害事件など，枚挙に

いとまがない。高裁判事が現金をわたして18歳未満の少女と性行為をした事件にいたっては，信じがたいばかりか，もはや世も末といった感じさえする。出会い系サイトでは，文才さえあれば，いくらでも自分のイメージを偽装させうるし，逆に相手がみえないから，相手への幻想もふくらんでくる。そこに，IT社会の典型的な落とし穴がひそむ。

　ほかにも，政府の省庁 Web ページの書き換え，詐欺や脱税に使うための架空口座の売買，スキミングによるクレジットカードの偽造，ネットねずみ講など，ITの進化に伴った新種の手口による犯罪があとをたたない。これからは，予想もしなかったようなハイテク犯罪がおこりうる。豊かさと便利さとは裏腹に，IT社会は猜疑心を醸成させるので，犯罪を誘発させやすい社会でもある。

4．信頼と自己責任

　IT社会の核心は，すでにふれたように，情報の受け手側が情報化される点にある。だからだれでも情報を収集，蓄積し，それを編集して発信できるようになる。おそらく西垣がいうように，「IT革命後の社会というのは，あちこちに無数の動的な情報の渦ができるようになる」[10] だろう。個人や仲間，企業などの多様な情報発信者を中心とした「情報の渦」のなかを，あるいは渦のあいだをさまざまな情報が飛び交う。それらの情報がまた，小林のいう〈プラットフォーム〉上で，マスメディア情報とも高速で交錯する。そうなると，デュルケムの言葉を使っていえば，情報のアノミー状態が生じざるをえない。誹謗と中傷の情報が人を自殺においこむ事態さえ出てこよう。インターネットは，中央が管理しない「自己責任・分権型のネットワーク」だから，信じるか，信じないかは，自己責任で判断すべしというのがインターネットの掟だとよくいわれる。しかし，そういっても何の役にも立たない。情報のアノミー状態に歯止めをかけ，情報の秩序問題に解決策を準備しておく必要がある。そうでないと，IT社会は不信感の蔓延する社会になってしまう。

　2000年7月，ネットオークションでパソコンを落札した人が郵便為替で代金

を振り込んだところ，週刊誌などが入ったダンボール箱が届けられるといった詐欺事件がおこった。C to C においては，こうした事件が多い。この点，金融機関も加わった「エスクロウ（第三者預託）サービス」が定着しつつあるのは，歓迎すべきだといえる。買い手の代金が一時的に銀行口座に保管され，売り手は，入金を確認してから商品を送る。買い手は，商品が届かなかったり，欠陥のある商品であれば，サービス会社に連絡して，代金を自分の口座にもどしてもらう。買い手も売り手も，ともに安心できる。売り手もといったのは，商品を発送しても入金しない買い手がなかにはいるからである。コンビニエンス・ストア5社が共同でこの種のサービスを提供しているし，ヤマト運輸も配達から2日以内なら返品に応じるサービスをおこなっている。エスクロウサービスは，EC における信頼確保の有効な方法であるとともに，IT 社会において何が求められているのかを示唆している。

　IT 革命が脚光をあびるにつれて，電子マネーとその決済方法のセキュリティー，あるいはエコマネーや地域通貨のあり方などが話題をよんでいる。しかし，貨幣と情報の類似性に気づいている人はほとんどいない。

　貨幣と情報は人を結びつけながら，人から人へと流れる。前者が紙幣やコインなどの形をとるように，後者も，音声や文字あるいは映像などの形をとる。しかしそれらは，いずれもそれ自体としては，実体ないし価値をもちえない。貨幣はある商品と交換されてはじめてその価値を示すように，情報も，実際に役立ってはじめてその価値を発揮する。両者はともに，蓄積されればされるほど，有意義な働きにかわる。貨幣はある額になれば，たんなる支払手段から資本に転化する。POS システムが売れ筋商品を知らせてくれるように，情報も，一定量になると，顧客のニーズなど新たな意味を提供する。貨幣が集中するところに人が集まるのとおなじく，情報が集まる場所に人が集中する。証券取引所はそのよい例である。そして何よりも，貨幣と情報がいずれも流通しうるのは，両者がともに信頼にもとづいたものだからである。このように，貨幣と情報はとてもよく似ている。

　『貨幣の哲学』で金属貨幣についてふれたさい，ジンメルは，「貨幣を発行す

る政府への公衆の信頼」と「経済圏への信頼」をあげ，こうした2つの信頼なしには，だれも鋳貨を使用できないだろうとみて，つぎのように述べた。「人間の相互の信頼がなければ一般に社会が崩壊するように，……信頼がなければ貨幣取引も崩壊するであろう。」[11] またかれは，『社会学』のなかでも信頼について言及し，信頼を「人間についての知識と無知とのあいだの中間状態」として位置づけ，「完全に知っている者は信頼する必要はないであろうし，完全に知らない者は合理的にはけっして信頼することができない」[12] という。

　ジンメルのこうした見解をふまえるなら，つぎのようにいえないだろうか。知り合いの間柄ならともかく，インターネットは顔のみえない「完全に知らない者」同士の世界なので，たがいに相手が信頼できない。だからだましたり，だまされたりもする。しかしインターネットは，純粋な技術にすぎないから，利用する側の姿勢によって左右される。その意味では，インターネットはもろ刃の剣である。貨幣と同様に，情報も「社会のなかのもっとも重要な結合的な力の一つ」である信頼の上に成り立っている。人間相互の信頼がなければ一般に社会が崩壊するように，信頼がなければ貨幣取引だけでなく，情報交換も崩壊するであろう。個人であれ，企業であれ，情報を発信する主体への信頼とネット圏への信頼なしには，だれも情報を受信できない。

　顔のみえない人間を信頼せよといっても，無理がある。顔のみえない相手への信頼というものがあるとすれば，それはおそらく，ジンメルのいう「内的な無条件性」という意味での信頼，つまり経験によっても仮説によっても媒介されない，他者たちにかんする「心の原初的な態度」としての信頼であろう。あるいはそれは，ルーマンが「システム信頼の合理的な基礎」とよんだもの，すなわち「他者が自分とおなじように第三者を信頼していることに信頼をおくこと」[13] でもあろう。これらの信頼は，他者一般を信頼しきるのでなければ存立しえないから，無条件的信頼といってよい。宗教的な信仰に近い，こうした無条件的信頼こそ，IT社会において求められているものにほかならない。無条件的信頼にもとづく情報は，信頼できる情報になるはずだからである。

　無条件的信頼が可能となるためには，もう1つ重要な姿勢が培われなければ

ならない。自己責任である。ウェーバーは政治における信念倫理と責任倫理について論じたけれども，ここでいう自己責任とは，自己の行為の動機にたいしても，結果にたいしても責任をとろうとする姿勢である。情報の受け手は情報内容の真偽を査定しにくいので，自己責任が情報の送り手側に強く求められるのはいうまでもない。おもしろ半分かまじめだったのかわからないが，ネットで自殺薬を販売した人の行為は，自己責任が問われるよりもまえに，明らかな犯罪にあたる。厳しい自己責任のもとでの情報発信行為があってはじめて，無条件的信頼が生まれる。無条件的信頼と自己責任は，21世紀におけるIT社会を成熟させるための社会心理学的な基礎だといえよう。

　IT社会では，それまで情報の受け手だった人びとが情報化されて，情報の送り手となっていく。企業はいうにおよばず，情報の送り手側に要請されるのは，自己責任であり，信頼されるに値するような情報を発信することである。その情報が受け手側の無条件的信頼によって受信され，さらに送り手側に何らかの情報が返信されるといった相互作用がくり返されるようになれば，IT社会は安心社会として発展していく。信という字が「たより」や「しるし」のほかに，「まこと」，「疑わない」などの意味をもっているのは，何とも興味深い。それはともかく，はじめに強調したように，歴史は予期しない方向に動くので，IT社会が信頼と自己責任に支えられて豊かになったとしても，それが安心社会になるとは断言できない。情報機器関連産業が冷え込んでいるいま，IT社会はどこへいくのだろうか。

1) 江下雅之「IT超大国アメリカの通信傍受網」『「IT」の死角 インターネット犯罪白書』宝島社，2000年，21頁。
2) 小林宏一「メディア変容の現在」山崎正和・西垣通編『文化としてのIT革命』晶文社，2000年，84-85頁参照。
3) 土志田征一／日本経済研究センター編『どうなる日本のIT革命』日本経済新聞社，2000年，16頁。
4) 西垣通『IT革命—ネット社会のゆくえ—』岩波新書，2001年，1-2頁。
5) 西垣，前掲書，80頁。

6) 西垣,前掲書,34頁。
7) 朝日新聞,2001年7月7日付参照。
8) 林紘一郎「サイバー市場は現実の市場にどう影響するか？」林紘一郎・牧野二郎・村井純監修『IT 2001　なにが問題か』岩波書店,2000年,247頁。
9) 土志田／日本経済研究センター編,前掲書,209-210頁参照。
10) 西垣通「ITの思想 サイバネティクスとメディオロジーをめぐって」『現代思想』1月号 第29巻第1号,2001年,78頁。
11) Simmel, Georg : *Philosophie des Geldes,* 1900, in : Georg Simmel Gesamtausgabe, Band 6, 1989, S. 215.　居安正訳『貨幣の哲学』白水社,1999年,170-171頁。
12) Simmel, Georg : *Soziologie,* 1908, 3. Aufl., 1923, S. 263.　居安正訳『社会学』上巻　白水社,1994年,359頁。
13) Luhmann, Niklas : *Vertrauen,* 1968, 4. Aufl., 2000, S. 91.　野崎和義／土方透訳『信頼──社会の複雑性とその縮減──』未來社,1988年,113頁。

参 考 文 献

Durkheim, Émile : *Le suicide,* 1897.　宮島喬訳『自殺論』中公文庫,1985年

Merton, Robert K. : *Social Theory and Social Structure,* 1949, rev. ed., 1957.　森東吾他訳『社会理論と社会構造』みすず書房,1961年

Weber, Max : *Politik als Beruf,* 1919.　脇圭平訳『職業としての政治』岩波文庫,1980年

V 「情報立国」と「情報鎖国」のジレンマ
——IT革命時代に問われる中国の行方——

［キーワード］　情報化社会　発展途上国　情報化戦略　社会情報基盤　情報のボーダレス化　中央集権体制　反体制的情報　サイバー宗教

1．IT革命時代を迎える中国

　1990年代以来，中国の情報化はかなりのスピードで発展しつつあり，世界から広く注目されている。
　この10年間は，確かにIT（情報技術）革命の波が中国全土を覆いつつある時期であり，コンピュータ関連産業の高度成長，デジタル革命，ハイテク・メディアの開発，広い国土に縦横交錯している光ファイバー通信ハイウェイの敷設，衛星通信放送の実用化，世界最大級のCATV市場，アメリカを抜く世界第1位の移動電話ユーザー，電子取引業務の活性化，パソコン通信の急速な普及及びマルチメディアの一般市民家庭への広がり……このような変化が世界の多くの情報専門家を驚かせた[1]。社会の情報化の嵐の中に先進諸国はもちろん，最大の発展途上国の中国さえも情報専門家らが予想する以上のスピードで情報化社会の到来を迎えてきたと言えよう。

(1) 中国政府の情報化戦略

　中国政府は，90年代初頭，それまでの産業発展政策を見直し，情報化戦略の推進に関する一連の政策を次々と打ち出し，自らの国家スーパーハイウェイ構

想及び情報インフラ整備の具体的なステップを明らかにした。
① 情報通信網の建設を急ぎ，21世紀に向けて国家情報インフラの整備。高速通信基幹網とブロードバンド高速インターネット網を建設し，情報化プラットフォームを構築する。具体的には広帯域高速ネットワークを建設し，電信ネットワーク，放送ネットワーク，コンピュータネットワークといった3大ネットワークの融合を目指す。
② 情報技術及び情報産業の速やかな発展。情報産業が国民総生産と従業員総数に占める比率を拡大させ，情報専門家や技術人材の養成に力を入れ，情報通信機械メーカーとソフトウェアメーカーを全面的に発展させる。特にマイクロ電子やソフトウェア，光通信，移動体通信，ネットワーク機械などの主要分野を重点的に発展させる。
③ 国民経済各業界の情報技術応用の推進。中央政府と地方政府をつなぐ業務情報システムを構築し，政府によるオンラインでの情報交換・配信，情報サービスなどを実現する。国民経済及び社会サービスでの情報化，企業情報化及び電子商取引を促す。
④ 先進国との格差縮小に努め，外資系企業が情報インフラとその関連産業に投資し，外国との協力による情報技術開発と国際的経済情報ネットワークの接続を推奨する。
⑤ 2010年前後には，情報産業と情報技術レベルを世界の先進レベルに仲間入りをさせる[2]。

情報化社会に向けて，国際社会の戦略的な視点に立ったこの新しいビジョンを早急に策定するところには，中国政府が一定の危機意識を持っていることが伺える。つまり，こうした情報化に関する政策決定と構想は，21世紀における国際的競争の中で生き残り，国家利益を守るためのものである。

(2) 情報産業の爆発的成長

1990年代以降，中国の情報産業は急成長している。情報産業の年平均成長率が40％以上のペースであり，電子情報製品の製造業，通信業，ソフト製造業が，

国の経済成長率の約3倍の速さで発展している。国家統計局の報告によると，2000年の電子・通信製品の生産・販売額は，2位の電力工業の販売額を17倍以上も大きく上回り，成長率も全国平均を20％以上，業界トップの伸びを示している。電子・通信業界が中国工業の柱に成長したことがわかる。そのうち，IT製品の輸出入は前年度比41％増であり，初めて1,000億ドルの大台を突破し，対外貿易全体の22.9％を占めた[3]。

世界情報技術サービス連盟のレポートでは，1999年の世界のハイテク産業規模が2兆1千億ドル，2003年には3兆ドル規模になるとの見込み。情報通信分野での支出が多い上位3カ国は，アメリカ（7,620億米ドル），日本（3,620億米ドル），ドイツ（1,390億米ドル）であり，以下は，イギリス，フランス，イタリア，カナダ，中国と続く。中国の情報通信技術分野での支出は1992年以降，年間約30％のスピードで増加しており，今後4年以内には年間支出額が1740億米ドルに達すると予測される[4]。

中国の通信ネットワークの容量は現在世界第2位で，電話加入者は2億5,500万世帯，毎日平均，28万台増加している。2000年1年間，携帯電話の新規ユーザーは4,197万人に達し，増加率は97％。2001年7月末までに，携帯電話ユーザーが1億2,060万人に達し，米国の1億2,010万人を抜いて世界第1位になった。アメリカStrategis Group社の中国無線通信市場に関する調査報告では，今，中国の携帯電話の普及率は国内の人口100人当たりの契約台数が9.2台とはいえ，2007年に3億3,400万台に拡大すると見られる。つまり中国は世界の最大級の無線通信「王国」となる[5]。

情報産業製造業の総体規模も世界のトップクラス入りし，中国情報産業部の呂新奎次官によると，2000年の電子情報産業の生産額は1兆元を超え，税込み利益が500億元超，輸出が550億ドルで，電子産業の規模が世界第3位になったという。また1999年にCD-ROM商品の販売量は1億の大台を突破し，同時に世界の80％のオプチカルヘッド，70％のCD-ROM機械の内部の芯が中国で生産されていることから，中国が情報商品の生産販売大国へと成長した[6]。

また中国にはソフトウェア産業が新興の戦略産業であり，情報化元年と言わ

れる1990年にソフトウェア売上高がわずか2億元にすぎなかったが，1999年にこれが一気に176億元にのぼった。全国のソフトウェア企業はそれまでの空白を塗りつぶし，今では2,000社以上に増加し，ソフト開発に携わる専門的人材が15万人に達し，世界的にも多くの有名な企業が出てきている[7]。

情報産業部の招きに応じて中国を訪ねた米IBMのガースナー会長は，勢いで成長している中国情報化の実態に対して，次のように言った。「IBMは中国の将来に期待している。中国が情報化の戦略をこのように進めれば，将来，多くの情報技術分野で他の先進国を追い抜き，世界をリードすることが可能だ」[8]。

2．情報化時代の光と影

(1) 情報メディアの構造的変動

中国では，今のところ，社会全体における情報化が先進諸国のそれと比べて，高度なレベルに達していないとはいえ，IT革命が中国における情報メディアの構造的変動に大きなインパクトを与えている。この10年間，家庭用パソコン，レーザープリンタ，スキャナ，ファクシミリ，パラボラアンテナ，ビデオデッキ，ファミコン，ケーブルテレビ，ビデオカメラ，VCD，DVD，CDプレーヤー，携帯電話などの情報送受信機器が市民生活に浸透している。

中国は，今，世界最大のVCDプレーヤー生産，消費国になった。1994年から，VCDの生産が始まる当初の年間量産はわずか2万台であったが，現在は年間2,000万台以上となり，6年間で1千倍も増加した。1999年末までに中国のVCDとDVDの販売量は，前者が7,000万台，後者が100万台に達した。専門家によれば，DVDが今後数年間にVCDを追い越し，VCDプレーヤー市場における主流となる見込み，これから，中国のVCDプレーヤー市場には，VCD，スーパーVCD，DVDの3つの勢力が並び立つ状況になり，消費者の選択の幅はさらに広がるであろう[9]と述べられている。

またCATVについては，政府はケーブルテレビ網を第2の全国基幹通信網

に構築することを計っている。1999年8月,中国国家ラジオ映画テレビ総局が企画,建設する全国ラジオテレビバス・ネットワークが竣工し,各省・直轄市のローカル・ネットワークもそれに接続することによって相互接続を実現する見込みである。これは8,000万以上のユーザーを擁する世界最大級のケーブルテレビ網が中国に誕生することを意味している。

　中国では,CATVの歴史は比較的新しいものであるが,10年足らずでケーブルテレビの加入者は,1999年の時点にはすでに8,000万世帯を突破し,加入者数では,世界の1位となる。専門家は2005年には中国のCATV利用者が2億に達すると見込んでいる。ちなみに上海市内でのケーブルテレビの普及率はほぼ飽和状態の99％に達し,ニューヨークを抜き,世界最大の都市型ケーブルテレビ・ネットワークに成長した。

　また,1999年代から,中国のモバイル通信は持続的かつ急速に発展し,大きな成果を収めている。すでに世界でも先進的な通信網が構築され,都市と農村を結び,全国をカバーし,世界に連絡するネットワーク体系が出来上がっており,通信業務に対する社会の多様な需要に基本的に対応できるようになっている。2000年の1〜3月期,中国の移動通信の業務量は一般電話の業務量を上回った。この歴史的な成長は,中国移動通信の発展史上初めてのことであり,中国の移動通信が新たな発展段階に入ったことを示している。情報産業部総合計画司の姜少氷司長は,2005年までには固定電話及び携帯電話の数はほぼ同じとなり,合計6億台を超えると予測する[10]。

　改革以前においては,中国の社会情報基盤ないし情報伝達の物質的手段がそもそも低い水準にあった。多くの場合,新聞,雑誌,ラジオなどの「集団購読」,「集団聴取」,いわば土着性と,組織化された情報伝達の方法に依存せざるをえなかった。だが,今日,新たな情報器械の普及と通信網のデジタル化,総合化,広帯域化,個人化の発展に伴って,情報消費,利用の欲求はますます個別化,精確化,緻密化することになる。情報メディアの構造的変動は,受け手の時間や空間の拘束からの解放を促し,外部の世界とつながって幅広い範囲へ送受信できる上,自分の意志で選択できる主体性や能動性を広げ,情報文化の空間に

画期的な変化をもたらしている。

(2) 高度情報社会へのネックをどう切り抜けられるか

　情報化がどう進められていくのかは，往々にして，ある国の情報政策や経済的発展段階及び国民の教育水準などの諸要素に規制させられていると考えられる。それ故，情報化のプロセスに関しては，中国は他の国々より自らの抱える課題が極めて複雑であろう。それは次の2点から明らかになる。

　一つ目は，産業化の程度，即ち経済的発展段階の問題があげられる。ある国の近代化の程度は本質的には，農業から離脱する程度及び工業への依存の程度によって計られると言ってよい。だが，中国は今，脱工業社会でもなく，脱農業社会でもない発展途上国に位置している。情報産業の発達のために工業の高度化が不可欠であり，工業化に成功した社会こそは，情報化社会を支えることができるわけである。しかし，中国は工業化に向けた諸課題も依然として解決しておらず，その上，情報化のトータルな実現という極めて困難な問題に直面している。

　先進諸国の場合，ほとんど例外なく高度の産業化という段階を経由した後，情報化社会に歩みを進めたのに対して，中国の場合，情報化のプロセスが産業化，近代化の歩みとほぼ同時に並行して行われてきたと言ってよい。要するに中国は，産業化，あるいは近代化がまだ高度な段階には達していないものの，いきなり情報化社会に突き進んでいると言えよう[11]。

　情報化時代において，産業の構造的調整や産業のグレード・アップは，過去の工業革命の時代と違って，産業の情報化なしには成し遂げられないと考えられる。つまり産業化と情報化とは，互いに制約しあい，促進しあうと考えられる。中国では，両者相互促進の環境作りを進めるには，かなり膨大な資金や高度な技術，長い時間を要するだろう。従って，中国政府は情報産業が他の産業を成長，グレード・アップさせる牽引的産業となる，というような新しい戦略的転換に全力で努力しなければならない。そこで，政府の主導の下で進められた情報インフラの整備，情報化戦略の早期策定，情報化産業の育成，情報化推

進の長期計画等々からわかるように，情報化の推進に関しては，中国は，他の発展途上国はもちろん，先進諸国よりも遙かに積極的な意欲と情熱を示している。

　指導部は1990年代以降，情報化戦略の推進に極めて大きな関心を寄せる。国務院は『技術革新の強化，ハイテクの発展及び産業化の実現に関する決定』を公表し，それを全国に実施することを決めた。いわゆる技術革新，ハイテクの発展とは，国民経済の情報化を大いに推し進め，情報産業などの新興産業を発展させ，知識イノベーション・プロジェクトを急ぎ，科学，情報技術による国家振興のテンポを速める，という構えである。

　二つ目は，情報社会に関わる法的制度の不備と国民の法的意識の希薄が指摘される。近代的産業の高度な発展は，近代的な法制度の確立，または近代文明に相応しい行為準則の形成を促している。ところが，中国の場合，産業の情報化，または情報の産業化が進歩しつつある一方，それに関わる法的制度の整備及び法的意識の確立がまだまだ先のことであろう。

　例えば，中国の情報消費市場における知的所有権の保護は，海外の先進諸国と比較して格差が非常に大きい。最近の数年間，情報消費市場における不法経営，不当競争，情報製品の密輸入，知的所有権への侵害などの活動は猛威を振るっているようである。政府は様々な不法活動に対して，整備した法的制度に基づいて厳しく規制すべきどころか，多くの場合，行政機関の「内部通達」や「暫定規定」及び一連の取締まりキャンペーンに頼って抑えようとする。それでそれらの不法な活動を完全に止めることができない。そればかりか，ソフトウェアやAV製品，音楽，映像製品の海賊版の活動は，ここ数年，洪水のように氾濫し，正常な経済秩序を著しく傷つけ，情報産業の発展にとって極めて不利である。情報分野のある責任者が現時点で中国には，情報消費市場を有効に取締まる法制度を整えていないと，率直に認めていた。

　多くの一般市民にも，情報社会に対応する法的意識がかなり希薄である。経営，販売，消費などの不法行為は，まるで日常茶飯のことになっている。人々の行為準則などがまだ粗雑な工業社会に，ひどいのになると旧い農業社会に見

られたような逸脱した行為が行われている。多くの専門家は中国における情報消費市場の現状を踏まえて，行政的権力が法的制度に取って代わるような問題，司法監督メカニズムの脆さ，一般市民の法的意識の欠如などのような深刻な問題が未解決である限り，健全な情報市場の確立があまりに期待できないと指摘している。

3. 情報化社会の利害を巡る政府の出方

(1) 情報のボーダレス化に対する戸惑い

衛星通信放送やパソコン通信などのハイテク・メディアによって触発された情報ボーダレス化は，各国に大きな波紋を広げ，様々な問題を投げかけている。情報のボーダレス化に強いられる今日，多くの国々は，様々な共通問題に直面しているようである。ポルノや悪質で歪曲した情報の自由流入は，世界各国を悩ませている。ところが，中国には，他の国よりももっと厄介な問題がある。その中で注目すべき動きは，情報のボーダレス化に伴って，反体制的情報の自由な流入にどう対応していくか，ということである。

まず国境なき衛星通信放送の問題が注目されるべきであろう。中国は，広大な国土であるばかりでなく，複雑な地理構造でもあり，地上通信施設の整備も遅れたため，通信放送衛星の利用に絶大な関心を示し，全世界のカバーを目指す衛星戦略を立案している。本来，衛星通信，放送技術の発達によって，地球全体がますます共通の情報ネットワークに組み込まれ，いわば情報資源の恵みを共に享受できる共同体になるべきであろう。だが，衛星による情報の自由流通は，中国大陸に様々なビジネス・チャンスをもたらすと同時に，国家統治基盤の維持に脅威も与えている。従って，中国では，国内及び対外的に衛星による情報発信が積極的に広げられる一方，海外からの衛星受信が規制されつつある。

ところが，衛星通信放送のようなハイテク・メディアの発達から考えてみれば，越境する衛星映像情報に対して，短波放送をジャミングするように完全に

シャットアウトしようとするのは，技術的に至難であろう。中国全土で，スターTVの受信者が一時的に3,000万世帯の大台を越えたことは，むしろ衛星放送ボーダレス化の威力を物語っている。海外からの衛星受信の人気が衛星アンテナの個人所有を禁じた後でも，衰える様子を見せないのは，市民の抵抗が根強いことを伺わせるだろう[12]。

次には，インターネットの問題が取り上げられる。中国では，1995年をインターネット元年と言われ，その時点の利用者数はわずか10万人しかなかったが，今，すでに3,600万人にも達している。インターネットは確かに中国の近代化に重要な役割を果たし，国民経済全体の発展を動かす強大な動力源となる。この数年間，インターネット利用者が日増しに，電子商取引，ネット広告業務などへ巨大な商機が訪れ，膨大な経済効果を上げている。インターネット利用の日常化は，情報化の進むことによって，もたらされた事柄だと考えられる。

ところが，インターネットは両刃の剣のようなものと見られ，それは中国経済の発展を動かす強大な動力源となる一方，国家の政治基盤を揺るがすものにもなる。というのは，「情報立国」という政策転換の下で，情報化がかなり進んでいるにもかかわらず，権威主義的支配の国家政治基盤という根幹が今なおも変わっていないからである。中国には，情報化は恵まれるチャンスでありながらも，厳しい挑戦でもある。それは，ハイテク・メディアの威力を十分に生かし，国民経済のまとまりを早急に必要とする広範な情報を手に入れ，情報媒体の開発整備を一層促進した反面，国民の伝統的な価値観に影響を与え，社会構造に衝撃をもたらし，国家の安全保障に脅威を及ぼす要因ともなる。

政府は特に海外から不都合な情報の大量流入にかなり警戒心を持っており，海外との関係で関所に当たるコンピュータ部分で特定した一部の情報発信源に規制の網を張り始めている。多くのユーザーは度々このようなことを経験した。「このホームページへの接続は許可されていない」，「違法な操作が行われている。回線を切断する」と，ある敏感なホームページに接続を試してみると，このような警告文が出て，その一瞬画面は自動的に崩れ消え去った[13]。

政府当局は，インターネットのユーザーに「国家の政策に政治的，教育的に

反する情報は見ない，記録しない，流さない」という誓約書を書いてもらうという厳しい措置を講じ，その後，外国のホームページへのアクセスを制限する機能を CHINANET の上で稼働させている，という物理的コントロールによって反政府情報を徹底的に封じ込める構えである。最近，20余りの省，市で初のネット警察を発足させ，全国規模でインターネットへの取締まりが強化される。

　政府はコンピュータ国際ネットとの接続に関する一連の法的措置を公布し，インターネットを利用し，国家の安全や機密，社会秩序に危害を及ぼす情報及びポルノ情報を入手，検索，複製，散布する行為を禁じ，ユーザーには国家関係部門の安全監視検査に協力させ，必要な資料と条件を提供させ，違反した場合には，刑事責任を追及されることもある，というような内容を明記している。このような厳しくチェックすることを盛り込んだ一連の法規は，政権の基盤に脅威を及ぼす事態を回避することを狙っている。

　中国では，確かに権威主義の中央集権体制の下で，長い期間，「情報鎖国」という政策が行われていたが，「情報立国」という政策転換は，地球的規模の情報流通，情報通信のオープン化という動きによって，それまでの中国政府における国家による情報規制政策を問い直す機運を生み出した。だが，「情報立国」という戦略的転換が着実に進んでいる一方，中国指導部は，反体制的情報，つまり政権基盤に挑戦する情報に対して，取締まりの動きに終始している。こうした対応は，情報の自由競争，海外から情報の大量流入に中国政府の危機感が浮き彫りになっている。政府は，情報化については他の問題や影響よりも，国の基本的政策，要するに四つの近代化（工業，農業，国防，科学技術の近代化を目指す。——筆者注）へのプラス効果や国民経済発展へのインパクトを重く見ている。しかし，情報化が進めば進むほど，国家の政治基盤をどう維持していくかは，新たな問題として浮上してくる。これは，指導部にとっては，大きなジレンマであろう。

Ｖ　「情報立国」と「情報鎖国」のジレンマ

(2)　ネット型サイバー宗教「法輪功」への恐怖感

　国内外で度々問題になった法輪功[14]への弾圧も、むろん中国政府のハイテク・メディアに対する恐怖感を如実に示したと言える。

　法輪功はサイバー時代に適したネットワーク的な組織であり、ある意味では、インターネット型サイバー宗教とも言える。法輪功の信者が１億人と自称しているが、それはともかくとしてこの団体がなぜ大勢の信者を短期間に引きつけられたのかについては、まずインターネットの役割が見逃されてはいけないだろう。法輪功の勢いが急成長した時期は、1990年代の半ば頃であり、それがインターネットという新しいメディアの発生とはほぼ同じ時期である。この団体はネットの誕生したばかりの時点で割と早くから法輪功のHPを開き、中国全土に自己宣伝を発信し、信者の加入勧誘、動員作戦を徹底的に行った。

　在日中国人研究者莫邦富が指摘したように、法輪功には、「在来宗教と違ってハイテク関係の人材や高学歴の人が多い」、組織的には本部とか地方の寺といった指揮系統がないというものの、インターネット上では、教祖の指令などを出すと、その指令に従って「各地方のHPが書き換えられ、さらにその下に各地方の指導者や連絡ポイントの担当者名とかの連絡網が系統立てられている」という具合である[15]。法輪功はインターネットを舞台として、サイバー・スペースで演出されるわけで、いわば無限に近い空間を手に入れたのである。

　1999年４月に法輪功は、インターネットを利用して、全国各地から１万人以上の信者を呼び出し、北京の権力中枢である「中南海」を包囲する事件を起こした。その後、政府によって非合法的組織と断罪されたが、度々天安門広場で抗議活動を続けている。信者らが抗議活動を行う際、ノート型パソコンを取り出して、情報交換、指令伝達を頻繁に行う光景は珍しくない。今は「法輪功の経典『転法輪』は発禁ですが、e-mailの添付書類でたやすく大量に流布しています」とか、法輪功をどのように抑圧すれば最も効果的であろうか、などと指導部はかなり困っているようである。確認されてない情報であるが、法輪功自らの報道によると、「中国政府はコンピュータ会社を通して法輪功のHPにハ

ッカー侵入を試み，大量情報を瞬時に送り込んでマヒさせるオーバーフォローを試みたらしい。かつてのように軍隊や警察を動員して宗教施設を包囲したり，坊主や牧師を検挙して労働改造※を命じたり処刑したりするのではなくて，ハッカーという新しい攻撃集団による破壊行為です」[16]という指摘もある。

江沢民は第16回世界コンピュータ大会の席で，インターネット上にも人々を不安にさせる問題が存在していることに注目しなければならず，非科学的な情報や不健全な情報，さらに有害な情報さえあふれており，一部の人間がある目的を持って事実に反する情報を流し，人々の正確な認識を誤らせていると指摘した上，ネット情報をチェックする機能を強化しようと呼びかけている[17]。しかし，インターネットを中心に情報のボーダレス化が進みつつある今日では，不都合な情報への規制を強めようとしても物理的に，技術上の制御がそれほど簡単にできるわけではない。不完全な統計ではあるが，現在，中国のメールアドレスの所持者は3,600万人，webサイトは1,500以上，プロバイダーが600社近くに上る[18]ということから分かるように，事前にHPを一々にチェックするのはとても無理である。ハイテク・メディア利用の日常化とそれによって生じた問題が予想以上に早まることに対して，政府は，いまなお有効な対応策をまだ立てていない。これからは規制の強化か，それとも緩和かについては，政府の対応に新たな難問を課すことになる。

1) 林暁光「情報化の波に巻き込まれる中国―メディア構造の変動に伴う新たな課題」，文部省特定領域研究『特集 現代中国とメディア』，1998年，30頁。
2) 資料出所は，それぞれ『人民日報』（オンライン・ニュース），2000年7月14日と中国情報センター『中国経済週刊』52号，1997年1月，33頁。
3) 『人民日報・海外版』2000年12月2日と『人民日報』（オンライン・ニュース）2000年3月8日。
4) 『人民日報・華南新聞』2000年11月24日。
5) 資料出所は，それぞれ『読売新聞』2001年4月30日及び *http://biztech.nikkeibp.co.jp/wcs.2001.3.1*，http://j.people.ne.jp/2001/08/15。
6) 『人民日報』（オンライン・ニュース）2001年6月5日と『人民日報』（海外版），

V 「情報立国」と「情報鎖国」のジレンマ 75

2000年2月9日より。
7) 『人民日報』(海外版)，2000年5月19日。
8) 『人民日報』(海外版)，2000年6月22日。
9) 『人民日報』(オンライン・ニュース) 2000年4月19日。
10) 『人民日報』(オンライン・ニュース) 2000年9月11日。
11) 林暁光「IT革命時代に問われる中国人の情報消費行動」，『金沢学院大学部文学部紀要』，第6集，平成13年3月，20頁。
12) 林暁光同1) 掲文，39頁。
13) 林暁光同1) 掲文，38頁。
14) 法輪功：法輪功は最初，一定の規模を持つ気功団体と見られ，1990年代からインターネットを積極的に活用し，中国全土に自己宣伝，情報発信を大いに行っているので，信者が激増し，彼らが主にネットで流された教祖の指令に従って働いているようであり，遂に巨大なバーチャル宗教組織に変身した。北京要人の住居地中南海の包囲事件，反政府抗議活動などの経緯があるので，1999年，中国政府によって日本のオウム真理教と同じような「邪教」組織と断罪され，今，取締まりキャーンペンが大いに行われている。信者らは海外を含め，1億人と自称している。教祖李志洪は今，アメリカ亡命中。
15) 莫邦富他「ネットの中のバーチャル宗教」，岩波書店『世界』，2000年8月，678号，276-278頁。
16) 莫邦富他前掲文，276-283頁。労働改造※とは，中国の特有の矯正労働制度を指し，つまり正統なイデオロギーから逸脱した者その他に対して強制労働を課してその思想を矯正すること。
17) 江沢民『人民日報』(海外版)，2000年8月22日。
18) 莫邦富他前掲文，277頁。

参 考 文 献

毎日新聞外信部『アジア衛星スター・ウォーズ』，岩波ブックレット，1995年
徳久勲『情報が世界を変える』，丸善ライブラリー，1991年
石坂悦男他編『メディアと情報化の現在』，日本評論社，1993年
莫邦富他「ネットの中のバーチャル宗教」，岩波書店『世界』，2000年8月，678号

II　情報化と人間

I　電子情報空間と政治行動
——電子民主主義試論——

［キーワード］　インターネット，電子政府，ホームページ，電子投票，ネット世論，電子民主主義

1．電子政府

　20世紀における情報メディア技術の進歩には眼を見張るものがある。20世紀末，人類はコンピュータと通信技術を融合させたインターネットという，これまでとはまったく異質な情報メディアを手に入れた。インターネットは地球大のネットワーク化で，原理的には国境を越えた情報の受信・発信機能をもつ特異なメディアである。万能の電子情報メディアが出現したといっても過言ではなかろう。

　21世紀はインターネット社会，電子情報社会，IT社会などと喧伝され，そうした時代のムードに乗り遅れまいとする人々は少なくない。『インターネット白書』によれば，日本国内のインターネット利用者は1997年時点で571万人にすぎなかったが，2000年には1,937万人，2001年2月の時点では3,263万人に急増しているという[1]。インターネットが急激かつ着実に社会に定着してきていることによって，社会の全般的インターネット化，なかでも「行政のインターネット化」は国家の重要な政策課題になっている。

　そこでまず，政策レベルにおける「行政のIT化・インターネット化」の進展をみておくことから始めたい。行政のIT化・インターネット化の究極目標

は「電子政府」(digital government) である。「電子政府」という言葉が日本の政府レベルで使われたのは，おそらく「高度情報社会推進本部」（1994年8月設置）が95年2月に策定した「高度情報社会に向けた基本方針」が最初であろう。この基本方針は「電子的な政府」という考え方を打ち出している。また，94年12月に閣議決定された「行政情報化推進基本計画」は97年12月に改定され，この改定計画は98年度から2002年度の5カ年計画で，電子政府実現に向けた具体的内容を明らかにしている。改定計画では国の事務・事業を対象とし，申請・届け出等の手続きの電子化，調達手続きの電子化など多岐にわたる実施事項が具体的に挙げられているが，「21世紀初頭に電子政府の実現を目指す」と明確化している点が注目される。さらに，99年3月に首相の直轄組織として発足した産業競争力会議の提言をベースに同年12月に決定された「ミレニアムプロジェクト」の重点政策のひとつが「情報化」で，「2003年を目標に世界最高水準の電子政府の実現」が重点施策となり，電子政府が一層具体的に提示されたことで，社会的関心も高まってきた[2]。こうして『1984年』（G. オーウェル）とは異質な「電子政府」が緊迫の国家目標として認知され，その実現に向けた基盤整備が政策として強力に推し進められるようになる。

　電子政府の政策目的は，短期的にはバブル経済崩壊後の経済活性化策のひとつであることは明白だが，同時に行政の効率化，ひいては国民の利便性向上にある。すなわち，自宅や職場からインターネットですべての行政手続きの24時間受け付けを可能にし，国民や企業の利便性向上が電子政府の最終的な目標とされる。そのためにはコンピュータ・リテラシーの向上が大前提になる。先述のミレニアムプロジェクトで「教育の情報化」も重点課題とされ，コンピュータ機器の整備やインターネット接続などハード面の充実が計画されている。コンピュータ・リテラシー教育は2002年度からスタートする新指導要領によって小学校・中学校・高等学校の各段階に応じた教科が新設され，学習することになっている。いわゆるデジタルデバイド (digital divide) ＝情報格差による経済的・社会的格差の縮小に向けた手立てが各領域で講じられているが，教育面での対応は電子政府政策の正当性根拠を補強することになろう。

さて，電子政府実現にとって大きな障害は，申請者が本人であるかどうかの確認である。たしかに本人確認暗号システムが開発されつつあるとはいえ，インターネット上の電子情報空間はまさに仮想現実（virtual reality）であり，そこでの情報の信頼性に不安があり，本人確認には難題が多い。今のところ現実の物理的空間で身分証明書などによって本人を確認するしかない段階にあるといってよいであろう。この本人確認とも関係することだが，行政の効率化に不可欠な全国民のコンピュータ管理（国民総背番号制）の前段として99年改正の住民基本台帳法によって地方自治体の管理する住民基本台帳の4情報（氏名，住所，性別，生年月日）と住民票コード（10桁）が，2002年から一元的に管理される計画になっている[3]。全国共通で本人確認ができる仕組みが構築されると，どこの自治体からでも住民票が取得でき，転出・転入手続きも転入時1回で済むようになるなどメリットが多いとされる。また，行政手続きでは印鑑登録証明書が必要な場合があるが，これと同等の効力をもたせるための根拠法として「電子認証法」が2000年4月に成立している（ただし，当面は商業登記に限定）。

こうした電子政府に向けた行政の電子化が進めば，ネットワーク化されているだけに個人情報が容易に流失・悪用される可能性も高くなる。すでにそうした事例は枚挙に暇がないほどである。個人のプライバシーを守る目的の個人情報保護法は1998年に制定され，不正アクセス禁止法が2000年3月から施行されるなど法的整備は進められているが，個々人の倫理に関わる問題であるだけに不安は容易には解消されないであろう。

また，民主政治にとって行政情報の開示・公開は重要である。十分とはいえないまでも行政情報は従来から官報や「○○白書」といったかたちで開示・公開されているが，これにインターネット・ホームページが加わることになる。今では本省庁のすべてが独自のホームページを開設している。行政省庁の抵抗の強かった情報公開法もようやく施行（01年4月）され，外交・防衛など一部の例外はあるものの，アクセスすれば希望する各種の行政情報が入手できる。しかも公正取引委員会を除く本省庁へは「意見・要望」もeメールで発信でき，行政の民主化が期待されている。

各省庁のホームページが開設され，「意見・要望」がインターネットで手軽にeメールできるからといって過剰な期待は禁欲すべきであろう。行政省庁の行動特性である「秘密主義」が電子政府で変容する保証はどこにもないから特段に目新しい情報が開示・公開されるわけではない。行政省庁にとって「無難な情報の氾濫」になりかねないことも予想される。したがって極論すれば，電子政府は手続きの利便性は向上するとしても，行政情報を従前の「紙」から「電子」に代えて開示・公開するだけに終わる可能性もないとはいえない。

2．インターネット選挙

(1) 選挙情報の電子化

電子化・インターネット化の波は電子政府・行政情報のみならず政治情報全般に押し寄せている。国境を越えて情報の受信・発信が可能なインターネットは政治社会においても有用な情報メディア＝ツールとしての位置を占めつつある。インターネット上の「電子情報空間」には先にみた行政情報の他に，政策（軍事・外交を含む）情報，選挙情報，政局情報，政党・派閥情報，それに政治家の人柄・パーソナリティ情報といった無数の政治情報が浮遊している。ここでは政党・政治家の「ホームページ」を中心に取り上げることにする。

政治社会は政治諸党派の権力をめぐる闘争の場である。政治勢力拡大→権力獲得→政策実現を目指し，政党は機関誌・紙などを発行するが，インターネット社会を迎え，「ホームページ」も必須のPRメディアになってきている。政党のホームページ開設状況をみると次のようになる。一番早い開設は，新党さきがけと日本社会党（現社民党）で95年6月，翌7月に新進党，96年1月に自由民主党，4月に日本共産党がそれぞれ開設している。民主党は党が正式に旗揚げする前の段階の96年9月にホームページを立ち上げ，翌年7月には登録メンバー全員にメールが配信できるメーリングリストを他政党に先駆けて開設している[4]。

今ではホームページを開設していない政党（国レベル）はないくらいで，無

所属の国会議員でも個人のホームページを開設しているケースが多い。そこで01年8月時点における国会議員のホームページ開設状況をみると次のようになる[5]。まず，国会議員（727名）全体をみると76.2%，衆議院議員（480名）では77.5%，参議院議員（247名）では73.7%である。衆議院議員の方が高いのは選挙民との関係が密接であるためであろうが，2000年総選挙後の7月時点でも51.0%であったから，1年間に26%を越える急増である。また，参議院議員の場合，01年6月時点では52.8%にすぎなかったが，わずか1月足らずで21%近くも増加したのは同年7月にあった参議院議員選挙の影響とみられる。「議員心理」を正直に反映した数字である。

さらに政党別に国会議員のホームページ開設状況を比較すると次のようになる[5]。自由民主党（349名）69.6%，民主党（184名）84.8%，公明党（54名）81.5%，共産党（40名）92.5%，自由党（30名）86.7%，社民党（27名）85.2%，保守党（12名）66.7%，その他（31名）54.8%といった具合である。共産党の開設率が最も高く，自民党が70%に満たないといったところが注目される。朝日新聞によれば[6]，ホームページをもつ国会議員は94年頃登場してき，96年7月で約20人にすぎなかったというが，今や，開設していない議員は少数派である。インターネット時代に乗り遅れまいとする議員心理が働いたとみられる。

ホームページは政党のPRメディア，eメールによる意見聴取メディア，党員加入ツールといった機能をもつだけでなく，近年，政治献金ツールとしても「進化」してきている。いわゆる「ネット献金」である。民主党は第19回参議院議員選挙（2001年7月）でネット献金を始めている。献金希望者はパソコンでホームページに接続し，住所，氏名，クレジットカード番号などの必要事項と金額を入力すれば献金できるシステムである。自民党も民主党と同じシステムだが，パソコンだけでなく携帯電話のiモードからでも献金できるシステムを開発し，「ケータイ片手に親指一つで政治献金」をキャッチフレーズにしたという[7]。すでにアメリカ大統領選挙ではネット献金が威力を発揮し始めていると伝えられているが，政治風土の異なる日本でネット献金がが果たして「打ち出の小槌」になるか注目される。

ホームページに「メールマガジン」の項目を掲載している政党も出てきた。メールマガジンもPRメディアに成長しつつある。自民党，民主党，公明党，自由党は第42回総選挙（2000年6月）前後からメールマガジンを発行し，1万数千人から2万人の登録者をもっているようだ[8]。しかし，登録者の大半を党員が占め，シンパサイザーが少数であるとすると，党勢拡大もそれほど期待できない可能性もある。従前の政党機関誌・紙にはそういう読者特性があり，メールマガジンといえども例外ではないであろう。無料で定期的に配信されるメールマガジンは，一見すると党勢拡大の有力なPRメディアのように思われるが，そうとばかりはいえないであろう。だから，よほど工夫を凝らした魅力ある内容でないと，シンパサイザーが登録者になることはないであろう。そのことは，もちろん，従前の機関誌・紙で経験済みであるはずだ。

政党のメールマガジンではないが，ここで「小泉内閣メールマガジン」に触れないわけにはいかないであろう。創刊号（2001年6月14日）から反響が大きく，第2号（21日）時点で182万人，その後220万人に達したといわれる登録者に毎週木曜日に配信され，1日約3千通以上のメールが首相官邸に届き，人海戦術では対応できなくなり，メールの自動分類システムの開発を外部に委託したほどの人気といわれる[8]。身辺雑記で内容に新鮮味がないので「小泉内閣メールマガジン」の驚異的な登録者数がいつまで維持できるか予断を許されないが，すでに内閣のホームページは開設されているので，単なる人気取り，選挙対策と受け取られかねないと思われる。

政党や国会議員，内閣のホームページがあるだけでなく，衆参両議院もホームページを97年1月から開設し，1日約2万件ものアクセスがあるという[9]。国会の法案審議状況，本会議議事録などが閲覧できる。国会における政策決定過程の情報がインターネットで公開されると，個々の国会議員の活動状況も分かり，選挙民にとって投票時の有力な判断材料にもなる。広い意味で政治家そして政治の監視が容易になるわけであるから，政治の透明性が高まり，ひいては政治の民主化を促進することになろう。

(2) ネット選挙運動

　政党・政治家のホームページと深く関係することだが，現在の公職選挙法の規定では，インターネットでは選挙運動ができない，というのが選挙所轄の総務省の解釈である。電子政府の実現を目標に置いているとは思えないほど現実とのギャップが大きい法律解釈であるが，2つ矛盾点が指摘できる。1つは公職選挙法では選挙公示日以前からの掲載内容と同じであれば「政治活動」であって「選挙運動」とはみなされないので，各政党・立候補者はホームページの掲載内容を更新しなければ「政治活動」が続けられる，という不思議な現象が電子情報空間で起きている。

　この基本的矛盾のほかに，パソコンや携帯電話のディスプレーに表示される文書などが公職選挙法142条の禁止する「法定外の文書図画の頒布」に当たるかどうか，という問題が新たにでてきたのである。総務省の見解が「当たる恐れがある」という解釈であるため，法定外のビラやチラシが禁止されるのと同じように，インターネットによる選挙運動は公職選挙法違反になる。しかし，ホームページは主体的にアクセスしなければ閲覧できないので，ビラやチラシの「頒布（手渡し）」とは異質である，とも考えられる。あるいは電話と同じであるからという理由で公示日以降も「音声配信」するホームページもある。もともと「文書図画の頒布」を制限する規定はビラやチラシといった印刷媒体を念頭において枚数を制限し，選挙の公平・公正を確保する目的で設けられた規定である。先にみたようにほとんどの政党がホームページを開設し，8割に近い国会議員がホームページを開設している現状を考慮すると，公職選挙法の規定は時代と齟齬をきたしているといわねばならないであろう。自宅から希望する政党・候補者の政策・公約へアクセスできれば，空間的・時間的効率がよいことは明らかである。電子情報空間では買収や供応といった選挙の旧弊も起きにくいであろう。

　民主党はすでに98年6月にホームページが選挙運動に使える公職選挙法の改正案を衆議院に提出したが，廃案になった経緯がある。今日では98年当時とは比較にならないほど国会議員のホームページ開設状況は増えている。とりわ

け，自民党所属の国会議員のホームページ開設率はこの数年の間に倍増以上に急増し，党内事情も大きく変化してきたようだ。2001年5月31日の参議院総務委員会で担当大臣がインターネットのホームページを利用した選挙運動の解禁を検討する考えを示した。

　たしかに電子情報空間では容易に政党や候補者のホームページを改竄でき，匿名による誹謗・中傷が横行するなど問題点も多いが，それは現実の政治空間でも起きていることであり，インターネット特有の問題とばかりはいえないであろう。ホームページやeメールは比較的安価なだけに小政党でも可能なPRメディアである。選挙運動に活用できる方策を講じる段階にきているようである。電子政府は行政の効率化・国民管理の効率化だけでなく，政治活動・選挙運動の効率化・自由化にも道を開くチャンスである。

(3) 電子投票

　インターネットは政治活動・選挙運動を革新する潜在力を秘めた情報メディアであるばかりでなく，理論的には「投票・開票マシン」にもなりうる。代議政治制度の下では選挙過程の「投票」が現実的に主権者の主体性が最も発揮されるチャンスである。「(間接)民主主義は——理念的にいえば——社会システムの既得の構造を定期的に無化する仕組みを組み込んだ政治的な決定方式だ……もちろん，構造の『無化』の局面を構成するのが選挙」[10]であるから，「既得の構造の無化」の回避に向けて政治家・政党は全エネルギーを動員する。代議政治にとって最も重要な正当性根拠を担保するための儀式が選挙であり，選挙は「投票・開票」に集約される。それだけに投開票には「秘密性」「正確性」「迅速性」が要求される。これまでも投開票システムの改善は積み重ねられてきているが，インターネット時代を迎え，「電子投票」そして「ネット投票」の可能性が模索され始めている。

　2000年のアメリカ大統領選挙で，民主党はアリゾナ州の予備選挙で世界最初の電子メールを含めた「インターネット投票」を取り入れた。自宅で自分のパソコンに自分の登録番号7桁と生年月日，社会保障番号の下4桁を打ち込み，

「本人確認」が済むと「投票」できるシステムである。導入の結果，投票総数が前回予備選挙の7倍強に当たる8万7千票に伸び，「ネット票」が「手書き票」の3倍近くにのぼったという[11]。アメリカでは今，得票の確定をめぐって1月近くも要するという未曾有の混乱を招いた大統領選挙の学習効果からか，投開票システムの近代化法案が続々と提案されているという。自宅からのインターネット投票は「迅速性」はリアルタイムであるが，本人確認，ハッカー進入阻止といった「正確性」，投票の秘密・ネットに残る投票行為の履歴の管理といった「秘密性」の点で未解決の問題も多い。しかし，技術的にインターネット投票は可能であり，やがて携帯電話からの投票も夢ではなくなるのかもしれない。実現するとアリゾナ州の民主党予備選挙のように投票率向上が期待できるとすれば，投票率の低下に悩む民主政治にとって「ネット投票」は福音になるのかもしれない。

　ところで日本の電子投票への取り組みは検討が始まったばかりである。旧自治省は1999年度から研究会を設けて電子投票を検討しているが，2000年8月，ようやく中間報告を出したばかりである。それによると，「電子投票機の信頼性」の課題として，①投票機のダウン対策，②オンラインの安全性，③集計結果の信頼性，の3点が挙げられている。また，電子投票導入のプロセスとしては，①有権者が指定された投票所に行き，電子機器に候補者名か政党名を書き込む，②投票所から開票所をオンラインで結び，有権者はどこでも好都合な投票所を選べるようにする，③投票所へ行かなくても自宅のパソコンで投票できるようにする，という3つのステップを踏む構想である。かなり慎重な中間報告といえよう。

　アメリカ大統領選挙の予備選挙で成功したからといって一挙に第3段階の「自宅のパソコンから投票」（ネット投票）へというわけにはいかないであろうが，日本の電子投票技術は世界最先端だという。投票結果がそのまま記録され，開票・集計作業を省略して自動集計される，直接記録式投票を実現したのが電子投票機である。このシステムを，1992年，世界で最初に開発したのは日本である。電子投票機は画面の候補者（政党）名をタッチするシステムなので，自

書式投票のように疑問票判定の必要もなくなるので「迅速」かつ「正確」に投開票される。海外での評価は高いのだが，日本国内では実用化はおろか実地検証さえされてないという[12]。その理由は公職選挙法で「投票用紙に，自書し，投票箱に入れる」ことが条文のあちこちに明記されているからである。

　2001年11月30日，ようやく地方選挙で電子投票を可能にするための公職選挙法特殊法が成立し，地方自治体が希望すれば，第1段階の電子投票を採用できることになった。その結果をみて国政選挙への導入を検討すると伝えられている。したがって，近々に電子投票時代への第一歩が踏み出されるであろうが，「ネット投票」へのステップには課題が多い。

3．電子民主主義のジレンマ

(1) ネット世論

　インターネットの政治系サイトにはさまざまな政治情報が浮遊している。政党や個々の政治家のホームページはいうまでもなく，一般市民や団体あるいは情報会社が開設している無数の政治に関わるホームページがある。たとえば過去の政治活動から判断して議員としてふさわしくない欠陥議員リストを掲載し，落選運動を展開しているホームページさえあるほどだ。インターネットの最大の特徴はそうしたホームページの問題提起を受けてeメールで容易に意見交換できるところにある。まさにインターネットという電子情報空間は意見交換，世論形成の公共空間を形成しているといえよう。eメールによる意見交換には政治意思決定機能をもつ電子タウンミーティング（Electronic Town Meeting），意見表明を目的とする電子公聴会（Electric Hearing），意見交換に留まる電子ホーラム（Electronic Forum）といったスタイルがあるが，それらはいずれも現実の政治社会において民主主義の具現化を目指す政治制度として位置付けられているが，その電子情報空間版という意味で電子民主主義の一形態とみてよいであろう。ここではそうしたスタイルにとらわれずに電子民主主義における世論の現状を考えてみたい。

実例で考えてみよう。2000年11月，森喜朗内閣の退陣を求めた加藤紘一代議士の，いわゆる「加藤の反乱」で，加藤代議士のホームページには3週間で百万件のアクセスがあり，多いときには3千通ものメールが殺到したと伝えられている。これは電子情報空間における加藤支持＝森内閣退陣の世論の高まりといえなくもないが，その時点で森内閣退陣とはならなかった。そこに電子情報空間における世論の限界があるといえよう。しかし，こうした事例は電子情報空間特有の問題では決してない。同じような世論の限界は「60年安保」時を挙げるまでもなく，これまでも何度となくあったことは説明を要しないであろう。ただ，電子情報空間では自発的・主体的にホームページにアクセスし，政治家との意見交換もeメールでダイレクトに容易にでき，したがって，電子情報空間における世論は従来の世論とは異なる点が多々あることに留意する必要があろう。

たとえば，読売新聞は2001年参議院議員選挙の公示（7月12日）前の8日に「参院選　ネット世論調査なら　自民苦戦　民主躍進」という見出しで，インターネット上で実施されている各政治サイトの世論調査結果を紹介している[13]。「3，40代のビジネスマンらネット人口の中核を担う世代の意識の表れとも推測されるが……」と解説しているが，このネット世論はその後の各新聞社の電話による選挙世論調査に基づく「自民優勢」とは明らかに異なっている。この相違は調査対象の違いなのか，それと関係する世代差なのか，それとも政治意識の相違なのか，あるいは調査時期の違いなのか，原因はいろいろ考えられるが，ここでは従来の世論とネット世論とには違いがあることだけを指摘しておきたい。

ともあれ，電子情報空間ではメーリングポスト機能を活用すれば政策提言などを定期的に配信できるし，数万人規模のアンケート調査も独自にできる。しかも，そうした世論の把握が容易にしかも低廉にできるところにインターネットの特徴がある。ここに電子民主主義の潜在力がある。そしてネット世論を敷衍すれば，当然，国民投票，直接民主主義の可能性が浮かび上がってくる。たとえば「重要法案の国会論戦を見た有権者が，国民投票を望む場合はネットで

署名する。署名数が一定割合に達したら，自動的に議決権は国会ではなく，ネット上の国民投票にゆだねられる。」[11] というイメージである。諸々の課題のクリアーが前提条件になるが，技術的には実現可能である。ただし，「既得の構造」の維持に努力を傾注し，展望を切り拓けない現実政治の制度疲労からくる機能麻痺的状況を鑑みると，強い抵抗が予想されるイメージではある。

(2) 「バーチャル」から「リアル」へ

政治情報の電子化・インターネット化はさまざまなかたちをとって徐々に現実の政治過程と深い関わりをもつようになり，着実に進展している。こうした政治情報の電子化・インターネット化は直接民主政治の技術的可能性を示唆するが，インターネット上の電子情報空間（バーチャル）における政治行動，すなわちデジタル・デモクラシーの可能性を探ってみよう。

われわれは政治の動向をマスメディアによって知り，政治を判断することが多い。そこでまず，政治情報を入手するメディア接触の問題から考えてみよう。従来のラジオやテレビとインターネットではそのメディア接触に明らかな相違がある。ラジオやテレビと違って，インターネット接触は受け手の選択の幅が大きく，受け手に自主性・積極性を求め，片手間接触が困難なメディアである[14]。これまでも指摘してきたことであるが，インターネットは「主体性」が大前提となる電子情報メディアである。ある意味ではインターネットでの政治情報の入手は新聞に勝るとも劣らない主体性が要求されるといえる。それだけに主体的に関心の赴くまま，好みの政党・政治家・政治サイトのホームページをネットサーフすることになる。したがって，インターネットの選択的情報接触はこれまで以上に政治関心の局所化・狭隘化を招きやすく，政治意識論的には既存の政治態度の「補強効果」が中心になろう。この点は従来のマスメディアの影響研究での知見と大差はないと予想される。

従来のメディアとインターネットの最大の相違は，ラジオやテレビでは「皆無」に等しかったメッセージ・意見の交換がインターネットでは容易にできるという点にある。しかも，電子情報空間でのメッセージ・意見の交換にはダイ

レクト性，自由性，時間の非拘束性といった特徴がある。都合のよい時間に，マスメディアなどの解説抜きに，好みの政治家と「差し」でメッセージ・意見をダイレクトに交換できるというイメージである。しかし，face to face ではないから，匿名の「ハンドルネーム」による無責任な内容の e メールは回避できず，電子情報空間はエゴイスティックでエキセントリックなメッセージ・意見の浮遊空間となりかねないことも了解しておかねばならないであろう。とりわけ，各種の調査で「メールなら思ったことが言える」[15] という回答の多さを考慮すると，この了解事項は特に留意を要するといわねばならないであろう。ハンドルネームを禁じるとともに，メッセージ・意見の真贋を見抜く眼力がこれまで以上に要求される。

　このように考えてくると，当然ながら「主体性」がメッセージ・意見の発信でも問われることになる。しかも，意見発信時の主体性がアクセス時以上の高度さであることは経験的に明らかである。問題はそれだけではない。インターネットによる国民投票・直接民主主義が技術的に可能になった段階の主体性はさらに深刻な局面を迎えることになりそうだ。

　大澤真幸は次のように予想する。些細な政治的決定に諸個人が意見を表明できるようになると，法や政治的決定は極度に不安定になり，無政府性を常態化しかねないばかりか，次の事態も予想されるという。「電子メディアが保証する直接民主主義は，平等な個人の主体性の最も強力な実現形態であるかのように見える。しかし，われわれの予想は，主体は，まさにその十全なる実現の瞬間に自己解体を運命づけられているかもしれない，ということである。主体性の理念や，それに基づくシステムの政治は，実は，主体性が制限されている範囲でしか現実化していなかったから，うまく機能しているように見えただけなのかもしれないのだ」[16]。

　インターネットによる国民投票は民主主義の最高の方法である直接民主主義を可能ならしめる一方で，逆に主体性を不安定にし，したがって政治システムを不安定にしかねない危険性をも孕んでいるというわけである。今世紀は前世紀以上に「他者指向性」(D. リースマン) が強まり，「自己同一性」(E. H. エリク

ソン）が不安定化するであろう。ペシミスティックな予想をどう転轍するかが電子民主主義の課題である。

いわゆるネット世論は意見表明者が争点への関心者に限られるという根本的バイアスを回避できないため，たとえば建前的色彩が強かったり，現実世論との乖離がみられるなど問題が多いといわねばならないであろう。したがって，現段階の電子民主主義は電子情報空間に閉塞し，現実空間に連動する水準には到達していないとみなければならないであろう。ただ，進みすぎたテクノロジーが遅れたデモクラシーに変容を迫る契機を内包しているとはいえよう。

電子政府における電子民主主義も大衆の政治的成熟が課題である。

1) 『インターネット白書』（インプレス発行）はコンピュータおよび携帯電話・PHSを使ったインターネット利用者の重複利用者を除いている。下記グラフ参照。総務省の統計は複数のプロバイダー加入者を重複計算しているのでこれより多くなる。日本経済新聞，2001年6月26日。
2) （財）日本情報処理開発協会編『情報化白書2000』（コンピュータ・エージ社，2000年），および井熊均編著『図解eガバメント』（東洋経済新報社，2000年）による。
3) 榎並利博『自治体のIT革命』東洋経済新報社，2000年，201頁。
4) 朝日新聞，1996年10月3日。
5) ㈱ホープルが「国会議員データベース」に基づいて作成した数字を「国会議員ホームページ状況」としてインターネットで提供しているデータによる。
6) 朝日新聞，2000年6月3日。

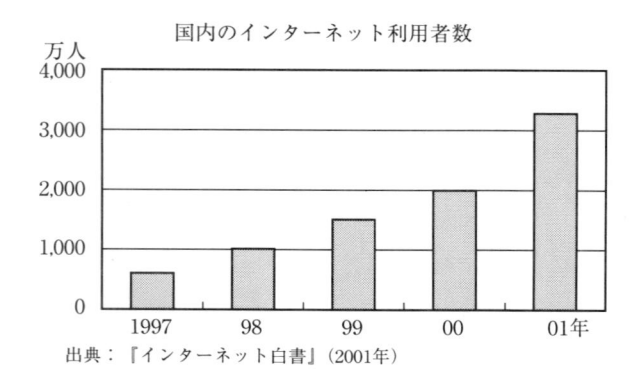

国内のインターネット利用者数

出典：『インターネット白書』(2001年)

7) 朝日新聞，2001年7月12日。
8) 毎日新聞，2001年7月26日および6月22日。
9) 読売新聞，1998年5月28日。
10) 大澤真幸『電子メディア論』新曜社，1995年，213頁。
11) 朝日新聞，2001年1月5日。
12) 宮川隆義政治広報センター社長の朝日新聞「論壇」への投稿（2000年12月12日）。
13) 読売新聞，2001年7月8日。
14) 高瀬淳一『情報と政治』新評論，1999年，92-93頁。
15) たとえば，文化庁の「国語に関する世論調査」（2001年1月）によれば，「メールなら思ったことが言える」は75％である。
16) 大澤真幸，前掲書，216-217頁。

参 考 文 献

(財)日本情報処理開発協会編『情報化白書2000』コンピュータ・エージ社，2000年
井熊均編著『図解eガバメント』東洋経済新報社，2000年
榎並利博『自治体のIT革命』東洋経済新報社，2000年
大澤真幸『電子メディア論』新曜社，1995年
高瀬淳一『情報と政治』新評論，1999年

II 情報化の中の自我の可能性
―― G. H. ミード社会心理学からの示唆 ――

［キーワード］　情報化，シンボリック相互作用論，自我，有意味シンボルの会話，反省的知能，普遍性，I と Me，一般化された他者，自我の創造性

1．はじめに――情報化とシンボリック相互作用論の自我論

　本章においては，情報化が個々の人間の意識と行動を通じて，社会状況にいかにかかわり，それをどのように変化させていくかについて考察する。いいかえると，情報化が自己意識を持った人間の行動によって，社会現象にいかなる影響を及ぼしていくかについて検討する。そこで社会学・社会心理学において自己（意識）の概念を用いて現代社会学にも影響を及ぼしてきた，社会心理学者の学説を検討して，その現象に迫ってみたい。

　情報化の定義については，本書でもすでに述べられていると思うが，本章では，情報化とは「情報が社会における機能として重要性を増すこと」と定義しておこう。元々，情報は人間のことばのやりとりなど，社会生活で重要なものだった。しかし近代社会の様々なメディアの発達によって，多くの人々が一度に同じ情報を共有し，また情報は広大な範囲を行きかうようになった。大量で多様な情報が社会生活を支配するような社会状況の中での，人間の意思決定と行動についてのありようを考えるのも，本章の目的である。

　人間は，情報を常に自らの生活の問題解決のため取捨選択し，社会の他の人々と共有しながら行動する。情報の選択と共有の過程は，既存社会の枠内で

の人々の問題解決（適応）を可能にするだけでなく，社会関係や制度を変化させる可能性を持つ。

そのような情報化の中での人間の行動の姿を考察するには，人々の自我や思考力が，社会過程においていかに形成され，またその自我，思考力を持った人々が社会をどのように変化させていくかについての学説を検討することが，意義があるといえよう。

社会心理学において，自我や思考の過程に焦点をあてるのはシンボリック相互作用論の立場が代表的である。

シンボリック相互作用論の創始者とされるハーバート・ブルーマー（1900-1987年）の整理した基本的視点では，①人間はものごとが自分に対して持つ意味に基づいて，ものごとに向けて行為すること，②意味は社会的相互作用の中で発生し変化すること，③人間はこの意味を解釈しながら行為すること，の3つの前提が示される。そしてこの③の解釈の過程にはさらに2つの段階があって，第一に行為者は自分に対して，行為しているものごとを指示する，指摘すること，第二に自己との相互作用によって意味を解釈する，すなわち，「自分が置かれた状況と自分の行為の方向という見地から意味を選択」するのである[1]。シンボリック相互作用論は，この自己との相互作用（コミュニケーション），すなわち自己と会話する過程に注目する。ブルーマーはこの基本的視点に立って，人間社会の様々な領域の分析を行うべきであると考えるのである。このシンボリック相互作用論の源流としてブルーマーは，ジョージ・ハーバート・ミード（1863-1931年）を評価している[2]。

本論文では，ブルーマーよりもミードに焦点をあてる。情報化と自我の関係を考える場合，シンボリック相互作用論の自我，思考過程というミクロな側面に焦点をあてて人間社会を理解しようとする視点は意義があるといえる。しかし社会状況としての情報化は，個々人の行動，意識に反映されるとしても，きわめてマクロでグローバルな形で進行している。テレビ，新聞などのマスメディアやコンピュータ，インターネットのような新しいメディアを介して送・受信される情報は，マクロな社会の動きと表裏一体のものが少なくない。シンボ

リック相互作用論でもマクロな状況に無関心ではないが，ミクロな部分の分析に比重があることは否めない。ミードの学説もそういう面は否定できないが，ミードの場合には，常にマクロな人類社会の姿を意識して，自らの概念を構築しようとしていた形跡が，よりはっきり読み取れるようにも思われるのである[3]。それは彼が生きた19世紀から20世紀の変わり目のアメリカ社会の状況も反映している。いずれにしても，マクロな社会状況とミクロな自我・思考との関係を理解する上で，マクロな社会の諸問題に関心を持っていたミードの学説を考えることは，意味があると著者は考えている。

　ミードの生きた時代，それは，経済，社会，政治そしてメディアが大きく変貌していった時代である。資本主義経済が引き起こす度々の景気の拡大と不況，恐慌の発生による資本家・経営者と労働者の間の緊張・対立の状況があり，他方その資本主義経済は，20世紀初頭のフォードT型自動車の生産の開始等を端緒とした大量生産と大量消費の生活様式の普及をもたらし，豊かな社会到来の先駆けとなった。

　新大陸アメリカは，ヨーロッパ等からの大量の移民を受け入れる状況にあり，多様な人種や民族が1つの国において，共存を余儀なくされる政治社会状況にあった。

　また国際関係においてはヨーロッパ中心のベルサイユ体制から，人類の総力戦といわれた第1次世界大戦を経て，より広い世界の様々な国家，民族の共存が，世界共通の課題として意識されるようになり，第1次世界大戦後には国際連盟も設立されていた。

　社会の大きな変動につれ，情報を伝えるマスメディアもその技術進歩で大きく様変わりしていった。それまでの主要なマスメディアは新聞であり，人々は新聞の伝える情報に対して，政治参加の権利が制限されていた時代でもあり，市民階級の教養を前提とする討論に基づいた，理性的な世論の形成がなされると考えられていた。

　しかし1920年代以降のラジオの普及もあって，情報は新聞を必ずしも理解しない社会の様々な階級の人々にまでゆきわたり，また普通選挙制の実現等，政

治参加の権利拡大とも相俟って世論形成や政治行動は，社会の様々な利害を反映して複雑なものとなっていく。

このような社会状況においては，人々は新たな社会の変化に直面し，見知らぬ他者としての異なった階級の人々や異なった人種や民族に遭遇することになった。また古い伝統に基づいた価値・規範は通用しなくなり，新しい社会の関係や規範のあり方が現実的な課題になった。この変動する社会状況に対して感覚の鋭い知識人達は，社会が直面する課題に注目しながら，同時に新しい社会の秩序の姿を構想しようと模索していた。ミードもそういう時代の学者であった。

ミードの基本的思想は，まず19世紀のダーヴィンの進化論の影響を受けて，人間は他の生物と同じように，行為の主体として環境との相互作用を行ないながら環境に適応していくこと，しかし，その中で人間だけは高度の思考力と自己意識を持ち，他者とも十分な意味の伝達が可能なので，合理的に行動することができるとするものであった。しかし社会には様々な対立や問題状況が存在しており，その解決能力として，ミードは，自己の合理的コントロールを踏まえた精神（反省的知能）の可能性を指摘する。それは多様で大量の情報の中から，問題解決に寄与する情報を発見してそれを活用する過程でもある。ミードは，自我と精神の過程を説明しながら，情報の質によって人間社会の改革が可能になることを示唆しているのである。

情報化を自我論の視点から考える本章においては，情報化について，行為者同士の情報の伝達，行為者にとって有意義な情報の選択，行為者間の情報の共有，さらには，状況に応じて求められる情報の再構成（新たな質の情報にしていくこと）のそれぞれの側面について考えていきたい。このような情報化を行為者単位での動きに焦点を合わせながら論じていく場合に，ミードの自我論は1つの参考になるといえるのである。

ミード自身は，情報及び情報化の概念は用いていない。しかしミードの自我及び精神（反省的知能等）の学説においては，行為者の情報の獲得，選択，伝達，そして社会成員間の情報の共有化に基づく社会制度の安定化，さらには情

報の再構成による社会の改革への可能性等の議論が，事実上行われているといえるのである。

2．ミードにおける自我の社会的形成——情報を収集し整理する人間の能力

　情報化が，情報の伝達（コミュニケーション）を出発点として議論されるのと同様に，ミードにおいても精神，自我の社会理論は，個体間の相互作用としてのコミュニケーションを出発点としている。
　ミードは人間が持つ能力としての精神や自我（自己意識及びそれらを統合する機能）が，社会的相互作用において生まれてくるものと考える。それは人間が個体として発達し社会的に成熟していく過程でもあるが，情報化の視点からいえば，外界の情報をそれぞれの個体が収集，選択，処理して，それらの情報を自己意識の中にまとめていく過程であるともいえる。そういう過程を通じて人間は高度の適応力を持つようになるというのである。
　このような過程を明らかにするためにミードは，人間を含めた全ての生物体にみられる個体同士の社会的相互作用を説明の出発点とする[4]。
　人間の経験や自己の意識はそれまで十分に科学的に説明されてはいなかった。主観的な過程は，外的に経験されるものとは異なるから，主観と外的行動は並行関係で説明するべきであるというパラレリズムの考え方がある一方で，心や自我は科学的に説明できないものだから，それを説明の対象から排除して，観察できる行動だけを研究対象として，行動を刺激‐反応の連鎖として考える行動主義の立場も，一時強い支持を受けた。
　しかし心の中の動きと，経験的に観察できる過程との関連が，うまく説明できないので，ミードは人間社会にも他の生物の社会にも存在する個体同士の相互作用に注目して，その中で適応能力として発達してくるものが精神であり，また自我もその相互作用から発生すると考えたのである。そのミードの視点は，社会的な行動から意識や自我を説明しようとするという意味で社会的行動

主義と命名されている。意識を排除してしまうような行動主義に対して，ミードは人間における様々な観念や思考が重要であり，それらを社会過程における個体の適応の過程と関連付けて，実証的に説明することが可能であると考えていた。

さて，ミードは，動物の個体同士のジェスチャーの会話の説明から始めて，精神，自我の説明を展開した[5]。ミードによると，全ての生物体は，常に衝動を持って行動しており，何らかの到達状態（目的）に向けて行動している。その際生物体は，外界から刺激を受けるから反応するのではなく，目的に向けた行動の過程で生物体にとって必要な外界の刺激だけを選択するのである。したがって全ての生物体がその能力としての知能を有するのだという[6]。

このような行為を行う生物体の相互作用，それをミードはジェスチャーの会話と命名しているが，それが人間の精神・自我の発生基盤になるのである。人間以外の生物においては，ジェスチャーの会話は相互の個体を刺激しあい，それぞれの個体が先行して行われた有機体の行為に対して，反応を示しまたその反応が初めの個体に新たな刺激を与えるというプロセスをもたらす。しかし人間同士のジェスチャーの会話においては，初め行為した有機体が，相手側の有機体の反応を自ら意識できること，すなわち相手側の反応と機能的に同一の反応を自ら引き起こすことができるので，他の個体の立場で自己を認識できるというのである。このようなやり取りにおいては，ジェスチャーを引き起こした最初の個人が，ジェスチャーに反応した他の個人とジェスチャーの意味を共有できるのである。こういうジェスチャーをミードは，有意味シンボルと呼んでいる。こういうやり取りが成立するのは，人間同士のボーカルジェスチャーの会話においてである。それは，人が自分が話したことを他人が聞くように自分も聞くことができるからである。

このような有意味シンボルの会話では，自分の行為に対する他人の反応を自らも意識できる，つまり他人の態度を意識できるから，人間は他の個体の態度に照らして自らの次の行動を適応させていくことができる。このような相互のやりとりにより人間は，他の生物体に比べて，その相互適応をより適切なもの

にするのである。

　人間の思考というのは，このような他者の反応を予測しながら，自らの行動をコントロールする能力のことである。思考という純粋に個人の経験とみられるものも，個体が他の個体と相互に働きかけ合う社会過程の反映であるとミードは指摘するのである。

　ところで，ミードは人間には外界の刺激の中から，それぞれ個々の刺激を受けながらも，その中から特殊ではない共通の性質（普遍性）を抽出する能力があるという。

　いいかえると普遍性とは，複数の対象の中から行為者がその能力によって抽出できる共通の性質である。ミードは釘を打つ例をあげ，もし金槌がなければ人間は金槌に代わるものを持ってきて，釘を打とうとする。これは様々な異なった対象の中に，釘を打つことができるモノとしての共通の性質（普遍性）を見いだすということなのである。人間は，対象の中の普遍性を抽出することができるし，また有意味シンボルによって他者に伝えることもできる。普遍性を取り出す能力は，様々な状況における他者のそれぞれの反応，態度を知るだけでなく，それらの反応が，共通な性質や相互に関連した性質であることを理解する能力であるから，人間は他者の様々な行動を，特定の状況で組織的に起こされるまとまった他者の態度としての「一般化された他者」として理解する能力があるという。ミードは人間の思考活動は対象の中から普遍性を抽出することができるので，人間は高度な適応能力を備えることができるというのである[7]。

　さて以上のような性質をまとめて，他者の行動を予測したり抽象的な普遍性を自覚しつつ自らの行動を組織化していく能力をミードは，反省的知能（精神）と呼んでいる[8]。

　ミードが以上のように説明している反省的知能（精神）の過程は，自己と他者を意識するいわば自我形成の過程でもある。

　ミードは，自我とは，対象として認識された「me」と行為しまた認識する主体としての「I」から構成されるという。また，先に述べた人間の思考とい

うものは，自分の行為に対する他者の反応を自覚することだから，思考とは，自分の行為「I」と他者の反応を認識したものとしての「me」との相互作用であるともいえる。人間は幼児期における play（遊戯）の段階では個別な他人の態度を意識しながら自我を形成するが，Game の段階では一つのチームのまとまった態度とその中での個々の役割を自覚しながら，自己の行為をコントロールしていく。さらにより拡大した社会においては，個々人は様々な社会的行為から共通性と関連性を取り出す能力によって，他者の態度を「一般化された他者」として取り入れて自己の行為をもコントロールしていく。自我の形成はこのような段階を経て，人間が社会的にも成熟していくことを可能にするというのである[9]。

　ミードにおける自我の形成とは人々が様々な情報の収集と受容を行ない，自らの行動，態度を組織化していくことである。それは，まさしく人間が個体として発達し，高度に成熟していくプロセスに他ならない。

3．ミードにおける自我の創造性——情報を発信し社会を変化させる人間の可能性

　人間は情報を受け取り個体レベルや集団レベルで常に成長，発展する。その際，外から入ってくる情報や刺激をただ受動的に受け入れるだけではない。人間はその情報・刺激に対して能動的に反応し，また社会全体も変化させていく。ミードの自我の創造性の指摘はそういう過程を説明しているのである[10]。

　ミードによると，自我は「I」と「me」の相互作用，つまり行為主体としての自己と，他者との相互作用が反映しているものである。「me」が，因習的で保守的な社会的態度を示しているとすれば，「I」は革新的で新奇性を持ったものである。

　人間は伝統的なものや他者の期待に応えることをまず行動の基礎とする。しかし他人の指令や規則に従うだけでは，精神的に健康にはなれない。ある程度，新しいものを創造していくことこそ，人間の満足感の源泉になることをミード

も認識していた。

　「I」と「me」の相互作用によって，まず行為者は，他者の行為に対して自ら独自の視点で反作用する。個人自身が自ら変化していくのである。さらに自己と他者の相互作用（先述したジェスチャーの会話）は，自己も他者も常に変化していく動的な社会過程なのである。

　個人一人一人が変化を起こすだけでなく，ある程度影響力を持った個人が，他の追随者を巻き込んで，社会を変化させていくこともある。これが歴史上の偉人といわれるケースである。

　ミードは，以上のような創造的な自我を持った人々が，社会過程の主体として人間社会の歴史を作り，さらにより高度な人類社会を作り上げていく可能性があるという[11]。

　ミードは，個体の相互作用・コミュニケーションが社会過程を進化させていくというのである。社会過程は無数の個体が相互に作用しあう過程である。

　全ての生物体が相互に刺激を伝達して他の個体を反応に導くようなコミュニケーションの過程を持っているが，人間だけが有意味シンボルのやりとりによって，他人の立場や反応を理解できるコミュニケーションを持てるので，より高度の適応力や進歩の可能性を持つとされるのである。

　人間の社会の歴史においては，様々な部族，民族が対峙しあう状況が起こった。その際多くの場合，力の強い集団が他の集団を完全に滅ぼすか，あるいは強い集団による支配・服従関係が成立して続いてきた。このような関係は自我の感覚においても，他者に対する優越の感覚が人間の満足感の源泉となってきたことから，続いてきたのである。

　しかし社会がより進化するには単に他者への優越・支配だけでは不十分である。むしろ自集団だけでなく他の集団もより肯定的に受容できる社会の状況が必要になる。そこでミードは改めて普遍性について指摘する。普遍性は社会の成員が相互に交流を促進し協調的な関係を結ぶことが可能になるような，共通の対象のことを指している。その普遍性の1つの例は特定の状況において，組織的で一定の共通の方向性を持った社会的態度である「一般化された他者」で

ある。例えば，泥棒が財産を盗んだ場合には，警察官や法務大臣，判事，陪審員等がそれぞれ違った反応を示すが，それは全て財産を保持しようとするまとまった態度なのである。一般化された他者を理解することによって，人々は特定の状況で決まった態度を示す社会制度を理解できるし，また自ら社会制度の成立に参加することもできるのである。これは一つの社会での成員間の安定した関係を築く基礎となる。

　しかし他の民族，国家との関係においてはまた別の意味での普遍性に着目する必要がある。ミードが具体的にあげているのは，自分は欲しくはないが他人が欲しがるものがあるという状況は誰にとっても普遍的なものとなる。その意味で交換の行為は，普遍性に人々が気がつくことによって実現するものなのである。

　またミードは宗教の教義にも示された隣人愛の考えが普遍性を持つものであるとしている。さらに民主主義の思想・制度は社会に参加する大多数の人々に，共通の肯定的な反応を呼び起こすので普遍性を持っている。

　ミードは人間社会において社会を改革してきたのは，こういう普遍性の特徴を持った価値を広めてきた人々の力によるという。歴史上の偉人は共同体をきわめて大きな社会に変化・拡大させてきたというのである。

　社会はより拡大し，大多数の人々にとって共通の意味を持つようになるときこれが地球上の最も合理的な社会になるという。このような社会は人類社会というレベルのものであり，そこではより高度な視点に立った一般化された他者の態度を人々が採用することによって，人々は組織的に行為をすることができるのである。社会の進化はそういう状態に至る可能性を探る過程に他ならない。ミードは普遍性の発見の重要性を指摘したといえよう。

　ミードが語るこういう社会の変化・進化の過程は，人間が社会や自然環境等から自らにとって適切な情報を収集し，それを整理して再構成しながら，社会の次の段階を導くということなのである。

4．結びにかえて——情報化時代における自我論の意義

さて，情報化と言われる今日の社会状況の中での自我あるいは自我論の意義について，結論として考えてみたい。

情報化については様々な定義がなされている。情報化時代における自我論の意義を考える場合は，その自我論で考察される情報がどの範囲のものかも踏まえて考えるべきであろう。例えば情報化を，現代社会特有のものとした上で，2段階に分けて第1次情報革命をコンピュータの出現，第2次情報革命をコンピュータのネットワーク化であるとする見解もある[12]。

しかし自我論を情報化と関連させて議論する場合は，情報化はもっと時間的に長いスパンでとらえた方がいい。その情報化の定義は，①ことばのコミュニケーションの発生：そこではミードも指摘したように送り手と受け手の意味の共有化が起きている，②文字の発明によるメッセージの時間や空間を越えての伝達の実現，③印刷術の発明による情報の多数の人々への伝達の実現（新聞の発達に結びついた），④聴覚に基づくメディア（電話やラジオ）の出現，⑤映像を見せるメディア（映画やテレビ）の出現　そして⑥最近の電気通信のさらなる発展によるコンピュータ等によるネットワーク化，などの段階に分けることができるだろう[13]。

ミードが生きた時代は新聞が支配力を持っていた。ミード自身，マスメディアの役割について限定的ではあるが指摘している。メディアは状況を伝え，人々はそれを通して他の人々の態度や経験に入っていくことができる。ドラマや小説等も重要な状況と考えられるものを提供することにより，人々が他者の態度や経験をより理解できるようになるというのである[14]。

このミードのメディアのコミュニケーションとしての機能の考え方は，メディアはあくまで他人の態度や経験を理解するための情報提供の手段なのであり，他人の態度や反応を踏まえたコミュニケーションとしての有意味シンボルの相互伝達が基本にあるということであろう。したがってメディアが発達する

からコミュニケーションも豊かになるというよりも，言葉による伝達力を私たちがどれだけ高めることができるかに，そのコミュニケーションの質がかかっているといえるのではないだろうか。

　今日の情報化においては，情報の一方的伝達になっているマスメディアよりも，情報の双方向伝達が可能になったコンピュータ等の新しいメディアに注目が集まっている。

　しかし，この新しいメディアは，欠点も認識されている。そこでの情報伝達は，送り手が相手の顔の表情や態度を十分理解しながら行うわけではないから，相手の反応の結果を気にしないような，無責任な情報の発信がなされる。メディアが匿名性を保障するから，発信者は感情的になれるのである。こういうコミュニケーションの過程は，ミードが説明した自我の形成につながるような，人間同士の全人格的やりとりとは異なる。

　電話やラジオでは相手の声が聞こえるし，テレビでは相手の姿形も見える。相手の声を聞く電話や，相手の表情が見えるテレビを通して人々が話し合いをすれば，そこにおいては，ミードが指摘した他者の態度や反応を見ながらの意思の伝達を行える可能性が残っている。

　しかし，送り手の匿名性が維持されるコミュニケーションでは，送り手の責任が担保されない。匿名性が維持されるから，送り手は都合が悪くなれば，自らの正体を隠してしまうこともできるからだ。だから相手に対する攻撃的な敵意剥き出しの情報の提供がなされる可能性が大きい。他方その場限りで情報の送り先に対して一過性の関係も築けるから，逆に善意による手助けも行いやすい状況が生まれるという指摘もある[15]。

　新しいメディアの否定的な面だけを筆者は強調したいのではない。しかし，いずれにしてもコンピュータによる情報伝達は，自我を発生させる相互作用のように，お互いの顔を突き合わして，ことばや表情，その他の態度を明らかにするような対面的相互作用とは質を異にするから，コンピュータの活用が，即人間の成長や社会の改善に寄与できるものかどうかについては，いまだ評価は定まっていないといえよう。

ヴァーチャルリアリティの問題もある。ミードは人間は，初めは人間個体から離れた所にある対象を，実際接触する経験を通じて，初めてよく理解することができるのだという。隔離経験は接触経験に至って初めて対象の十分な理解を可能にする。対象というものは，初め離れているが，それが接触の過程を通して，その対象となる事物や人物からの反応を理解できる。それが対象の性質の理解につながるのである。人々が対象に接触して，事物を操作したり他人に働きかけることによって，初めて十分な認識（知覚）が可能になるというのである[16]。

コンピュータの画面での現実の理解では，コンピュータ画面の中の事物が，一定の条件で創作されたものでしかないかもしれないし，また実際手に触れてそれによって反応を確かめるというようなものでもない。そのようなコンピュータの画面を見ることだけで我々は現実の世界を的確に認識できるだろうか。

一般化された他者の態度を理解することによって，人はある行為が，それに直面した人々に呼び起される反応，すなわちその行為についての社会的な意味について，理解できるようになると，ミードはいう。

財産を盗んだり，人を殺すことの意味も，そういう行為に対して社会の様々な人がどういう反応を引き起こすのか，どういう組織的な態度（一般化された他者としての態度）が引き起こされるのかを知ることによって，その行為の意味を理解できるのである。

もしコンピュータ画面だけで行為の意味を理解しようとすると，そういう一般化された他者の態度をコンピュータ画面で体得できるかどうかは分からない。それはメディア接触以前の教育とか社会化の課題なのである。

今日の高度情報化をもたらしてきている新しいメディアは，それが人間の発達・教育に貢献できるかどうかも含めて注目されている。そのメディアのコミュニケーションは，必ずしも自我を成長させる人間同士の相互作用を，促進したり代わりになるものとは限らない。どういう可能性があるのかについては未解明の課題である。ミードの自我の形成の理論は，私たちの社会にとって，有益なコミュニケーションはいかに可能かについて，さらに私たちに探究をする

よう課題を投げかけているといえるのではないだろうか。

1) H. Blumer, Symbolic Interactionism, Prentice Hall. 1969　後藤将之訳『シンボリック相互作用論』勁草書房，1991年，第1章，特に2-8頁。
2) 前掲訳書　第2章。
3) G. H. ミードおよびH. ブルーマー等のシンボリック相互作用論の課題については，船津　衛『シンボリック相互作用論』厚生閣，1976年等を参照。
4) G. H. Mead, Mind, Self, and Society, (ed. by C. W. Morris), The University of Chicago Press, 1934, I　稲葉三千男他訳『精神・自我・社会』青木書店，1973年，第一部（ミードのselfを「自己」と訳するか，「自我」と訳するかについては，評価は統一してはいないが，本論文では自己は対象として認識されたものとして，主体と客体の相互作用を明らかにしているミードのselfを自我と訳することとしたい。）
5) op. cit., II ch 7-11.　前掲訳書　第二部　7-11章。
6) G. H. Mead, Individual and the Social Self, (ed. by D. L. Miller), The University of Chicago Press. 1982, pp. 114-115.　小川英司・近藤敏夫訳『個人と社会的自我』いなほ書房，1990年，44-46頁。
7) G. H. Mead, op. cit., 1934, II ch 12.　前掲訳書　第二部　12章。
8) op. cit., II ch 13.　前掲訳書　第二部　13章。
9) op. cit., III ch 19-22.　前掲訳書　第三部　19-22章。
10) op. cit., III ch 23-28.　前掲訳書　第三部　23-28章。
11) op. cit., IV ch 33, 34, 36, 39-42.　前掲訳書　第四部　33, 34, 36, 39-42頁の各章を特に参照。
12) 通産省産業構造審議会・情報産業部会答申『豊かなる情報化社会への道標』コンピュータ・エージ社，1984年。
13) 小林修一・加藤晴明『情報の社会学』福村出版，白鳥令監修，1995年『社会の情報化とコミュニケーション』ブレーン出版，1994年を参照。
14) G. H. Mead, op. cit., 1934, pp. 257.　前掲訳書，270-271頁。
15) 早川洋行「情報化の中のソシアビリティ」1996年，守弘仁志他『情報化の中の〈私〉』福村出版　6章。
16) G. H. Mead, op. cit., 1982, pp. 118-120.　前掲訳書，52-57頁。

参 考 文 献

1．H. Blumer, Symbolic Interactionism, Prentice Hall. 1969　後藤将之訳『シンボリック相互作用論』勁草書房，1991年
2．船津　衛『シンボリック相互作用論』厚生閣，1976年

3．G. H. Mead, Mind, Self, and Society, (ed. by C. W. Morris), The University of Chicago Press. 1934　稲葉三千男他訳『精神・自我・社会』青木書店，1973年，河村望訳「デューイ＝ミード著作集 6」1995年，人間の科学新社
4．G. H. Mead, Individual and the Social Self, (ed. by D. L. Miller), The University of Chicago Press. 1982，小川英司，近藤敏夫訳『個人と社会的自我』いなほ書房，1990年，河村望訳『デューイ＝ミード著作集13』人間の科学新社，2001年
5．守弘仁志他『情報化の中の〈私〉』福村出版，1996年

Ⅲ 「IT革命」下の自己と他者
—— 若い世代の問題 ——

［キーワード］ IT革命，デジタル・デバイド，ケータイ，状況的・カメレオン的自己，ノマド，ヴァーチャルなたまり場，引きこもり

1．「IT革命」の現況

(1) 虚妄としてのIT革命——名護の浜でおこったこと

2000年7月22日。九州沖縄サミットは，ITを「21世紀を形作る最強の力の一つ」と位置づける，「IT憲章」を採択して終わった。日本政府は，同憲章で謳われた世界的な規模での「デジタル・デバイド」（情報格差）解消のため，5年間で150億円に上る途上国援助を約束している。しかし，この決定は，最貧国債務の取り消しを求めるNGO（「ジュビリー2000」）の強い反発を招いた。「コンピュータより，食糧と薬を」。沖縄本島北部の名護の浜で彼らは，何台ものパソコンを燃やした。激烈な抗議行動に走ったのである。

最貧国への債務免除が，貧困解消への最良の手だてなのか。その問題は脇に置くとしても，「コンピュータより食糧と薬を」という彼らのスローガンには深く頷かざるを得ないのである。日々の食べ物にも事欠く人たちが最新のIT技術を手にしたところで，それが何になるというのだろう。「飢えて死ぬ子の前でITは有効か」。そんな皮肉の一つを言いたくもなる。主要国の首脳は，いまや「ITのセールスマン」に成り下がってしまったのだろうか。最貧国の人々には，まず生存の必要を確保するための資材が保証されるべきではないの

か。次に来る課題は，文盲の解消だろう。「IT」などは，不要不急の代物でしかない。

　もちろん，ITの発達がわれわれの社会生活を大きく変えつつあることは，認めざるを得ない。ウインドウズ95が売り出され，インターネットの商業利用が始まった90年代の半ばから，この国でもパソコンが目覚しく普及していった。パソコンのディスプレイに終日向かうことが，いまや日本のオフィスワーカーの日常とさえなっている。そして「日本的IT革命」の重要な部分を担うのが携帯電話である。メールの送受信はもちろんウエッブ閲覧機能をも標準装備した「ケータイ」なしに，若者の日常は成り立たなくなっている。

　世界の貧しい人々を，さらなる困窮へと追いやるグローバル経済の猛威。それを象徴するものとしてのパソコンを，NGOの人々は名護の浜で焼いた。しかし他方，市民たちが地球規模で環境や人権の問題と取り組むNGOの活動は，パソコンやネットなどのIT技術の進展によって大きな力を得ていった。画期的な対人地雷禁止条約も，アメリカ人女性活動家の地雷廃絶を求める主張が，デジタル・ネットワークを通して世界に広がり，無視し得ぬ国際世論となった結果生まれている。公正な世界を実現していく上でIT技術は，諸刃の剣だ。

　ITは重要だ。しかし，それを万能視することは間違っている。何故そうした言説が，この国では支配的になったのか。その背景には，日本経済の深刻な行き詰まりがある。戦後，驚異的な発展を遂げた日本経済。しかし，自動車・家電などの大衆消費財の市場は，もはや飽和状態である。伝統型の製造業に成長・拡大の余地は乏しい。そうしたなかでパソコン等IT関連製品は，ハード，ソフトともに目覚しい成長を続けている。ネット関連事業もアメリカでは好調のようだ。「経済再生」の道はITにしかない！　そうした認識のもとに，産・官・学を挙げての「IT革命礼賛」の大合唱が湧きおこった。これが事の真相であろう。

　長期不況の泥沼に落ちこんだ日本経済。他方，アメリカ経済の好況は10年の長きに及ぶ。その牽引車となったのが，IT産業である。IT産業の急成長は空前の株高を呼び，ビル・ゲイツをはじめとする億万長者が多数生まれた。IT

の導入で事務作業は効率化され、ホワイトカラーの多くが解雇された。リストラによって身軽になったアメリカ企業は、その収益を伸ばしていく。ITはアメリカ産業の生産性の向上に貢献した。しかし、それは中間層の解体と貧富の差の拡大とをもたらした。これが、アメリカの「繁栄」の内実である。

　幾多の「ネット長者」を生み出したeコマースも、ヤフーなど少数の例外を除けば、利益を出している会社は極めて少ない。にも関わらず、ナスダック株は異常な高値を記録し続け、株高そのものが好況の起爆剤となってきた。「これからはITの時代」。そうした言説が、事業の実態を覆い隠しネット株ブームを生み出してきたのである。「予言の自己成就」（R. K. マートン）の力によって生み出された好況。アメリカのネット株ブームはバブルだった。21世紀に入ってバブルははじけ、景気循環を超えたとまで言われたアメリカの好況も終わる。

　「IT革命」への幻想は、アメリカ経済の好調がもたらしたものであった。それに翳りが見えれば、当然しぼんでくる。2000年の暮れ頃から「IT革命」への疑念を呈する一般向けの書物が、いくつも出版されている（柳沢・東谷2000 森谷2001）。幻想の醸し出す騒音が沈静化したいまはじめて、IT技術の発達がわれわれの生活に及ぼした影響を冷静に吟味できるようになった。ネットや「ケータイ」の発達が、「自己」なるものにどうのような影響を与えたのか。それを、若い世代に注目しながら検討していくことが、本稿の課題である。

(2) 「IT革命」の日本的特質

　本題に入る前に、日本における「IT革命」の現況を見てみることにしよう。
　インターネットへの接続率などを指標としながら、日本は「IT後進国」であるという指摘が成されている。実際、アメリカや北欧はもとより、韓国やマレーシアのようなアジアの国々に比べても、インターネット接続率やブロードバンドの普及は立ち遅れているのだから、「IT後進国」なる指摘は、当を得たものと言えるだろう。では、何故そうなってしまったのか。国民がキーボードの使用に習熟していない。NTTの既得権益が守られ過ぎていて、接続料が世

界的に見て異常に高い。官庁による規制が強い。IT化の立ち遅れについては，いくつもの原因を考えることができる。しかし，ITなどなくとも日本がすでにとても便利な国であること。IT化が立ち遅れた最大の要因は，おそらくここにある。

　アメリカは広大な国土を抱えている。故に西部開拓時代から，空間的距離を解消する技術の追求に熱中し，それを有力産業に育て上げてきた。19世紀の鉄道事業。20世紀初頭の電信やラジオ。今日のITもまた然りである。また，首都をはじめとするいくつかの大都市部を除けば，人々が厳しい自然条件のなかに散在して暮している北欧諸国などでもITは，生活条件を格段に改善するものとして渇望されたであろう。しかし，日本ではどうか。人口の大部分が都市部に集中し，しかも全国どこにいっても，かゆいところに手の届くようなサービス産業のネットワークが，くもの巣のように張り巡らされている。ビジネスや研究の用途を離れた日常生活において，ITの必要性が痛感されることは，マレであろう。

　日本のコンピュータ文化の内実は，アメリカに比べて実に貧寒たるものだ。アメリカのコンピュータ技術は，軍事的起源をもつ。ノイマン型コンピュータは，第二次大戦中にその基が築かれた。インターネットの原型も冷戦時代に，核戦争時の通信手段として構想されている。そして，IBMの大型コンピュータは，ベトナム戦争遂行の手段として用いられたのである。しかし，そのことは逆に，「コンピュータを民衆の手に」という気運を若者たちのなかに生み出していった。70年代に彼らは，現実にパーソナル・コンピュータ（PC）を作り出した。PCは，アメリカ西海岸の対抗文化と極めて高い親和性をもっている。アメリカのコンピュータ文化には，このように反体制的な起源もある。インターネットを用いて活発な活動を展開する多数のNGOの存在は，そのことを雄弁に物語っていよう。

　他方，この国のなかで公共的活動を行う「市民」の層の薄さは，いかんせん覆い難い。そのことがサイトの充実度にも反映している。そして，企業・自治体・各種団体を問わず，日本の組織の情報公開への意欲は乏しい。他のメディ

アでも容易に入手しうる以上の情報が,「公式サイト」にアップされることはマレなのが実状だ。市民的活動の伝統を欠き,あらゆる団体が情報公開への意欲を欠く国日本。そのなかでネットに飛びついたのが,「おたく」系のひとたちではなかったか。マニアックな趣味をもち,物事の細部についての異常に精細な知識を競い合う「おたく」たち。日本語サイトの主流をなすのは,この手のものだと述べても過言ではあるまい。インターネットは,「おたくの巣窟」と化している[1]。

　たしかに日本は,「インターネット後進国」である。しかし,同時に「ケータイ大国」でもある。「ケータイ」でメールの送受信をするNTTドコモの「iモード」は,瞬く間に日本最大のプロバイダーにのし上がった。「ケータイ」はいまや,モバイル(移動)通信端末として,「電話」以上の意味と機能とを担うようになった。この点において日本は世界の先端を行っており,そのアイデアをもたらしたのは,若者たちだったのである。まだ携帯電話は高価で,ポケベルが若者たちのコミュニケーション・ツールだったころ,女子高生たちは,好んで文字メッセージを相手のポケベルに送った。そうした「伝統」をもつ日本の若者たちは,iモード的な「ケータイ」でのメールの授受に,苦もなく適応していったのである。

　これまでの論述で,日本的「IT革命」の実態が明らかにされたのではないか。人々が自発的に適応したツールは,パソコンよりむしろ「ケータイ」であった。そして,この便利な日本の市民生活のなかでITは不要不急の代物であるとの感を否めない。携帯電話など,もともと多忙なビジネスマンがもつものだと考えられていた。しかし,いまや携帯電話は「ケータイ」と呼ばれ,若者の生活に欠かせないメディアとなっている。大学生の携帯電話保有率は99%(!)に達している。「ケータイ」文化を若者たちが主導し,ネットに「おたく」が跋扈する。日本の「IT革命」は,デカダンスのさなかにある,という他ないであろう。高価で高度に発達した,最新の電子機器が「お遊び」の道具に堕しているのだから。

2．「自己と他者」のいま

(1) 弱くなった「自己」

若者たちは，「ケータイ」で本当に「情報」のやりとりをしているのだろうか。少しの暇があれば，「ケータイ」を取り出しメールチェックをする彼らの姿を見ていると，そんな疑念を抱く。メールがきていないと，彼らは友人から見捨てられたような不安を抱くのではないか。スヌーピーで知られる人気漫画『ピーナッツ』には，精神安定剤代わりに毛布を手放さないライナスという少年が出てくる。若者たちにとっての「ケータイ」は，彼らの弱い自己（Self）を支え，不安をなだめる「ライナスの毛布」の如きものである。

社会学の理論の上でも，80年代以降「自己」は著しく弱くなった。個人の首尾一貫した自己像。確立された価値意識。そして所属集団への強い一体性。これらを含意したエリクソンの「アイデンティティ」概念は，急速にリアリティを失っていく。それに代わって強い影響力をもつようになったのが，アーヴィング・ゴッフマンの「状況的自己」論である。確定したアイデンティティなど存在しない。行為者は状況の求めるところに応じて多様な自己を表出していく。人間に「素顔」などはなく，ただ多様な「仮面」だけがある。シニカルなゴッフマン理論が，人々の実感と合致するものになってしまった。

若者たちの間には，「複数の自分がいる」という「多元的自己」の感覚をもつ者が多い。昔の子どもたちは，小さなコミュニティのアナログ的に連続した相互行為場面で一日を過ごしていた。ところが80年代以降，子どもの生活場面は，デジタル的に分断されていく。学校から帰ると習い事に行く。「アポなし」では友だちと遊べない。義務教育段階から私立に通えば，分断の度合いはさらに大きくなる。忙しく切り替わる相互行為場面に適応しようとすれば，子どもや若者の自己もカメレオン的なものにならざるを得ない。

ネット社会もまた，この自己の断片化を加速化させる要因である。いくつものハンドルネームをもって，ネット上に出没し多様な人格を演じ分ける。イン

ターネットの普及は，少なからぬ人々に「多重人格」であることの喜びを教えたのではないか。それは「解離性人格障害」のような病的なものではない。異なる人格を演技することで自己を相対化し，日々抱えている悩みや心配事から解放されて軽やかに「オフライン」の日常へと戻って行く。そうした健全な「ネット多重人格者」も，少なからず存在するはずである。

「カメレオン的自己」たちは環境にうまく適応しているし，「ネット多重人格者」たちは，それを楽しんでさえいる。だが状況的・カメレオン的自己が支配的になることには，大きな問題があると言わざるを得ないのである。ゴッフマンの自己論は，巨大組織が優越していく社会状況のなかから生まれたものである。だから，状況的・カメレオン的自己のなかには，巨大組織のなかでは無力な存在に過ぎない諸個人が，そのなかをうまく泳ぎ切る処世術としての側面がある。またカメレオン的自己たちは，環境への適応，もしくは「生き残り」を第一義に考える本質的に功利的で利己的な存在である。そんな彼らが，他者たちとの間に信頼のおける安定した絆を結ぶのは容易なことではない[2]。

全体主義の興隆という問題に直面した社会学者たちは，中間集団から引き離され原子化した個人を「甲羅のない蟹」と呼び，その脆弱性を指摘した。グローバリゼーションの結果，企業のなかには苛酷な競争原理が導入されている。日本企業の特徴であった共同体的絆は，分断されてしまった。職場のなかで個人は無残に原子化している。コンピュータ化の徹底も原子化に拍車をかける。隣の席の人とも言葉を交わさずに，メールのやりとりで用を済ませる「ペーパレス」化・「会話レス」化したオフィスなど珍しくもないだろう。原子化した個人が身を置くオフィスには，リストラの嵐が吹き荒れている。そのなかで人々は「カメレオン」たらざるを得ない。同僚たちさえ信用できない，苛酷な仕事の世界からの救済を，彼らはネット上の人格演技に求めているのではないか。

個人の原子化は，80年代の「ミーイズム」によって加速化されていった。80年代に子ども時代を送ったいまの若者たちは，人と人とのつながりの不確かさを所与としながら育っている。他者たちとの強固な絆のなかに置かれ，そこで

の切磋琢磨を経験した者のみが，孤独に耐え得る強靭な自我をもつことができる。個人が原子化した孤独な存在として生きることを余儀なくされた時代のなかを育った人間の自我は，脆弱なものでしかない。若者たちは人恋しいのだ。ところが，彼らは他者たちとの間に確たる絆を感じ取ることができない。若者たちは，「ケータイ」で目まぐるしくメッセージをやりとりすることによって，その絆を確認し精神の安定を得ているのに相違ない。若者たちにとっての「ケータイ」を，「ライナスの毛布」と呼ぶ所以である。

(2) 万能なるもとしての自己

80年代以降，主体性論の影はうすくなり，状況的・カメレオン的な自己という観念が優越していった。そして，個人の原子化が進むなかで個人化が，孤立した弱い存在となってしまったことはすでに述べたとおりである。理論と現実の両面で自己は弱くなってしまったのである。これは世界的な現象と言えるだろう。しかし他方90年代以降，個人の「自己決定」という言葉を，よく耳にするようになった。弱くなった自己が，決定の主体として重視されるようになったのである。このパラドックスは，何故生じたのだろうか。

「自己決定」の流行のなかには，もちろんポジティブな側面がある。70年代以降のフェミニズムの運動は，女性たちが自らの身体と生の総体を自己決定のもとに置こうとしたものとして位置づけることが可能である。人間にとっての良好な環境を保つことを志向するエコロジー運動は，「身体の自己決定」という側面でフェミニズムと連動する。米ソ冷戦という重石のとれた90年代には，アボリジニーなどの先住民族や子ども（子どもの権利条約）等々，実に様々な主体が「自己決定」の担い手として声を上げたのである。その背景には，「人権」という観念の世界的な浸透を挙げなければならない。そして，教育水準の向上とメディアの発達とが，様々な境遇のもとに置かれた人たちの情報収集と意見表明とを容易なものにしたこともまた，無視することのできない要因である。

しかし90年代以降の「自己決定」論が，市場主義イデオロギーを色濃く反映していることは否定できないところである。冷戦終結＝「資本主義の勝利」に

よって市場メカニズムは万能視された。自由競争の勝者がすべてを取ることは自然の摂理だ。敗者は,「自己決定」の結果としていまの境遇に辿りついたのだからいかなる取り分も主張すべきではない。市場主義イデオロギーのなかで「自己決定」は,ほとんど「自業自得」という意味に用いられている。「自己決定」の名のもとに,強者の専横と弱者の窮状とがともに正当化され固定化されてしまう。「自己決定」が流行語となった今日,弱く孤立した個人が,単独で大きな力と対峙させられる不条理が様々な場面で生じている。たとえば医師と患者の知識の非対称性は,恐るべきものである。そこで患者の「自己決定」を一面的に強調することは,医療者側の責任逃れの遁辞として利用される危険をはらんでいるのではないか。

　理論的・実践的に弱くなってしまいながら,あたかも万能の「主体」であるかのような責任を負わされてしまった自己。そしてこれとはまた別の形の分裂が,情報化の進展のなかで生じている。現実の社会のなかで,孤立した自己たちは無力感を味わいやすい。しかし,発達したメディアは同時に,利用者の側に万能感をも植えこむことができる。テレビゲーム。ビデオやDVD。そしてパソコン,ネット。ハードだけではなくソフトの発達も目覚しい。それらを組み合わせて,利用者が自己の万能幻想を満たす世界を作り出すことはたやすくなった。もちろん遊びの世界で万能感を味わった主体が,自我の支配力を回復して現実に回帰するのであれば何の問題もない。しかしヴァーチャルな世界にはまり込んでしまい,そこから抜け出すのことのできない若者たち（「おたく」）の存在は,80年代から問題視されていた。

　そして今日,メディアはさらなる「進歩」を遂げている。高度な編集能力をもつことが,パソコンの特徴である。そして,インターネットを用いれば世界中の最新情報を人々はいながらにして入手することができる。学生たちは,インターネットで得られた情報を切り張りし,それらをつなぎ合わせて小奇麗なレポートを作り上げる。世界は動かし難い所与としてあるのではない。自己の都合によって改変することのできる「編集可能な世界」だ。そうした認識は,若者たちの間に広がっている。若者だけではない。たとえば歴史は現在の都合

に応じて自在に書きかえられて構わないとする，さる教科書作成グループの主張などは，「編集可能な世界」という観念の浸透の深さと病理性とを浮き彫りにするものだろう[3]。

　他者と出会うことで，通常自己絶対化の幻想は破壊される。どんなに「完璧な自己」を演じたところで，日々の振舞いのなかで厳しく検証されるからだ。他方，ネット上を行き交うのは，ただ言葉だけである。美化された自己像を維持し続ける確率は，リアルな人間関係の場合よりもはるかに大きくなる。そして，それに疑いがさしはさまれた場合には，そこを立ち去れば済むだけの話だ。ネット上の「出会い系サイト」でのトラブルが絶えない。数度のメールのやりとりで，「深い仲」となり深刻なトラブルに巻き込まれるケースが問題となっている。「出会い系サイト」に集う人々は，理想化された自己像を表出し，相手に対しては自己のなかにある，理想化された異性の像を投影してしまうのではないか。男女の関係が異常に早く親密化していくのも，互いの幻想を急速に亢進させるネットの特性と無関係ではあるまい。

3．若い世代の問題――「余地」なき世代の青春

(1)　ノマドをつなぐ命綱――「ケータイ」の記号論

　鹿児島から東京の大学に転任して驚くのは，学生の通学時間の長さである。平均で1時間半。2時間を超える学生も珍しくない。東京では，都心から放射線状に交通網が伸びている。中心部からはどこに行くにも便利だが，周辺間の移動は不便を極める。現在，大都市圏の大学はほとんど郊外に移転した。そして，学生たちの多くは，その周辺部から通ってくる。学生たちの親の世代は，「団塊世代」の少し下に位置する人たちである。都心に比較的近い住宅地は前の世代によって占有されている。それ故，彼らはさらなる周辺（辺境）に住居を求める他はなかった。学生の通学時間が長時間化する所以である。

　もう一つ，学生たちを見ていて驚くのは，その勤勉さである。授業の出席率は極めて高い。アルバイトは「必修科目」。サークルに熱を入れ，ダブルスク

ールにも挑戦する。学生と言えば怠惰が通り相場だった筆者の時代（70年代後半）とは，雲泥の差である。当時に比べれば，学生の遊びは格段に増えた。遊ぶためにはお金がいる。そこでアルバイトは「必修科目」となる。また，彼らは多忙な子ども時代を送った世代にあたる。学校が終わると習い事。休日には必ずお出かけ。スケジュールが隙間無く埋まっている生活に，子どもの頃からならされてきた。彼らにとってダブルスクールは，塾通いの延長だ。そして多忙な彼らには，スケジュール調整のツールとしても「ケータイ」は欠かせない。

　埼玉の自宅を出て，多摩の大学に通い，新宿や池袋でアルバイトをする。いまの学生は移動性が高い。まるでノマド（遊牧民）である。地方の学生はクルマで移動するから，「ノマド化」の傾向は大都市圏と変わらないだろう。大きな距離を移動しながら，若者は様々な活動領域を渡り歩く。クラスメート，サークルの友人，アルバイト先の同僚，そして高校時代の友だち等地元の仲間…。こうして若者たちは広く浅い交友関係を築き上げていく。「親友は30人。友だちは100人」と答えて，大人を驚かせる者も珍しくない。目まぐるしく移動を続けるノマドたちをつなぐ命綱が，「ケータイ」である。彼らの言う「友だち」のなかには，携帯メールをやりとりするだけの「メル友」も含まれている。

　いまの若者には，時間的・空間的「余地」が乏しい。スケジュールは常に超過密。そしていまは，学生の「たまり場」に類するものがめっきり少なくなってしまった。居酒屋，雀荘，定食屋，そして大学近くの友人の下宿。四半世紀前の怠け学生たちは，「たまり場」には事欠かなかった。ところが現在の大都市圏の郊外型大学では，キャンパスを一歩出ると周囲に何もない。キャンパスは綺麗だが管理が厳しく，学生の「たむろ」を許容する雰囲気ではない。そこで「ケータイ」の存在が重要な意味を帯びてくる。時間的に相手を拘束することもなく，移動中のどこからでも見ることのできる携帯メールは，ノマド的に移動する彼らにとっての「命綱」であると同時に，時間的・空間的な「余地」をもたない彼らにとってのヴァーチャルな「たまり場」となっているのではないか。

若者の「ケータイ」依存は，メディアの発達が必然的にもたらしたものではない。異常な都市圏の膨張がなければ長時間通学者の数は減るはずだし，家賃が安ければ下宿もはるかに容易になる。若者の「ノマド化」は，いびつな都市構造の所産である。都市がこれほど膨張せず，絶えざる「再開発」によって若者の「たまり場」が失われることがなければ，彼らが「ケータイ」に飛びつくことはなかったはずだ。四半世紀前の怠け学生の時代に，「ケータイ」が登場しても，若者たちはそれに飛びついたりはしなかっただろう。われわれは，「ヴァーチャルなたまり場」など必要としなかった。なにはなくとも，時間的・空間的「余地」だけには事欠かなかったのだから。その時代に「ケータイ」が現れていれば，諸外国と同じ様に，多忙な大人のビジネスツールとしてのみ用いられていたのではないか[4]。

若者たちの多忙さと，「ケータイ」の関係はニワトリと卵のそれに似ている。多忙な彼らは，「ケータイ」でスケジュール調整を行っている。「ケータイ」をもち，容易に連絡がとれることで，彼らはますます多忙になる。しかし，活動量が増えれば出費も増える。電話代も馬鹿にならないし，「ケータイ」のモデルチェンジは頻繁で，新しい機種が出ると，すぐに欲しくなるものだ。すると，お金が足りなくなって，アルバイトを増やさざるを得ない。そのため彼らは，ますます多忙になる……。このように「ケータイ」は，ただでさえ小さい若者たちの時間的「余地」をますます乏しくしてしまっている。「ケータイ」を筆頭とするモバイル産業は高い成長率を誇っている。しかしそうした先端産業が，若者たちの時間と金とを食いものにしているのだ。「資本主義のデカダンスここに極まれり」である。

(2) 「引きこもり」の現象学

いまの若者は忙しい。そして各所に出没している。ノマド的な日常のなかでは，友だちと深く関わる時間的なゆとりが乏しくなる。濃密な友人関係を築くことは難しい。また様々な相互行為場面に関わることの結果として，友人関係も昔に比べると断片的で，機能別に分化したものになっているのだろう。

いまの若者は昔のように，過剰な自意識の故に自他を傷つけるなどということもない。若者たちが「いい人」で，過剰な自意識をもたないのも，その人間関係のあり様と無関係ではあるまい。多様な相互行為場面を渡り歩き，「ケータイ」であたりさわりのないやりとりを重ねている彼らに，過剰な自意識は邪魔である。「いい人」でなければ，短時日で良好な関係を築けないから，その内面もまた淀みのない「ピュア」なものとなる[5]。そして彼らは，「本当の自分」に強いこだわりをもたず場面場面で求められる自己の像を表出している。彼らにとって「行為は演技」である。よく似たパーソナリティが複数存在する状態を，「キャラ（キャラクター）がかぶる」などと表現するのは，その自覚の表れである。

多くの若者たちは，こうした「ケータイ的人間関係」にうまく適応している。彼らの多くは，いささかも病理的な精神の持ち主ではない。しかし，彼らの人間関係が「ケータイ」という機器に依存して成り立っていることも事実である。「ケータイ」を皆がもつようになってから，約束もルーズなものとなり，その時々の事情に応じて随時変更されるようになった。こうした習慣が定着すれば，「ケータイ」をもたない人間とは約束を取り交わすことができなくなる。「ケータイ」をもたなければ，友人関係から排除されてしまうのだ。学生の「ケータイ」保有率は99%だと言われている。いささか心配になるではないか。残り1%は，どこに行くのだろうか。

いまの若者たちは「ケータイ的人間関係」から落ちこぼれた時，行くところがない。そのことと，約百万人と言われる「引きこもり」の存在とは，無関係ではないだろう。「引きこもり」など，豊かな社会の生んだ贅沢病だという論者もいる。確かに人々が生存の必要を満たすために懸命に働いている社会のなかでは，「引きこもり」の存在など考えることもできない。しかし，自意識の強い不器用な性格の人間にとって，参加者たちが，軽やかにカメレオン的な人格演技を繰り広げる「ケータイ」的人間関係は，居心地のよいものではないだろう。しかし，「ケータイ」という「ヴァーチャルなたまり場」から疎外された時に，彼を受け入れてくれる「余地」は，どこにも存在しないのである。

四半世紀前，笠原嘉が分析したスチューデントアパシーの若者の心性は，「引きこもり」の人たちとも重なりあうものである (笠原 1977)。アパシーに陥り留年を繰り返す学生たちは，決して怠け者ではない。彼らは，知的能力に優れ，過去には「黄金時代」ももつ。しかし，彼らは一度学業面での挫折を経験することによって教室に出て行けなくなった。自己に対する高過ぎる要求水準と，自己の能力との間の乖離に絶望し閉じこもってしまうのだ。スチューデントアパシーも「引きこもり」も，青年期特有の「自尊心の病」である。しかし長期留年学生は，アルバイトやサークル活動では有能さを発揮し活躍していた。彼らはまだ，学力競争の庭から逃れ自分を取り戻す「余地」を残していたのである。しかし「引きこもり」の若者たちは，そうした「余地」をもたない。人間関係からの全面撤退を強いられるのだ。

　長期留年学生たちが，競争に背を向けたのに対して，「引きこもり」たちは人間関係全般に背を向けてしまった。自尊心と自意識とがともに強く，周囲に合わせることが苦手な，観念的な若者にとって，多幸症的で軽い，「ケータイ的人間関係」は肌に合わない。仮に能力的な挫折が「引きこもり」のきっかけであったとしても，アルバイト先やサークルの仲間たちが，「自意識過剰」な彼を，快く迎えてくれるとは思えない。そして，そうした若者同士が出会い，互いを認め合うことで成長を果たし社会に巣立つことを可能にする「リアル」な空間 (「余地」) は，現代日本においては見出し難いものなのである。

　「ケータイ」という「ヴァーチャルなたまり場」から疎外された若者たちは，自宅のパソコンからインターネットに分け入り，そこに「ヴァーチャルなたまり場」を求める。筆者は先に，日本のネット文化について否定的な評価を示した。しかし，心身に障害をもつ人々や，難病患者，子どもを亡くした母親，そして「引きこもり」の若者。社会的な孤立に陥りやすい人々を結ぶ絆として，インターネットは大きな役割を果たしている。自分が一人ではないということ。自分の発言を是認してくれる他者が存在するということ。こうした経験は，ハンディキャップを抱えたり，あるいは大きな不幸を経験することによって，孤立感に苛まれている人々への大きなエンパワーメントとなるに違いな

い。

　インターネットは匿名の世界である。他者との関わりに臆病になっている若者でも，自分の正体をさらす必要のないネット上の人間関係なら，比較的気楽に参加できるだろう。しかし，相手の正体もまた見えないのである。それをよいことに，心無い言葉を自分目がけて投げかけてくる人間が現れないとも限らないのである。2000年5月の西鉄バスジャック事件を起こした少年は，さる巨大掲示板で中傷に晒された直後，この凶行に及んでいる。インターネットは巨大な暗渠だ。その全容を把握して，社会的なコントロールを加えることなど誰にもできはしない。若者たちの悪意と妄想とを破壊的なまでに亢進させるやりとりがネット上で日々交わされていたとしても，それを押し止める手だてをもつ者は誰もいないのである。

1) もちろん，日本でもNPO・NGOの活動でコンピュータ・ネットワーキングを創造的に活用している人たちは少なくない。（干川 2001）を参照。
2) 社会学における自己論の展開については，（浅野 2001）が簡便な見取り図を与えてくれている。
3) インターネットが空間を無意味化することが，われわれのリアリティ感覚に破壊的な効果をもたらすことについては（ヴィリリオ 1999）を参照されたい。
4) 団塊世代以降の若者像の変遷については，（小谷 1998），（岩間 1995）に詳しい。
5) いまの若者の「ピュア」なるものへのこだわりを，（大平 2000）は巧みに摘出している。

参 考 文 献

浅野智彦『自己への物語論的接近』勁草書房　2001
岩間夏樹『戦後若者文化の光芒』日本経済新聞社　1995
大平健『純愛時代』岩波新書　2000
笠原嘉『青年期』中公新書　1977
小谷敏『若者たちの変貌』世界思想社　1998
ヴィリリオ, P.『情報化爆弾』産業図書　1999
森谷正規『IT革命の虚妄』文春新書　2001
柳沢賢一郎・東谷暁『IT革命？　そんなものはない』洋泉社新書　2000

Ⅳ ディスクールとしての若者文化
―― ヤング・カルチャー論序説 ――

[キーワード] ヤング・カルチャー，アイデンティティ，戦後近代化，ヤング，新人類

　若者文化とは，若年世代（概ね20歳前後）の思考・行動の様態，様式一般を意味している。若者文化は，若者が常に変動に敏感であり進取の気性に優れるという観点から，時代の反映，あるいは将来における日本人の思考・行動様式の諸形態を先取りするという位置づけで，わが国では1970年代以降，様々な分野で「若者文化論」として議論されてきた。だが近年，若者文化はかつての勢いを失うか，あるいは変容を遂げつつあると指摘されている。若者文化の「融解」「終焉」など否定的論調が増加し，若者文化論に関する文献も減少傾向にあるのである。

　本論における関心の端緒は，このような若者文化の変化，終焉と呼ばれる状況にある。なぜ若者文化は退潮，あるいは終わったといわれるのか。若者文化論における若者文化の30年をメディアと消費の脈絡を辿ることで，このような状況を総括・相対化していきたい。

1. アイデンティティ，戦後近代化，ヤング・カルチャー

　先ず，若干の前提を提示しておく。若者文化が語られる際，前提とされてきたE. エリクソンの「アイデンティティ論」および日本社会における「戦後近

代化」という社会背景に関する言説の確認[1]，そして本論の仮説である「ヤング・カルチャー」の定義である。

(1) エリクソンのアイデンティティ論

若者文化を語る際，最も一般的なバックボーンとして引用されてきたのはE. エリクソンのライフサイクル論，とりわけ青年期におけるアイデンティティの脈絡である[2]。

アイデンティティ＝自己同一性とは，自らに対する意味の一貫性を指す。われわれは状況に応じて様々な自己となるが，それらを連続的なもの，普遍的なものとして捉えることを意味している。だがこのような自己の一貫性は，内省によって自覚される主観的自己意識によって形成されるのではない。むしろ親や家族，他者，近隣，仲間，共同体，そして社会との相互作用によって作られていく。

個人はこれら「重要な他者」「重要な環境」に同一化し，それらとコミュニケーションを交わし，相互的関係を結ぶ。そしてその中で評価されるとともに，自覚，再統合されていくのがエリクソンのいうアイデンティティなのである。これは具体的には義務や責任など期待される役割を自覚的に行使可能になることで達成される。換言すれば，エリクソンの語る自己は徹底した社会的自己であり，パーソナリティ＝人格全体の形成のためには，移し鏡としての社会的存在を前提条件とするのである。

若者文化論では，このアイデンティティ形成プロセスの機能不全に若者文化誕生の契機を見る。その際，機能不全を導いた要因として戦後近代化が指摘される。そして，若者文化論もここから立ち上がる。

(2) 戦後近代化

戦後近代化は産業化に伴う情報化，消費社会化，都市化の三点に集約されよう。

戦後復興，それに続く高度経済成長によって60年代，わが国は急激な近代化

を遂げる。第一次から第二次への産業構造転換は移動性を拡大し、それまで地域共同体に土着していた人々の都市圏への大量移動という事態を招来した。一方、私的生活において個人は原子化され、行動は個別単位となる。情報入手はメディアを媒介したものとなり、直接的なコミュニケーションが減少。また生活は消費行動が主体となり、典型的な大衆的生活スタイルが一般化する。いうならば一億総「デラシネ」化とでもいうべき現象が展開していった。反面、かつての共同体は消滅。人々は「孤独な群衆」[3]となることを余儀なくされた。その後、近代化は産業構造を第三次へと転換していったが、近代化の潮流は21世紀に向けさらに加速していく。

　このような戦後近代化は「忠誠」を向けるべき同一化対象の喪失という事態を若者にもたらす。移動性の拡大とともに都市へ流入した若者たちは、社会的自己を形成するための十分条件である他者や環境を失い、アイデンティティ・クライシスに陥ったのである。

　同様の事態は地方においても徐々に進行しており、ここでもかつての共同体的な安定した同一化対象が失われつつあった。都市化・原子化することで若者にとって社会は不透明になると同時に、自己もまた不透明なものになったのである。それはまた他者、そして同世代の若者たちとのコミュニケーション契機の喪失も意味していた。

　一方、企業社会は第二次産業を中心に展開する高度経済成長によって、拡大再生産のための生産物供給市場開拓を至上命題として課せられるようになる。

　さて、本論ではこのような若者と企業社会双方における問題状況解決の結節点として立ち上がり、機能するのがわが国における若者文化、それに付随し、後には先導的役割を果たすのが若者文化論、という仮説に基づき議論を進行していく。すなわちわが国における若者文化は、双方が抱える「不可視な対象＝同一化対象／市場ターゲット、の可視化」という共通課題達成のため、企業社会が可処分所得を備える若者のイメージを創出してこれをメディア展開し、それを若者が受容することで形成・維持されてきた。換言すれば、わが国における若者文化は企業社会と若者による社会の複雑性の縮減装置として機能した、

と捉えるのである。

(3) ヤング・カルチャー

「若者文化」「青年文化」と訳される Youth Culture は，60年代後半，英，米，独，仏等でムーブメントとして立ち上がった。日本でもこれに該当するものが，やや遅れて出現したとされている。具体的には団塊世代の全共闘運動に典型とされる「対抗文化」[4]に端を発するとするのが若者文化論の通説である。だがその出自，担い手など質的な側面で日本と欧米では大きな隔たりがある。

小谷敏は60年代後半のアメリカとドイツで立ち上がった学生運動の動機について概ね次のように指摘し，わが国の学生運動との相違を明らかにしている[5]。すなわち，米国学生にはジェファーソン流アメリカ民主主義の伝統に対する強い一体感が脈々と息づいている一方で，アメリカには人種差別とベトナム戦争があった。それゆえ，理念と現実における矛盾に対する焦燥感が若者たちに異議申し立てを呼び起こし，これが公民権運動，反戦運動と結びついて対抗文化を誕生させた。またドイツの若者には第二次世界大戦においてヒトラーを誕生させたという加害者意識があったが，親たちはそれに対してもっぱら責任回避の立場をとり，これへの断罪という意図で学生運動を立ち上げた。一方，わが国の学生運動にはそのようなアイデンティティを左右するほどの強烈な動機はなく，ややもすれば騒擾的要素が強く，政治的には不毛なものであった，と。

また，若者文化に関しては，若年が主体となって形成される諸スタイルが特性として語られるのが一般的である。たとえば，D. ヘブティジはイギリス50～60年代のモッズへのフィールドワークによって，大人世代から隔絶したサブカルチャーを若者たちが創出したことを明らかにしている[6]。また，S. フリスも60年代のアメリカ若者文化を担った中産階級の若者が，下層階級の価値観やスタイルを取り入れて大人の規範に反抗し，独自のスタイルを形成したと指摘している[7]。だが，後述するように，わが国においては Youth Cluture に該当するものが若者自身によって主体的に形成されたとは言い難く，先ずメディアが誘導したという方が当を得ている。

加えて「対抗文化」出現以前に，若者たちは既に戦後近代化の渦中にあり，従って，上記した前提からすれば必然的にその時点で既に若者にとって共同体の代替となる同一化対象が何らかの形で提出されていなければならない。

これらの認識に基づき，本論では全共闘運動以前に先行して若者たちに付与されていた，消費を機軸として描かれた若者イメージの呼称である「ヤング」，およびその後継である「新人類」という用語を基調に議論を展開していく。ヤングという用語がメディアに出現し，一般に定着するのは60年代半ば。一方，死語化するのは80年代前半で，これは新人類という用語が一般化するのと相前後している。共通するのは消費する都市的な若者像である。これらはメディアを媒介しながら若者と企業社会に「可視化された若者像」を提供していくことになる。

結論から述べれば，わが国における若者文化はもっぱら消費文化であり，欧米で語られる若者文化＝Youth Cluture とは一線を画する，カッコ付きの「若者文化」，より明瞭に表現すればカタカナ書きの「ヤング・カルチャー」である。そして若者文化論とは，メディアが媒介することによって成立する「消費する若者像と，その思考・行動の様態，様式一般」に関する言説と規定される。以下，ヤング・カルチャーの変遷過程を，若者文化論の言説に基づき，若者と企業社会の関連に焦点を当てながら再構成していく。

2．団塊世代，ヤング・カルチャーの誕生

(1) ヤング＝メディア的に構成された消費的な都市若者のイメージ

戦後近代化のうねりによって都市へ，あるいは都市的生活へと否応なく放り出された団塊世代は，共同体からの乖離，さらに共同体の消滅によって二重にアイデンティティ獲得のための同一化対象を失った。その際，代替物を提供したのが企業社会である。当時，企業社会はその生産力の拡大によって，より多くの消費市場を必要としていた。その中で可処分所得を保持し始めた，比較的消費力のある若者がターゲットとして浮上してくる。

企業社会は商品にある種の記号性を付与することで若者を消費市場群として取り込むことに成功する。それは「ヤング」という用語を商品のコノテーションとして付加することで，その背後に「世代」イメージを現出させるやり方であった。これを同一化対象を希求していた若者たちが受容していく。

　だが，企業社会からすれば若者はあくまでも消費者でなければならない。必然的に描かれた若者＝ヤングのイメージは，都市的生活を享受する，主として男性の，しかも消費活力のある若者となった。VAN，男性化粧品，マンガ，長髪，エレキギター，サイケデリックファッションといった消費物に彩られた，もっぱらメディアと商品群上に現れるヤング・カルチャーがここに立ち上がる。若者は，ヤングが嗜好するとされるこれら消費物を選択することで，みずからが若者世代に属していること，ヤングであることを確認可能となった。換言すれば，アイデンティティ基盤をメディア媒介的に確保可能となったのである。以後，実在の有無に関係なく，メディア上にイメージとして現れたこのような若者イメージに基づく様々な「ヤング」向け商品が開発され，世代全体に普及していく。

(2) 「対抗文化」というディスクール

　当初，ヤングは若者の同一化対象としてはさして求心力を得ていない。これがより強力な影響力を及ぼす契機となるのは全共闘を中心とする学生運動であろう。これによって団塊世代に「対抗性」という要素が付加される。70年代若者に関する言説では，学生運動と若者文化について概ね以下のように語られた[8]。

　戦後民主主義は戦後世代に社会の主導権を手渡したはずである。だが，彼らが学生となった時，世は高度経済成長の渦中にあり，若者たちはこれを援護する歯車となることを要求される。戦後理念と現実の矛盾。これに対して若者たちは「異議申し立て」というかたちでこの矛盾を大人社会に突きつける。その結実が全共闘運動に他ならなかった。アジ演説のはじめに必ず切り出された「われわれは」という言葉に象徴されるように，団塊世代は自らを大人社会と

分かち，矛盾を突きつける「大人社会」を糾弾することで，団塊世代「意識」を自覚する。対抗性が機軸となることで，ここにはじめて大人社会の支配文化とは一線を画す「対抗文化」を構成するに至ったのだ。ここに若者文化が誕生した[9]。

だが，この若者文化論における「学生運動＝対抗文化＝若者文化」図式はあまりに偏向的でナイーブな節合と判断せざるを得ない。「対抗文化」は，現実には都市大学の一部のキャンパスに，あるいは各地で行われたフォーク・ジャンボリーという催しの僅かな時間に花開いたに過ぎない。しかもこれらに参加した団塊世代は少数であり[10]，一般の若者のほとんどは「対抗文化」とは直接的には無縁の存在だった筈である。従って，学生運動における「対抗文化」の団塊世代全体への適用は飛躍といわざるを得ない。

(3) 「対抗文化」のヤングへの取り込み

だが，この一部の都市学生による対抗性は，当該世代の若者の象徴としてメディア・イベント的に語られることで，団塊世代のイメージとして人口に膾炙していったことも事実であろう。そして，このイメージとしての「対抗性」が，消費物の形態をとってメディア的に媒介されることで，大人とは異なる団塊世代を若者自身が自覚する要因として機能する。これは，一部若者だけに存在した対抗性の，消費的若者像＝ヤングへの取り込みに他ならない。そしてその受容スタイルは対抗性を気取ることで消費社会にどっぷり浸かることを正当化するというものだった。たとえばミニスカート，ジーンズはファッションの消費であると同時に，大人社会への対抗性を示すメディアともなった。消費＝贅沢は，質素倹約を旨とした旧世代批判という記号となったのだ[11]。対抗性すらも消費の，そして消費物の背後の一元的な若者像をイメージさせるコノテーションとして大きく機能したのである。若者たちは，自らを社会の歯車と規定する産業社会が作り上げた消費生活の積極的受容によって産業社会の担い手＝大人社会に対抗するという，自己矛盾に満ちた「対抗性」を消費生活スタイルとして身体化したことになる[12]。

団塊世代はこういった抽象的な，実態の存在しない，あるいは一部の実在を擬制したヤング・イメージを消費することで同一化対象を獲得，これをアイデンティティの，そして他者とのコミュニケーションのためのナビゲーターとして位置づけた。それは同時にヤングという，消費に基づいた世代・若者意識，そしてヤング・カルチャーという文化様式，世代間差異の成立でもあった。消費イメージによって商品の使用価値ではなく，「記号的価値」[13]を購入させる，極言すればアイデンティファイする対象を購入させるというやり方は80年代の記号化消費戦略において広範に展開されるが，その実，「若者文化」＝ヤング・カルチャーは，このように出現時点において既に消費に規定されており，そういった意味では団塊世代こそ消費文化の生みの親，「ビッグバン」[14]だったのである。

3．ヤングから新人類へ——記号消費による差異化戦略のシステム化

(1) 80年代，近代化の拍車と相対化の進行

70年代末までは，ヤングとヤング・カルチャーは十全に機能していた。だが80年代以降，若者をめぐる諸環境は激変すると同時に，若者の側も変貌を遂げていく。

70年代後半，産業合理化によって先進諸国の中でオイルショックからいち早く経済復興を遂げた日本には高度消費の波が押し寄せる。それによって，企業社会は一層の市場開拓の必要性が生じた。だが，一億総中流の時代，必需品は既に一巡しており，市場は飽和状態。既存の計量マーケティングではあまり効果が期待できないことが指摘されていた[15]。

若者の側にも変化があった。とりわけ指摘されたのがメディア発達に伴う情報意識の変化である。若者の情報環境は主にメディアによって形成されるようになった。ラジオ，テレビ，雑誌，オーディオ……これらが多チャンネル化していくことで多様な側面から情報入手が可能となり「メディア・サイボー

グ」[16]と化した若者は，情報を対象化，相対化して捉えるようになる。その結果，あらゆる価値観が均質化し，偶有し，不安定なものとして位置づけられるようになった。

　相対化は前世代までが即時的に受け入れていたヤングという一元的な若者像にも及ぶ。同一化対象の不安定化，不明瞭化，それは必然的にアイデンティティの脆弱化，そしてコミュニケーション契機の不透明化，換言すれば世代間差異不明瞭化の招来でもあった。しかしながらメディア依存が強まった現状では，このフィードバックのない情報を確信を持てないままに入手し続ける他はない。

　このような既存システムの機能不全を補償したのはやはり消費行動だった。それはヤングのマイナーチェンジというかたちを取る。情報・商品の多様化，複雑化に対応し，消費イメージもまた同様に複雑化，抽象化したのである。これに対し若者イメージは認識，存在二つの次元で差異化が行われることで同一化対象＝一元的若者像を確保していく。世代内差異化を志向させることによる世代間差異化の再構築という戦略がそれである。ただしヤングという一元的な若者像は既に相対化を受け信頼性を喪失している。よってそれは「新人類」とシニフィアンを変更させた。そして若者文化論は新人類をめぐり，未曾有の活況を呈し始める。

(2)　認識論的差異化としての世代内差異化

　有効性を失った一元的な若者イメージであるヤング。これに対して再設定されたものは多様化・細分化された若者像だった。企業社会はヤングの代替となる若者イメージを提示する。大衆という消費者の一元像が消失し，「人並みより人と違っていること」を志向し「ニーズよりウォンツ」を希求する新しい消費者像が出現したとする，いわゆる分衆論における「分衆」である。だが分衆は，その後，新人類論が展開されると，人間像としてほとんど差異のない二つは，より一般に浸透していった新人類に回収されていく。

　新人類による差異化は，先ず「世代内」[17]へ向けられることが指摘された。

感性／センス豊かな分衆＝新人類であるためには，人並み志向する「ダサイ奴ら」＝大衆に対し，消費行動によって差異化を図る。それによって同世代内において，より個性的存在であることを顕示するこの差異化戦略は，しかしながら必ずしも唯一無二の個性を志向するわけではなかった。大衆的ではないが個別でもない。センス溢れたごく一部の集団と想定されるものに準拠／所属していることが重要であるとされたのである[18]。

そして，これが先ずヤングに代わる同一化の対象として立ち現れる。必然的に依拠する同一化対象のイメージは細分化された。この一群＝新人類／少集／分衆に属するためには，常に消費をめぐる情報を高感度[19]に検索し，当該集団と思われる若者が身につけていると想定される商品，情報，空間を消費する必要がある[20]。アイデンティティは形式的にはヤング同様，商品購入と，この装着によって確保可能とされた。

(3) 存在論的差異化としての世代間差異化

同一化対象が細分化されているならば，対象が若者という世代／年代的な括りである必然性は無い筈である。だが80年代，若者イメージは「新人類」として，前世代同様一括りにされた。これは以下のような事情によるのではなかろうか。

若者たちは少なくとも意識上では同世代の大衆＝同質的な一群に対する差異化を志向していた。だが，その際，準拠する同一化対象は，極めて希薄でフィードバックを欠いていた。ヤングという一元的な若者像であれば，これを共有する若者の母集団は大規模ゆえ，ヤング共通のアイテムや情報を提示すればコミュニケーションは比較的容易に開かれたはずである。だが新人類が志向するとされる細分化された若者像の場合，該当する集団が極めて小規模であり，同じセンスを有する人物同士が遭遇することは，困難を極める。結果として，このような細分化された若者像によって構成される「新人類文化」は，もはや文化のように見える細分化された消費物のパラダイムでしかない。同一化対象としての他者は，細分化された中の一パラダイムを共有すると想定されるであろ

IV ディスクールとしての若者文化　137

う，同じセンス／感性を有する一部の若者群というかたちで，メディア媒介による情報や商品の先にかろうじて仮設的に存在が設定されるだけだからである。それゆえ，コミュニケーション契機獲得の機能は実質的には見込めるものではなかったに違いない。従って，このような極小の若者イメージを志向したところでアイデンティティ確保のための見返りは薄い。換言すればヤングと同一の機能を分衆＝新人類に期待するのは不可能である。

　それでも世代内差異化を志向し続けることの有効性は，このような差異化という行為の遂行自体が，他世代とは異なる，より大きな同一化対象である「新人類」という，消費する若者として自らを同定することを保証したからであろう。認識上の差異化を志向する行為が，存在上の同一化対象＝世代間格差確保を可能にする。換言すれば「ダサイ奴らに差を付ける行動」を志向するのが新人類であり，このようなマクロな括りはヤングと同様，安定化した同一化対象として機能し，従ってアイデンティティの安定，コミュニケーションの契機を押し開いたはずである。かような二つの次元での同一化対象の設定という，入り組んだスタイルが形成された原因は「「同質」であるために「同質ではないこと」を志向する」という，矛盾する潜在的命題が存在していたために他ならない。微細な記号的価値に基づく消費＝購入という行為が，表層的には「個性の表示」，実質的には「世代に属することの証明」として機能したのである。
　差異化行為による同一化対象の獲得という消費構造は，もはや記号的価値による市場細分化にしか活路を見いだせない企業社会にとって福音であった。消費を細分化，システム化することで新規需要を期待できると同時に，これまで以上に各市場の若者消費におけるイニシアチブを獲得可能となったからだ。企業社会は消費を促すために細分化された若者像それぞれを詳細に設定，さらに変更を頻繁に繰り返すことで需要を継続的に創出し，一方，これを受け入れる若者の側では，新人類に同一化するためにこの偶有する分衆化された若者イメージを追い続けることが常態化する。70年代までは有効だった情報の先端を示す「ナウ」という言葉が廃れ，「トレンド」＝傾向，流れ，趨勢に取って代わる

のは，差異化戦略がますます頻繁化され，「ナウ」が表現していた時の一点というスパンでさえも，もはやサイクルが長すぎることを示唆している[21]。そして80年代後半以降，差異化戦略は次第にその動きに激しさを加えていった。

(4) 新人類イメージの有効性消滅

新人類という世代イメージの機能不全は80年代後半に発生する。原因はバブル景気を典型とする消費の高度化によって，このような「消費による差異化」戦略が，大人世代にまで取り込まれたことにある[22]。世を挙げての急激な可処分所得の増大。経済的余剰は潤沢だが労働に忙殺され時間的余裕がない。となれば大人社会がとりあえず志向するのは「幻示的消費」[23]しかなかった。無駄遣い，贅沢の謳歌をこれ見よがしに他者に顕示する。この手法に基づく大人たちの行動は，「余った富の処分」と「同一化対象の模索」という相違はあるにせよ，メカニズム的には若者たちの「記号的消費による差異化」と重複する。これは結果として世代間差異を保証していた差異化戦略を大人も採用し始めたことになる。ここで世代間格差は消費に呑み込まれ，同時に差異化戦略が全世代に行き渡った。もはや記号的消費で世代間差異化は不可能，自らのアイデンティティを確保することができない若者たちは，知らず知らずのうちにこの戦略の無効性を読みとり，差異化戦略から降りていくことになる。

60年代後半から90年代まで，若者たちは，消費・メディアの背後にヤング‐新人類という人格イメージ的な同一化対象を見いだし，翻ってそこからアイデンティティ，コミュニケーション可能な他者を獲得していた。そして，このヤング‐新人類はイメージが一元的に捉えられるため，全人格的なアイデンティファイを可能にしていた。メディアからこのような同一化対象の代替物を獲得するという手段は，共同体的な空間的軛を失い，アイデンティティ形成に困難を覚えた若者たちが，これを乗り切るために選択した苦肉の策に他ならなかった。

だが，価値観の相対化は，80年代末，さらなる近代化の進行，とりわけ情報化の進展によって，このような一元的な同一化対象への依拠という戦略を無効

にしてしまう。差異が無限に差異化され続け，そのことが世代意識と消費の関係性を希薄化させてしまったのである。こうなると規模の大小にかかわらず一元的な若者イメージは帰属する同一化対象としての機能を果たさなくなる。必然的にも新人類という若者イメージは存在根拠を失っていった。

4．若者文化論における問題点の構造

　ここまでメディアと消費を軸に，ヤング‐新人類という流れで，若者文化論をヤング・カルチャー論として再構成してみた。既存の若者文化論のように時代ごとに命名された若者の呼称を比較検討するのとは異なるアプローチを採用し，30年に及ぶ若者に関するディスクールを整理したのだが，このような意図は実はもう一つの問題意識に基づいている。それは，若者文化論が議論上における同質の問題点を再三指摘されているにもかかわらず，後続においてもそれらが保持され続けるのは若者文化論の構造に由来するためではないのか，という疑念である。

　問題点は大別すれば，1.「若者」の恣意性，2.「文化主体」の偶有性，3.「文化概念」定義の不明瞭性の三点に集約される。

　「若者」の恣意性。若者文化論の基本的な語り口は，常に一部の若者を抽出し，これを当該世代の若者全体を「象徴」すると恣意的に看做し全面展開するというものだ。既述したように，「若者文化」の立ち上げとされた団塊世代が，大都市圏の，大学生の，学生運動に参加している，対抗性に執心な，「俗」に対して「聖」で異議申し立てをする全共闘の男性，にもっぱら焦点が当てられたという事実はその典型である。これ以外の大多数の若者に関する記述はほとんどなされず，その結果，団塊の世代は「対抗性」ということばで括られた。本来，若者は時代時代において世代内で多様であり，また個人の内にも多様性を孕んでいるはずである。だが，これらはいわば「象徴的でない」という，何ら根拠のない理由によって考察外に置かれたのである。このような若者像のエリート主義的な単純化は，モラトリアム人間，新人類，オタクなどその後の議

論においても踏襲され続けた[24]。

「文化主体」の偶有性。前述したように若者文化論では常に文化主体の曖昧さが纏わりつく。若者文化であれば，当然，主体は若者の筈なのだが，若者のボランタリーな活動が文化として取りあげられることはほとんどない。むしろ若者文化カテゴリーとして検討対象となるのは若者に受容されたメディア，情報，消費に関する事象，極言すれば若者に人気の情報や商品，それらをめぐる消費行動である。この場合，若者文化の担い手は生産者が大人＝企業社会，受容者が若者となり，文化の主体は不明瞭化する[25]。

「文化概念」定義の不明瞭性。山田真茂留も指摘するように，若者文化論ではもっぱら文化の「変動的側面」が議論の対象となる[26]。本来，文化論とは社会における人々の行動・思考様式の普遍性・冗長性について語るべきものであろう。しかるに「若者文化」はもっぱら変動性に焦点が当てられる。必然的に，論調は予測的なものにならざるを得ない。若者文化論は「先読み日本人論」，あるいは，さながら，「ヒット曲予想」であるかのようである。このような一部の集団・集合による一過性の現象・ムーブメントは，一般的には文化というよりむしろ「風俗」という用語が該当する。

これら若者文化論の問題点は，ここまで論じてきたように，若者に関する言説が実在の若者と若者文化でなく，メディアによって媒介された消費的人格＝ヤング‐新人類，および消費文化＝ヤング・カルチャーに関するものであったと見なせば説明可能であろう。すなわち，新たな消費市場群として若者像に基づく若者対象のマーケットを企業社会が開拓した。それはヤングという若者像をコノテーションとして演出するヤング・マーケットであった。ここには当然，消費に適合的な若者イメージが付与された。都市の，しかも可処分所得が見込める男子の大学生，要するに消費活力ある若者である。これにデラシネ化し，アイデンティティ・クライシス状況に陥っていた若者の多くが同一化対象として志向することでヤング・マーケットは成立。企業社会がちりばめる商品群と，それに基づく若者の行動によってヤング・カルチャーが形成された。

このように考えれば，文化主体は，ひとつは企業社会であり，もうひとつは

若者である。そして語られたのは双方の需要が重層化されたかたちで時代毎に出現する「ヤング‐新人類」という消費的な若者像であった。これは資本が媒介しており，常に商業的利益が期待される。それゆえ企業社会は若者の行動を随時観察し，その中からやはり需要創出に適合的な行動・思考スタイルを抽出，商品化する（その最初に成功したスタイルが「対抗性」であった）。これは若者にとっては変転する社会で常に安定しない同一化すべき他者を更新可能にするということであり，時代により適合的な同一化対象を継続的に提供してくれるということで，社会適応の面でも歓迎すべき事態だった。ゆえにヤング・カルチャーは冗長面でなく変動面がその基調となる。そしてその最たるものは新人類時代の分衆化現象に他ならない。そこに存在する多様な若者消費者像は変転し続けることが原則であり，多様であればあるほど，また変転すればするほど需要が創出されるのであった。

　ヤング‐新人類はヤング・マーケットという市場を創出するためのディスクールであり，これに企業社会と若者たちが相乗りのかたちで構築された概念的存在がヤング・カルチャーというディスクールである。だがこのように一旦，構築されることでヤング・カルチャーはわが国独特の「若者文化」として定着。市場拡大，若者のアイデンティティ形成に貢献していくことになる。そしてこれを援護し，また時には先導する役割を担ったのが若者文化論に他ならなかった。

　それゆえ，ヤング‐新人類像は一部の学生，都市的な若者といった要素にもかかわらず，当該の若者層全体，そして大人社会にとっても行動のナビゲーターとして広く人口に膾炙していく。要は人々の需要欲求を満たすものであれば，それがリアルなのであり，ヤング‐新人類といった若者像の実在性などは問題となるものではなかったのである。

5．一元的若者像の終焉と文化社会学として若者を扱うことの課題

　だが90年代，このようなディスクールは最終的に企業社会と若者双方の間で

消費しつくされる。その原因はやはり近代化の一層の進行にあった。

　90年以降，若者となった団塊ジュニア以降の世代は，既に価値観が多様化された中で生まれ育ち，このような一元的なイメージに依拠してアイデンティティを形成していない，より相対化感覚を徹底させた存在である。それゆえ同一化対象として一元的若者イメージを必要としない。一方，企業社会においても同様に若者という括りのマーケットは旨味のないものとなった。記号的価値によって商品パラダイムが細分化され続けた結果，細分化された各市場は規模を極限にまで縮小化し，市場それ自体をウロボロス的に拡散させてしまったからだ。しかもこの細分化されたパラダイムに新規参入する新しい消費者は，人格パラダイム，都市的生活（既に全国的に都市的生活は浸透している）という括りにも，また世代的な括りにももはや関与する姿勢を見せず，むしろそれら断片を個人的な基準に基づいて編集するという関わり方を見せ始めた。換言すれば，若者たちは既存のアイデンティティ形成プロセスを否定し，あらたな"個"に依拠したアイデンティティ形成を模索し始めたのである。

　ここに来て，遂に60年代に始まる，消費行動を前提にした若者の一元的イメージをコノテーションとするマーケティングの有効性は失われた。だが上記したように，これもまたイメージ供給者の企業社会と，享受者の若者の共犯関係によって結果した事態に他ならなかったのである。ヤング‐新人類とヤング・カルチャーはここで終焉。若者ではなく，若者が志向するメディア的イメージとしての若者像を扱ってきた若者文化論も，同様に30年で寿命を迎えることとなった。

　残されたのは再び不可視化した世界という，ふりだしと全く同じものだった。ただし共同体的なものが完全消滅し，戦後近代化ははるかに進展を見せているのだが。

　ヤング・カルチャーとしての「若者文化」は90年代，その機能を失い，終焉した。もっとも，そもそも若者文化など存在しないという前提に立てば，一つの世代に向けたマーケティングの有効性が失われただけである。そしてこれが機能していた30年間，若者たちは純粋な意味で「他人志向（other-directed）」[27]

な孤独な群衆であり、ヤング・カルチャーによってアイデンティティ形成を方向づけてもいた。だが現在の若者は、相変わらず孤独であるかもしれないが、もはやかならずしも「他人志向」ではなく、いうならば「自分志向（self-directed）」[28]化しつつある。こういった新しい若者たちを社会学的に考察しようとするならば、メディア化され社会的現実化された若者像という一元的な把握がもはや何ら有効性を持ち得ないことは明白であろう。それは、若い世代に対する研究アプローチに新しい方法論が求められていると同時に、若者に関する文化社会学の存在自体が問われるということでもある[29]。若者をどのように考察対象とするか、これが社会学（加えて企業社会にとっても）に残された課題であろう。

1) この二つの前提は、援用の比重、方法に多少の相違はあるものの、若者文化論が出現した70年代から今日までほとんどの論者（70年代＝栗原彬、井上俊、小此木啓吾、松原治郎、中野収、80年代＝稲増龍夫、成田康昭、千石保、90年代＝奥野卓司、桜井哲夫、小谷敏、宮台真司、岩間夏樹、藤村正之、山田真茂留等）に、ほぼ一貫して共有され続けた。
2) Erik H. Erikson, "Identity and the Life Cycle", 1959（小此木啓吾他訳『自我同一性』、誠信書房、1973）.
3) Riesman, David, "The Lonely Crowd : A study of changing American character", 1950（加藤秀俊訳、『孤独な群衆』、みすず書房、1964）.
4) 本論では団塊世代の対抗文化が言説であり不在と位置づけるため、対抗文化はカッコ付きで表示する。
5) 小谷敏、『若者の変貌』、世界思想社、1998。
6) Hebdige, Dick, "Subculture : the meaning of style", 1979（山口淑子訳『サブカルチャー』未來社、1986）.
7) Frith, Simon, "Sound Effects : youth, leisure, and the politics of rock'n'roll", 1981（細川周平、竹田賢一訳、『サウンドの力：若者・余暇・ロックの政治学』、晶文社、1991）.
8) 主として栗原彬、井上俊、岩間夏樹、宮台真司らの論述を参考にした。
9) とりわけ井上俊、栗原彬、岩間夏樹、山田真茂留らの団塊世代に関する記述は学生運動の対抗性を当該世代全体に展開する手法を採用している。
10) 約800万人の若者（68年に20歳の若者を中心にプラスマイナス2歳を加えた人口）の内、大学生の割合は23%、学生運動が繰り広げられた都市部の大学はその

内の数割，さらにその中で"ノンポリ"ではなく全共闘運動に加わった若者の数は，さらに限定されてくる。と考えれば対抗文化と呼ばれた直接的な担い手は数万人程度という計算も可能である。
11) 当時の若者男性向け雑誌「平凡パンチ」は，風俗やファッションという軟派なアイテムに硬派的に取り組むというアンバランスなとりあわせを編集方針としていた。
12) 団塊世代における対抗性の記号性，メディア性，消費性をいち早く指摘したのは中野収である。
13) Baudrillard, Jean, "La Société de Consommation: ses mythes, ses structures", 1970（今村仁司・塚原史訳，『消費社会の神話と構造』，紀伊國屋書店，1979）．
14) 岩間夏樹，『戦後若者文化の光芒』，日本経済新聞社，1995。
15) 藤岡和賀夫（藤岡1984）に端を発する少衆＝博報堂，分衆＝電通論争は計量マーケティングの非有効性の指摘から始まっている。
16) 中野収，『若者文化人類学』，東京書籍，1991。
17) 岩間，1995。
18) 電通マーケティング戦略研究会編，『感性消費，理性消費』，日本経済新聞社，1985，および藤岡和賀夫，『さよなら大衆』，PHP研究所，1984。
19) 成田康昭，『「高感度人間」を解読する』，講談社新書，1986。
20) 星野克美編，『記号化社会の消費』，講談社新書，1985。
21) 1987年，岩波ジュニア新書から水玉蛍之丞，『ナウなヤング』（岩波ジュニア新書）という一種の若者文化論が出版されているが，このタイトルは「ナウ」と「ヤング」二つの死語を組み合わせるというパロディであった。
22) 岩間1995，および宮台真司，『サブカルチャー神話解体』，PARCO出版，1993
23) Veblen, Thorstein, The theory of leisure class : an economic study in the evolution of institutions（高哲訳『有閑階級の理論：制度の進化に関する経済的研究』ちくま学芸文庫，1998）．
24) これらの原因のひとつが若者論者の属性に基づく，すなわち論者が大学教員であり周辺の若者＝学生を対象としたこと，さらに自らの若者時代の正当化の論理が働いていること，に由来することに関しては既に拙稿，「情報化と若者の描かれ方～80年代後半以降の若者文化論を検討する」（小谷1993）で指摘しておいた。
25) 若者が主体となった行動が取りあげられるのは少年犯罪などの社会的事件であり，こちらはどちらかというと社会病理として心理学領域で取りあげられる。その際，若者は概ね「青年」と語られる。
26) 山田真茂留，「若者文化の析出と融解～文化志向の終焉と関係嗜好の高揚」，宮島喬編，『講座社会学7・文化』岩波書店，2000。

27) Riesman, David 1959.
28) 藤村正之はこのことを「自分内差異化」と呼んでいる(「若者と流行」,現代のエスプリ別冊『流行』,2000)。
29) 若者行動に関するアプローチとして積極的に行われているのがCMC (Computer Mediated Communication) 研究である。メディア機器と若者の関わりがそこでは考察の対象となるのだが,それらは論述の中に一元的な若者像を措定していないという点で共通する。

参考文献

・新井克弥『バックパッカーズタウン・カオサン探険』,双葉社,2000
・Benedict Anderson, "Imagined Communities ; Reflections of the Origin and Spread of Nationalism", Verso, 1983 (白石さや,白石隆訳『増補 想像の共同体』,NTT出版,1997)
・岩間夏樹『戦後若者文化の光芒』,日本経済新聞社,1995
・小谷敏編『若者論を読む』,世界思想社,1993
・中野収『現代史の中の若者』,三省堂,1987

III　情報化と生活

I 生活情報の社会心理

［キーワード］ 情報源，生活構造，生活情報，消費生活情報，情報のライフスタイル，情報欲求

　近年，コンピュータ技術，電子通信技術を中心とするIT（情報技術）の革新が急速に進行した。ITの革新は，日本の社会経済の発展の柱として期待されているが，このところ，それに反するような悲観的傾向が世界的に広がりつつあり，今後の動向に目が離せない。しかし，そのこととは別に，ITの革新は，現実にわが国社会に大きな変化をもたらしており，それとの関連で，われわれの生活も大きく変わりつつある。

　いうまでもなく，われわれは誰も，この社会のなかで生活を営んでいる。その生活は，社会状況によっていろいろな影響を受けながら変わっていくが，どのように変わろうとも，多くの人はよりよき生活の実現を目指して日夜活動している。しかも，そうした生活の実現のためには情報は不可欠である。

　本章では，人間の生活にとって不可欠な情報，すなわち生活情報とはいかなるものであるかを明らかにしつつ，消費分野における生活情報をとりあげ，その心理的状況や課題を明らかにしていくことにする。

1．人間の生活と情報

(1) 社会の進展と生活の変化

　人間の生活は，その時々の社会状況により大きな影響を受けるが，今日のわ

が国の社会状況を見る限り，これからの生活にあまり明るい希望をもちえない。実際，日本経済は，新しい世紀を迎えてもなお依然として厳しい情勢にある。現に，これまで花形産業といわれたハイテク産業が世界的な情報技術(IT)不況の影響を受け，リストラを断行したこともあって，完全失業率が5％（330万人）——2001年7月時点——に上昇した。

1990年以降，今日に至る長期的な不況の原因は，金融政策の失敗と構造改革の立ち遅れにあるといわれているが，「失われた10年」の代償はあまりにも大きく，日本経済はいま，90年代に10年の停滞を経てガラパゴス諸島のように世界経済の潮流から取り残されてしまっていると指摘する論者もいる[1]。

もとより，現代社会の問題は経済問題だけに限らず，政治，社会，文化などあらゆる分野で，これまでの制度的な枠組みのなかでは解決困難な問題が数多くある。また，身近な生活空間でも，古い秩序や価値観が揺らいでいる。家族，性，労働，教育，信仰。人間を社会や他者とつなぎとめてきたさまざまな絆も問い直されている[2]。

このような社会状況は人々の心理にもはっきりと反映している。たとえば，「国民生活選好度調査」（経済企画庁国民生活局，98年度）においては，生活全般を総合的に見て，「ゆとりがない」と感じている者は51.5％（なかでも，「経済的ゆとりがない」は62.2％），また，「国民生活に関する世論調査」（内閣総理大臣官房広報室，99年）では，日常生活で「悩みや不安を感じている」者は，53.1％にものぼっている。

ところで，今日，多くの問題を抱えている日本社会の戦後からの軌跡を簡略化して辿ってみると，そこに生活変容の断片を捉えることができる。戦後の日本は，経済成長に主眼を置いた社会運営を行ってきた。すなわち，廃墟と化した状況から立ち上がったわが国は，混乱した社会秩序の回復と安定化ならびに経済復興を目標に国家的政策が展開されていった。そして，1950年代の経済復興期を経て，60年から73年までの10数年間は，技術革新による産業化が進行し，これを基盤にして高度な経済の発展が続いた。この高度経済成長期は，大量生産・大量消費の時代，W.ロストウのいう"大衆消費社会"であり，人々の生

活水準は所得の上昇にともなって上がり，大量生産されたモノが有する使用価値に関心が集まり，それが物的欲求の充足につながっていった。

しかし，この時代を特徴づけた物的欲求充足の生活は環境の悪化によって見直しを迫られることになり，さらに，二度にわたるオイルショックによって大きく変化することになる。それは，第1には，精神的欲求（心の豊かさ）の充足，第2には，これまでのモノの消費から「記号としてのモノの消費」という新たな消費生活への転換である。すなわち，「個性化と呼ばれる地位と生活程度の追求が記号の上になりたっている」[3]消費，つまり，個性的で差異的な消費生活を求めようとする傾向が顕在化してきたということである。

その後，80年代後半にはバブル期を迎え，土地や株をめぐって常軌を逸した行為が展開したが，やがて90年代に入って崩壊し，それ以後，深刻な経済不況に陥ることになる。そこでは，生活者に将来への不安や悲観の心理がはたらいて，全体的には，堅実で，合理的な生活が営まれている。だが，グローバルな共感の共有と社会的価値および精神的生活価値[4]を重視する傾向が消失してしまったわけでは決してない。それらの価値が顕在化したとき，われわれは，新たな生活の展開をみることができよう。

(2) 生活と情報のかかわり

われわれ人間は，一定の生活空間の中で日常生活を営んでいる。そこでは，ただ平々凡々と生きているわけではなく，絶えず変化する社会のなかでそれぞれの具体的生活目標をもち，その実現に向かってゆまず努力を続けている。その生活活動にとって情報は不可欠であり，情報なくして生活を適切に営むことはできない。人間は，情報を通して身近な問題や地域社会，全体社会の状況，あるいは広く世界の国々の動向，そこで生起している事象などを知ることができるし，また，生活を楽しんだり，潤いのある生活を送ることもできる。

一般に，生活にとって必要な各種の情報は，電話，手紙などのパーソナルメディア，新聞，本，テレビなどのマスメディア，そしてパソコン，ファクシミリ，VTRなどの比較的新しいメディアから得られる。これらメディアの中で，

マスメディアは，今後も日常生活において重要な役割を果たす情報媒体であり続けることは間違いないが，今日では，コンピュータが情報手段の最もたるものとして生活を支えている。また，世界レベルでコンピュータを結ぶインターネット通信が拡大し，さらに，高速なインターネット環境の実現を目指して，具体策が講じられつつある。

ちなみに，家庭での情報装備の充実は驚くほどであり，パソコンの世帯普及率は，99年の29.5％から2000年には38.6％と大幅に拡大し，2001年3月には50.1％となった。一方，総務省によれば，2000年末におけるわが国のインターネットユーザー数は，携帯電話などからの接続ユーザーを含め，4,708万人で，99年時点の1,442万人からわずか1年で3倍以上に増大した[5]。

これらの新しいメディアは，従来からのマスメディアと比べて，多チャンネルで双方向的な特性をもっているが，なによりも記憶容量をもった装置，つまり，記憶する能力をもち，記憶した情報を人間の必要に応じてディスプレイに引き出すことのできる装置とのかかわりをもつものである。それは，従来の情報源と違って，機械が人間に代って情報を受け入れ，記憶し，記録し，人間の定めた手続きにしたがって処理し，その結果がネットワークを通じてさまざまな場所の人間に伝えられ，情報源として機能できる[6]ことである。つまり，情報の受け入れ→記憶→記録→情報処理→判断→伝達という一連の過程を全体として考えることができるわけである。

このように，従来のメディアとは違った特性をもつニューメディアを使った情報の受容，伝達にとって重要なことは，質のある情報をどれだけ得られるかである。情報が生活にとってどのような意義をもたらすか，すなわち，どのような価値をもたらすかは，情報の質——有用で必要な情報——の取得に大きく左右されるからである。とはいえ，厖大な量の情報が流通する状況の中では，質のある情報がいつでも，どこでも簡単に手に入ると考えられがちであるが，現実はその逆で，決して容易なことではない。しかし，仮に，質のある情報を入手できたとしても，それがそれぞれの人の目的にそって適正に意思決定に結びつけられなければ，本当の価値は生じない。その意味で，情報行動をとる人

の主体的な意思決定システムへのくみ込み能力にもかかわってくる。

　いずれにしても，高度情報化社会の中では，メディアを使いこなし，情報を取捨選択し，情報に振り回されないで，人間こそが主体であることを十分に自覚し，人間と情報とのかかわり合いを生活するものの立場で有意味なものとする，情報を人間らしく消費するその仕方と哲学と技術が問われなければならないのである[7]。

2．生活情報とは何か

(1)　生活情報の概念とその領域

　われわれのまわりには，きわめて自明なものとして使われている言葉がある。「生活」という言葉もそのうちのひとつで，生活が多面的であることもあってか，非常に多義的に使用されており，各学問分野で統一した概念規定は未だに明確に定まっていない。社会学の分野では，周知のとおり，生活構造論として生活を構造的に分類，把握しようとする試みがなされているが，そこでも，各論者によって見解が異なる。

　一方，この生活とかかわりをもつ情報，すなわち，「生活情報」という言葉についても明確な定義があるわけではないが，一般的には，次のようにいわれている。それは，われわれの価値観や行為に対して影響を及ぼすあらゆる刺激のことを「情報」といい，その中でも多くの普通の人々が日々の生活を営む上で意味をもつもの[8]，つまり，日常生活を営む上で必要なすべての情報というものである。ここでは，われわれの日常生活での行動や意思決定に必要な情報としておくが，生活情報の領域や内容は多岐にわたることから，その点について，以下で整理・概観してみることにする。

　まず，われわれは，生活構造論から生活情報の領域を考えてみることができる。これまで，生活構造論は多くの論者によって展開されてきたが，生活を構造的側面と機能的側面から捉えようとした論者の中に，青井和夫氏と松原治郎氏がいる。青井氏は，生活構造を「物質的・社会的・文化的諸条件と，時間

的・空間的枠組と,具体的な生活行動様式の体系化された複合体」[9]と述べているが,その中で,生活行動を生産的行動,社会的行動,文化的行動,家事的行動,家政的行動,生理的行動の6つに分類している。この各行動に情報を当てはめてみると,生産的情報,社会的情報,文化的情報,そして家事以下の行動は生活必需的情報となる。

また,松原氏は,「人間の生活は,本来,再生産のプロセスであり,再生産のメカニズムをシステム的に捉える方法が生活構造である」[10]と述べ,生活機能面から,人間の生きるための再生産活動を,物質の再生産,組織の再生産,精神の再生産,生命の再生産に分類し,そこから物質の再生産としての生産活動,組織的な精神の再生産としての余暇活動,生命の再生産としての消費活動を位置づけた。これに関連する情報を結びつけると,生産情報,余暇情報,消費情報といった生活情報の領域を想定することができる。

ところで,われわれの日常の生活活動は,それぞれの目標達成を目指して展開されるが,そうした行動の展開過程を生活過程として捉えたとき,その生活過程のうちにあらわれ,それを推進するコミュニケーション内容を,実務系情報,娯楽系情報,時事系情報,知識系情報の4つに分類したのは,佐藤智雄氏である[11]。これらのコミュニケーション内容のうち,実務系情報とは,日常的な生活活動のなかで他者との人間関係を調整したり,行為目的の達成のために協力を求めたりする,日常業務上で必要な情報であり,娯楽系情報は旅行や遊技,その他娯楽に関するすべての情報である。さらに,時事系情報は各種のニュースや身近な出来事に関する情報,知識系情報は一般的な知識や教育・教養を内容とする情報であり,これらのコミュニケーション内容の区分はパーソナル・コミュニケーションだけではなく,マス・コミュニケーションの場合にも共通する区分であるとしている[12]。これら4つに区分された情報は,日常の生活過程において必要としている生活情報の内容を示したものであるといえよう。

他方,牧田徹雄氏は[13],生活における情報化の発展過程のなかで,情報領域を私的情報領域と公的情報領域に分け,前者に私生活情報と生活実務情報を,

後者には報道情報，教育情報，文化・娯楽情報を入れている。ただし，生活実務情報は，公的情報領域にも含まれ，教育情報に関しては，私的情報と公的情報が混在していると述べている。

また，本書の編者である林茂樹氏は，生活情報を，日常生活における必要性，有効性，便益性，関心に役立つ一切の情報と捉え，それに基づいて生活情報を日常生活における便益や実益をともなう，いわゆる役立つ情報を「便益情報」，賛否や是非をともなう「問題（争点）情報」，生活における教養・科学・芸術・娯楽などの「文化情報」，事件・イベント・予兆などの「イベント情報」の4つに分類している[14]。

以上の各論者による生活情報の領域設定に対して，水野博介氏は情報の内容として，社会情報，生活情報，娯楽情報，自分情報をあげているが，生活情報の中に社会情報や娯楽情報を含めない考えを示しているのが特徴である[15]。

さて，生活情報の領域について触れてきたが，もちろん，これがすべてではない。生活情報の領域の設定は，多面的な生活をどのように分類するかということとつながっている。それいかんによっては，当然，設定すべき生活情報の領域は，これまで見てきたものとは違ってくることになる。

(2) 生活情報に対する人々の反応

生活者がどのような生活情報に関心をもっているか，あるいは，どんな点に不満を抱いているかといったことについては，これまで各種の調査を通して明らかにされている。かつて，NHKの「情報欲求の実態と構造」に関する調査[16]では，日常生活の領域を「自分の生活」と「世の中の動き」に分け，前者についてはさらに「家庭領域」，「地域領域」，「職業領域」，「趣味・娯楽領域」，「学習・教養領域」に分類し，これらの各領域に関係する35の情報項目についての欲求や蓄積の実態などを調べている。その結果については省略するが，その後NHKが実施した「くらしの中の情報」調査[17]では，人々の関心が，「生活情報」に属するものへの関心のほうが，「社会的な情報」より高いことが明らかにされている。この点については，水野博介氏も，特にマスメディアに関

しては，これまでは「社会情報領域」（ニュースや社会的な問題）と「娯楽」への関心が焦点だったのに対し，より日常的な生活情報への関心が高まってきつつあると，NHKの調査と同様の傾向性を指摘している[18]。

これらの調査では，社会情報領域と生活情報領域を区分しているが，広い意味では，社会情報も生活情報の範疇に入ると考えられる。著者が行った「生活情報に関する調査」（品川，大田区在住の20～69歳までの男女300名対象の面接調査，有効回収数172）では，そうした区分をしないで，生活に必要な情報に対する関心とニーズを聞いてみた。その結果，全体的には「国内の各種ニュース」，「趣味・娯楽情報」，「経済・ビジネス情報」，「健康・医療情報」，「スポーツ・旅行・レジャー情報」などに対する関心や欲求が高い。

博報堂生活総合研究所による「生活定点」調査[19]を見ると，広く情報を活用した生活をしているか否かを調べている。結果は，全体平均で，情報を活用していない人（40.3％）の方が活用している人（25.9％）よりかなり多くなっている。この情報の活用いかんにかかわらず，どのような情報に関心があるかを，27の情報項目を設定して聞いている。表1がその結果であるが，「経済動向・景気」に関する情報が最も多く，以下，「食べ物・料理」，「旅行」，「政治」，「生き方・人生」，「音楽」の順になっている。

男女別の結果では，男性の場合，「経済動向・景気」に関する情報が60.7％と全体平均値を大幅に上回っている。また，「スポーツ」や「政治」情報についても，関心の度合いが女性よりも高い。これに対して，女性では，やはり，「食べ物・料理」情報への関心が70％近くある。この他の情報では，「旅行」や「ファッション」情報への関心が男性よりも高い。反対に，「経済動向・景気」や「政治」については，男性に比べ20％近く低くなっている。

また，この調査では，情報のライフスタイルという点についても調べている。その中の幾つかを取り上げてみよう。まず，「毎朝，新聞を読まないと不安になる」人の割合は35％である。この新聞を含めたマスコミ情報を「自分の生活に積極的にとり入れたい」と思っている人は22.4％であるが，96年の調査と比べて約9ポイント増えている。さらに，「情報を人より早く取り入れるように

Ⅰ　生活情報の社会心理　157

表1　関心のある生活情報

(単位:％・MA)

	全　体	男　性	女　性
政　　　治	33.1	42.4	23.4
経済動向・景気	51.2	60.7	41.4
海外の出来事	27.3	29.1	25.3
地域(ローカル)の出来事	26.0	24.8	27.3
企業・市場・ビジネス	19.6	31.0	7.8
流行やトレンド	19.8	16.0	23.6
ファッション	26.9	13.9	40.3
食べ物・料理	49.3	30.4	68.8
不動産や住宅	19.5	19.3	19.6
家具やインテリア	21.4	9.5	33.7
学び(生涯学習など)	18.6	12.8	24.5
仕事(就職・転職など)	16.4	17.2	15.6
育児・子育て	18.4	8.8	28.2
恋愛・結婚	8.9	6.6	11.3
投資・貯蓄	15.8	14.7	16.9
生き方・人生	32.2	27.8	36.6
音　　　楽	29.2	24.1	34.4
スポーツ	31.8	44.6	18.5
映画や演劇	28.4	23.6	33.4
旅　　　行	37.3	29.4	45.5
バーゲン・ディスカウント	28.3	16.6	40.4
飲食店・物販店	20.0	16.2	23.9
レジャー施設	21.7	20.4	23.1
新製品・新商品	25.6	25.2	25.9
芸能界・タレント	18.4	12.9	24.1

資料:博報堂生活総合研究所「生活定点調査」(1998年)による。

心がけている」人は24.3％,「選択情報志向」(数多くの情報より,選別された情報だけがあればいいと思う)の人は25.5％と過去の結果よりもやや増えてきている。この他,「マルチメディアに興味があるほうだ」,「情報は自分が検索しながら手に入れたい」と思っている人は,それぞれ18.8％と22％であった。しかし,「情報を集める自分なりの方法を持っている」と答えた人は13％と,あまり多くはない。

メディアに接触して，各種の生活情報を入手したり，発信する行動（情報行動）は，個々人の生活全般に対する考え方，意見および生活スタイルや生活目標などと結びついたものであることはいうまでもないが，それ以外に，情報に絶えず接していないと何となく不安だとか，人に遅れをとりたくないといった心理的要因がはたらいていることは間違いない。

3．消費分野の生活情報

(1) 消費分野の生活情報をめぐって

われわれの生活の中で，「消費」にかかわりのある情報のことを，一般に，消費生活情報ないしは消費者情報とよんでいる。その場合，その情報を受容したり発信したりするものは，生活全般の担い手である「生活者」としてよりも，「消費者」として扱われることが多い。

この消費生活情報の意味する内容については，かつて，国民生活審議会[20]が，「消費者が自主性をもって安全で合理的な消費生活を営むために必要とされる商品・サービスに関する知識および情報，生活設計に関する知識等，諸々の知識・情報」と規定している。つまり，商品・サービス情報から生活設計情報まで，広範な内容が含まれている。もっとも，家計調査のレベルでは，この規定とはまた違った情報内容の分類が設けられている。しかし，ここでは，一応，「消費者のための商品・サービスの購買，利用等に関する情報」として捉えておくことにする。すなわち，消費生活情報とは，「商品・サービスの選択・購買・利用方法等を知るための情報」ということになる。

消費生活情報は，事業者や事業者団体が，各種のメディアを使って流す広告宣伝が全体の中でかなりのウェートを占めている。しかし，国や地方自治体，あるいは消費者団体等でも積極的に情報提供を行っている。情報量としては，事業者等の広告と比べものにならないが，それに対するカウンター・インフォメーションとして，重要な役割を果たしている。また，昨今では，消費者自らがパソコンでのインターネットを利用して，商品・サービス関連のコミュニケ

ーションを展開している。これは，情報の受容と発信の相互交流を通して，情報ニーズにより的確に対応できる可能性と利便性をもたらすものである。

さて，今日の成熟化した社会では，商品・サービスの種類が非常に多く，特に商品については，グローバルな時代を反映して，技術提携品や輸入品が増えてきていることから，商品に関する各種の情報が必要になってくる。東京都が実施した調査[21]によると，商品やサービスの種類によって，利用する情報源を適当に選んでいる実態が明らかにされている。また，友人や知人，家族などの「くちコミ」も大きな役割を果たしており，消費生活にかかわる情報を友人・知人，家族と「情報交換する機会を持っている」と答えた人が全体の60%にものぼっている。「くちコミ」は，一人の人間がある情報源から情報を入手し，それを他の人に話したことが発端となっている場合が少なくないが，それでも，「くちコミ」は，印刷媒体による情報伝達よりも影響力をもち，特に，「わるい情報」の方が，「よい情報」よりも強い影響力をもつ傾向性があるとの指摘がされている[22]。

次に，商品・サービスに関する情報流通の現状については，情報が不足していると感じている者は35%ほどいる。この情報分野で欲している情報内容では，表2のとおり，「商品・サービスの安全性や危険性についての情報」が圧倒的に多く，70%を超えている。これに次ぐのが，「商品テストや商品サービスの比較調査などの情報」で，40%近くある。これらの情報は，適正な商品・サービス選択を行うための重要な手がかりとなるものである。この他では，別の調査で，「商品の性能に関すること」，「商品の需給状況や価格」ならびに，「企業の商品製造・販売・価格決定のしくみに関すること」などの情報内容が比較的多くあげられている。

いずれにしても，それらの情報を発信する情報媒体は，日常生活の中に深く浸透し，生活を営む上でもはや欠くことができない。それだけ情報や情報媒体が生活に及ぼす影響力は計り知れないものになってきている。

表2 消費生活情報の中で欲する情報内容

(単位:%・MA)

	商品テストや商品・サービスの比較調査などの情報	商品・サービスの安全性や危険性についての情報	引き取り・返品・解約などのとぎに被害を受けないための情報	物価の動きについての情報	生活の知恵・買い物案内などの情報	苦情の相談機関・処理機関の役割や利用方法などの紹介情報	消費者保護に関する法律・条例や制度などの紹介・解説情報	消費者団体の活動についての情報	事業者の活動や流通機構などについての情報	各種講座・学習会・研修会などの催し物の紹介	その他	特にない
全体	38.6	72.6	23.9	15.1	32.1	32.6	19.3	6.9	10.9	24.1	2.3	0.3
男性	38.5	68.8	31.7	20.0	22.4	33.7	22.9	7.3	13.7	17.6	3.9	0.5
女性	38.6	73.1	22.9	14.5	33.3	32.4	18.8	6.9	10.5	24.9	2.0	0.2

資料:東京都生活文化局「消費生活情報に関する調査」(1993年)による。

(2) メディアと消費生活情報

　情報化の進展，特に，パソコンなど新しい情報通信メディアの発達は，社会の各分野はもとより，われわれの生活に大きな影響を与えている。確かに，生活が情報化することで，人々の生活様式が変わっていくであろうし，また，意識レベルでも，それまでもっていた価値観や生活感覚が変わっていく可能性があることは事実である。

　消費面でも，ニューメディアの発達は，多様化する消費者のニーズにきめ細かく対応することができ，消費者の合理的選択に役立つ商品・サービスの各種情報が提供され，ホームショッピングやホームバンキングなどの利便性が高まり，時間と労力が大幅に節約されることによって，消費者がより高い創造性を発揮できるようになるかもしれない[23]。

　また，インターネット利用者の拡大は，多くの人と商品・サービスに関する情報の交換が可能となり，問題を含みつつも，国内のみならず，世界のどこからでも商品の購入が瞬時にできるようになる。先述のとおり，インターネット利用者は4,700万人を超え，すでに，メディアとしての地位を確立している。

しかし，利用者は男性が圧倒的に多い。元来，消費生活の中心にあるのは女性であり，女性の利用者がもっと増えれば，消費生活情報の受容・発信が活発化し，消費をめぐる状況が大きく変わっていくはずである。

このように，新しいメディアは，商品・サービスに関する情報を入手することのできるメディアとして，今後ますますその利用が増大していくことは間違いないが，マスメディアがそうした機能をもったメディアとしての地位を譲ってしまったわけでは決してない。とはいえ，マスメディアがもっと各個人に対して直接化するという現象がある。数百チャンネルの鮮明なテレビ放送が，地域を問わずに多くの視聴者のもとに送り届けられる時代である。ごく専門的な放送も成立する。いままでは雑誌でしか送ることのできなかったマイナー情報が，生産量の少ない商品やサービス市場を活性化する[24]ことは明らかである。

確かに，マスメディアのそうした方向への転回は否めないにしても，マスメディアによる広告宣伝活動の量は群を抜いている。広告は，商品・サービス内容を知るための情報の一つであるが，事業者にとっては，企業イメージを高めたり，人々に購買意欲を起こさせ，商品・サービスを売り込むための手段であることに変わりはない。だが，各種の広告に対する意識調査を見ると，広告の情報提供の効果を評価する人が割合と多く，「不要なものまで買わせる」といった批判的な評価は，比較的少ない。現に，広告情報は，一つの生活情報として，人々の生活のさまざまな面で役立っており，しかも，広告が単に商品・サービスを売り込むだけではなく，ある種の生活様式，生活態度を提案し，消費者の生活意識に大きな影響を与えるようになっている[25]。

それでも，広告の中には，虚偽・誇大な内容のものも少なからずあり，それが商品・サービスの適正な選択を阻害することになる．われわれは，既存のマスメディア，新しいメディアを問わず，そこからの情報に振り回されることなく，消費生活情報を有効に活用し，日常生活に役立てることが大切である。

1) 新保生二『日本経済　失敗の本質』日本経済新聞社，2001年。
2) 清水克雄『文化の断層』人文書院，1995年，8頁。

3) ジャン・ボードリャール『消費社会の神話と構造』今村仁司・塚原史訳，紀伊國屋書店，1979年，116頁。
4) 中本博皓『現代の消費経済と消費者行動』税務経理協会，1995年，102頁。
5) 日本情報処理開発協会編『情報化白書』コンピュータ・エージ社，2001年，182頁および185頁。
6) 池上惇『情報化社会の政治経済学』昭和堂，1990年，9頁。
7) 今井光映「生活と情報」，日本家政学会編『生活情報論』朝倉書店，1989年，4頁。
8) 山岡義典「生活情報の発信源」，林雄二郎他編『生活情報論』光生館，1997年，110頁。
9) 青井和夫「コミュニティの構造と機能」，青井和夫他共著『コミュニティ・アプローチの理論と技法』積文堂，1963年，47頁。
10) 青井和夫他編『生活構造の理論』有斐閣，1971年，112頁。
11) 佐藤智雄「社会的行為と生活の概念」，佐藤智雄編『生活構造の社会学』中央大学出版部，1976年，45頁。
12) 佐藤智雄編，前掲『生活構造の社会学』，45頁。
13) 牧田徹雄「生活における情報化の発展過程」，児島和人他編『変わるメディアと社会生活』ミネルヴァ書房，1996年，24-25頁。
14) 林茂樹「行政系の生活情報」，林雄二郎他編，前掲『生活情報論』，149頁。
15) 水野博介「「情報生活論」とは何か」，水野博介他共著『情報生活とメディア』北樹出版，1997年，23-24頁。
16) NHK放送世論調査所「情報欲求に関する世論調査」，1972年。
17) 堤轍郎，白石信子「人びとが，いま情報に求めるもの『くらしの中の情報』調査から」，『放送研究と調査』日本放送出版協会，1992年5月号。
18) 水野博介「ライフスタイルと家庭情報環境の変化」，児島和人他編，前掲『変わるメディアと社会生活』，99頁。
19) 博報堂生活総合研究所「生活定点調査」，1998年。
20) 国民生活審議会「国民生活に関する情報の提供および知識の普及に関する答申」，1970年。
21) 東京都生活文化局「消費生活情報に関する調査」，1993年。
22) 堀内圭子「消費者からの情報発信―わるい口コミの影響力―」，川上善郎編『情報行動の社会心理学』北大路書房，2001年，101-102頁。
23) 安田憲司「情報化社会と消費者」，国民生活センター編『消費社会のくらしとルール』中央法規出版，2000年，85頁。
24) 博報堂生活総合研究所『平成モザイク消費』，1997年，40-41頁。
25) 東京都生活文化局『くらしの変革をめざして』東京都情報連絡室，1994年，

46-47頁。

参 考 文 献

児島和人他編『変わるメディアと社会生活』ミネルヴァ書房，1996年
林雄二郎他編『生活情報論』光生館，1997年
日本家政学会編『生活情報論』朝倉書店，1989年
山之内靖他編『システムと生活世界』岩波書店，1993年
水野博介他編『情報生活とメディア』北樹出版，1997年

II　家庭の情報化と消費者意識

［キーワード］　アンケート調査，インターネット，旧メディア，プライバシー意識，ヴァーチャル・リアリティ

1．はじめに

インターネットの複雑性は自動車の運転以下であることは間違いないので，何年か先に最終的に運転なみの8割程度まで普及が進むとする見解がある[1]。また，その普及のスピードも，かつての白黒テレビ，カラーテレビの普及に匹敵するものであろうという[2]。たしかに，内閣府の消費動向調査によればパソコン世帯普及率は2001年3月に50.1％になった。年間出荷台数でも，カラーテレビの出荷台数を上回るようになった。

また，インターネット接続機能を持つ携帯電話は2000年3月に固定電話の加入者数を追い抜いた。総務省によれば，2000年末におけるわが国のインターネットユーザー数は，携帯電話などからの接続ユーザーを含め4,708万人となっている。

加えて，政府が2001年1月に国家的IT戦略として策定した「e-Japan戦略」においては，5年以内に超高速インターネット網を1,000万世帯に，高速インターネット網を3,000万世帯に，それぞれ常時接続可能な環境を整備することを目標に打ち出している。この政府の積極的な働きかけも，インターネット普及の追い風となろう。

わが国の情報化は，産業の情報化から始まり，地域の情報化，家庭の情報化

へと進んできた。家庭の情報化とは，家庭という場に情報機器や情報システムが導入され，そこでの活動や社会関係がそれらの機器やシステムに依存するようになることと考えられている[3]。

かつて，1988年に INS（高度情報通信システム）ネットで，光ファイバーを家庭まで引き，ネットワークをデジタル化し，1つの回線で電話，データ，ファクシミリ，静止画像，動画を総合的に利用するようにして，ホームバンキング，テレショッピング，テレビ学習，在宅検診，在宅勤務などのサービスを行う，家庭の情報化が試みられた。しかし，情報が固定的であることなどから，現実の利用度は低く，この構想は成功しなかった。

そこで，登場してきたのがインターネットである。1990年代後半のマルチメディアとインターネット・ブームは情報化社会の第三の波といわれている。

そこで，ここでは家庭の情報化について，消費者意識の様態が家庭の情報化のあるべきメディア形成の方向性を示す要因をはらんでいるかどうかを検証する。

データは，愛知県刈谷市で実施した，「情報化社会と消費者意識に関する調査」のアンケート調査による。

2．調査地の概況と調査方法

(1) 調査地の概況

刈谷市は愛知県の西三河地域にあり，面積50.45平方キロメートル，人口は2001年8月現在で13万3,000千人の工業都市である。1923年(大12)に豊田紡織が進出してきたことをきっかけとして近代工業が発達した。以来，豊田系の会社を中心とする工業の力が刈谷市の発展を支えてきたといってよい。

現在，豊田系の会社は，デンソー，アイシン，豊田自動織機，豊田紡織，豊田工機，トヨタ車体と系列9社のうち6社が刈谷市に本社機能を持っている。

工業従業員数は1999年現在で4万5,000人，工業製品出荷額は1兆1,200億円にのぼる。これに対し，商業従事者は1万2,000人で，総販売額は5,000億円を

II 家庭の情報化と消費者意識　167

占める。農業生産額は米作を中心に25億円にすぎない。

　刈谷市の人口構成は工業都市の性格を反映して，1960年以来，常に男性が女性を上回り，現在も男性が女性を約6,000人上回っている。

　政治的には1950年に市政を施行して以来これまで14代，6人の市長を数えるが，いずれも保守系の市長である。市議の構成も6割以上が保守系である。

(2)　調査方法

　調査対象者の抽出は市選挙人名簿から全市域を対象に任意に20歳から69歳までの男女500人を抽出した。調査方法は郵送法で，調査時期は2001年3月4日から3月14日まで。回収状況は，サンプル数500，有効回収数202，有効回収率40.4％である。

(3)　調査対象者の性格

　性別は，男性43.1％，女性55.9％である。年齢別では，20代12.9％，30代18.8％，40代23.3％，50代24.8％，60代19.3％である。学歴別では，中学14.4％，高校37.6％，短大・高専20.8％，大学・大学院24.8％である。職業は，自営（農林水産業・商業・工業・サービス業）9.9％，団体役員3％，管理職5.4％，専門・技術職16.3％，事務・販売・サービス職13.4％，労務・その他7.9％，無職8.4％，主婦30.2％，学生2％である。調査対象者の年収は，収入なし17.3％，200万未満29.7％，200〜400万未満18.3％，400〜600万未満10.4％，600〜1000万未満13.9％，1000万以上6.9％である。ほかに在住年数は，20年以上が64.9％，一戸建て持ち家が67.3％を占めている。

3．調査内容と分析の方法

　調査内容は，大きく分けて，インターネット・パソコン通信の利用状況，インターネット・パソコン通信利用上の障害要因，インターネット・パソコン通信利用上の促進要因の3つである。この3つの分野を，消費者行動における旧

メディアの利用態度，消費生活におけるプライバシー意識の，2つの分析軸を用いて分析する。消費者行動で旧メディアを活発に利用している人は，インターネットの利用でも活発なのではないか。また，それらの消費者がインターネットの利用にどのような期待や問題を感じているのか。また，消費生活におけるプライバシー意識も近年非常に高まっている。消費生活におけるプライバシー意識はインターネットの利用に影響を与えないか。インターネットの世界はヴァーチャルリアリティである。それだけにプライバシー意識の視点は欠かせない。

4．調査結果の分析

旧メディアによる分析，プライバシー意識による分析に入る前に，調査対象者の社会的属性とインターネット利用状況の関係を見ておこう。

年齢，学歴では，男女とも，若年代ほど，また，高学歴ほど，インターネット・パソコンの利用度は高いことがわかった。しかし，収入別では，年収が高いほど利用が高まるという傾向は見られなかった。

(1) 旧メディア利用態度とインターネットの利用

ここでは旧メディア，たとえば，新聞・雑誌・ラジオ・テレビといったメディアを買物行動に利用する態度とインターネット利用の関連性を見る。

表1は，「物を買う時は，様々なメーカーのパンフレットを集めるほう」，「テレビコマーシャルは，商品やサービスについての重要な情報源だと思って観るほう」，「ダイレクトメールには目を通すほう」，「新聞広告は目を通すほう」の4つの問いに，それぞれ「あてはまる」，「あてはまらない」と答えた人の，インターネット・パソコン通信の利用の有無，ホームページ所有希望の有無について聞いたものである。

まず，インターネット・パソコン通信の利用の有無に，パンフレット，テレビコマーシャル，ダイレクトメール，新聞広告を買物行動の参考にしているに，

Ⅱ 家庭の情報化と消費者意識 169

表1 パンフ・テレビ・ダイレクト・新聞×インター・パソコン, ホームページ　　　　　　　　　　　　　　　　　　（単位：％）

		インターネット・パソコン通信の利用はあるか			ホームページを持ちたいか			
		全体	はい	いいえ	NA	全体	持ちたいと思っている	持ちたいと思わない	NA
全体		100.0 (202)	46.8	53.2	—	100.0 (202)	27.4	70.1	2.5
パンフレット	あてはまる	100.0 (101)	59.4	40.6	—	100.0 (101)	34.7	64.4	1.0
	あてはまらない	100.0 (99)	34.3	65.7	—	100.0 (99)	20.2	75.8	4.0
テレビコマーシャル	あてはまる	100.0 (119)	54.6	45.4	—	100.0 (119)	32.8	64.7	2.5
	あてはまらない	100.0 (81)	35.8	64.2	—	100.0 (81)	19.8	79.0	1.2
ダイレクトメール	あてはまる	100.0 (101)	54.5	45.5	—	100.0 (101)	31.7	67.3	1.0
	あてはまらない	100.0 (98)	38.8	61.2	—	100.0 (98)	22.4	73.5	4.1
新聞広告	あてはまる	100.0 (127)	48.0	52.0	—	100.0 (127)	29.1	67.7	3.1
	あてはまらない	100.0 (74)	44.6	55.4	—	100.0 (74)	24.3	74.3	1.4

注：縦計の数字が合計202にならないのは「不明」の数による。

「あてはまる」と答えた人は，「あてはまらない」より，いずれもインターネット・パソコン通信の利用が高い。

　また，ホームページの所有についても，「あてはまる」はその希望が高い。

　そこで，「あてはまる」を情報積極派，「あてはまらない」を情報消極派と呼んでこれからのデータを見ていこう。

　具体的にインターネット・パソコン通信をどの程度利用しているか，また，

利用の希望があるかを見たのが表2である。

「友人・知人との交流」は，インターネットやパソコン通信を利用した20項目の調査の中で，もっとも利用経験の高かったものである。また，「宿泊・交通機関の予約」は利用経験は高くないが，利用希望のもっとも高かったものである。この2つの項目と旧メディア利用との関係を分析してみた。

「友人・知人との交流」に「利用したことある」は，新聞広告を除いて，いずれも情報積極派が高い。「宿泊・交通機関の予約」は4つのメディアともに，

表2　パンフ・テレビ・ダイレクト・新聞×友人・知人との交流，宿泊・交通機関の予約

| | | 全体 | インター・パソコンで友人・知人との交流 |||| インター・パソコンで宿泊・交通機関の予約 ||||
			利用したことある	利用してみたい	知らない	NA	全体	利用したことある	利用してみたい	知らない	NA
全体		100.0 (202)	32.8	39.9	17.2	10.1	100.0 (202)	6.0	59.8	19.1	15.1
パンフレット	あてはまる	100.0 (101)	45.5	38.4	13.1	3.0	100.0 (101)	8.0	66.0	17.0	9.0
	あてはまらない	100.0 (99)	20.4	40.8	21.4	17.3	100.0 (99)	4.1	53.1	21.4	21.4
テレビコマーシャル	あてはまる	100.0 (119)	35.0	45.3	12.8	6.8	100.0 (119)	6.8	65.3	16.1	11.9
	あてはまらない	100.0 (81)	30.0	31.3	23.8	15.0	100.0 (81)	5.0	51.3	23.8	20.0
ダイレクトメール	あてはまる	100.0 (101)	36.7	43.9	11.2	8.2	100.0 (101)	8.1	66.7	11.1	14.1
	あてはまらない	100.0 (98)	29.6	35.7	23.5	11.2	100.0 (98)	4.1	52.0	27.6	16.3
新聞広告	あてはまる	100.0 (127)	31.2	43.2	17.6	8.0	100.0 (127)	4.8	65.1	17.5	12.7
	あてはまらない	100.0 (74)	35.6	34.2	16.4	13.7	100.0 (74)	8.2	50.7	21.9	19.2

「利用してみたい」に情報積極派が高い。

このように，旧メディアを買物情報で積極的に活用している人は，インターネットでも活用度が高い。

そこで，インターネットを利用したことがないと答えた人に，その理由を聞いてみた。

表3がそれで，情報積極派がインターネットを利用しない理由は，「機器が高い」，「通信費が高い」という費用の問題である。

表3 パンフ・テレビ・ダイレクト・新聞広告×インター・パソコンを利用しない理由

		全体	機器が高い	高い通信費が	操作がむずかしい	習得時間がない	内容がわからない	興味がない	必要性を感じない
全体		100.0 (107)	20.6	14.0	31.8	21.5	13.1	21.5	46.7
パンフレット	あてはまる	100.0 (41)	34.1	19.5	26.8	26.8	17.1	14.6	36.6
	あてはまらない	100.0 (65)	10.8	10.8	33.8	18.5	10.8	26.2	53.8
テレビコマーシャル	あてはまる	100.0 (54)	27.8	20.4	35.2	20.4	11.1	16.7	33.3
	あてはまらない	100.0 (52)	13.5	7.7	28.8	21.2	15.4	26.9	59.6
ダイレクトメール	あてはまる	100.0 (46)	23.9	19.6	26.1	34.8	13.0	15.2	41.3
	あてはまらない	100.0 (60)	16.7	10.0	35.0	11.7	13.3	26.7	51.7
新聞広告	あてはまる	100.0 (66)	24.2	10.6	30.3	16.7	15.2	22.7	42.4
	あてはまらない	100.0 (41)	14.6	19.5	34.1	29.3	9.8	19.5	53.7

注：「2A」は複数回答で2つまで選択。以下同じ。ここでは「全体」が10％に満たない選択肢の掲載は省いた。

これに対して，情報消極派は「操作がむずかしい」，「興味がない」，「必要性を感じない」と，インターネットを利用しない理由の性格が情報積極派と基本的に異なっている。

そこで，インターネットは利用しているが，オンラインショッピングを利用したことがない人に，その理由をたずねてみた。

オンラインショッピングはヴァーチャルな世界である。表4に見るように，情報消極派の方に不安が高い。「実物が見られない」，「品物がよいかどうか不安」などがそれである。

表4 パンフ・テレビ・ダイレクト・新聞広告×オンラインショッピングの不利用理由

		全体	電子決算に不安	品物が届くか不安	実物が見られない	品物がよいかどうか不安	個人情報の流れが心配	パソコンを持たない	操作がむずかしい	興味がない
	全体	100.0 (70)	25.7	12.9	44.3	41.4	27.1	7.1	10.0	8.6
パンフレット	あてはまる	100.0 (44)	31.8	18.2	40.9	36.4	29.5	9.1	9.1	6.8
	あてはまらない	100.0 (26)	15.4	3.8	50.0	50.0	23.1	3.8	11.5	11.5
テレビコマーシャル	あてはまる	100.0 (46)	26.1	10.9	43.5	41.3	26.1	4.3	10.9	8.7
	あてはまらない	100.0 (24)	25.0	16.7	45.8	41.7	29.2	12.5	8.3	8.3
ダイレクトメール	あてはまる	100.0 (37)	21.6	13.5	37.8	40.5	29.7	8.1	8.1	10.3
	あてはまらない	100.0 (32)	31.3	12.5	50.0	40.6	25.0	6.3	12.5	6.3
新聞広告	あてはまる	100.0 (44)	22.7	13.6	40.9	38.6	22.7	11.4	11.4	9.1
	あてはまらない	100.0 (26)	30.8	11.5	50.0	46.2	34.6	—	7.7	7.7

II 家庭の情報化と消費者意識 173

　実際,オンラインショッピングを利用した人は24名であるが,そのうち,利用して問題があったと答えた人は2名にすぎない。
　つぎに,ホームページを持ちたいかどうかを全員に聞いてみた。
　表5は「持っている,持ちたい」と答えた人の理由である。バーチャルな世界に積極的に踏み込もうとする意欲のある人たちである。
　情報積極派は「自分自身のPR」にも意欲が見られるが,「同じ趣味の人を作りたい」とも考えているようだ。
　では,ホームページを持ちたくない理由はどうであろう。「持ちたいと思わ

表5　パンフ・テレビ・ダイレクト・新聞広告×ホームページを持ちたい理由

		全体	自分自身のPR	考えや作品の発表	同じ趣味の人を作りたい	友人との交流	研究論文の発表	仕事で活用
全体		100.0 (58)	17.2	19.0	48.3	56.9	5.2	22.4
パンフレット	あてはまる	100.0 (37)	24.3	16.2	54.1	56.8	8.1	18.9
	あてはまらない	100.0 (21)	4.8	23.8	38.1	57.1	―	28.6
テレビコマーシャル	あてはまる	100.0 (41)	14.6	22.0	46.3	48.8	4.9	29.3
	あてはまらない	100.0 (17)	23.5	11.8	52.9	76.5	5.9	5.9
ダイレクトメール	あてはまる	100.0 (33)	24.2	21.2	51.5	45.5	3.0	30.3
	あてはまらない	100.0 (24)	8.3	12.5	45.8	75.0	8.3	12.5
新聞広告	あてはまる	100.0 (40)	17.5	15.0	50.0	57.5	2.5	22.5
	あてはまらない	100.0 (18)	16.7	27.8	44.4	55.6	11.1	22.2

ない」と答えた人の理由を表6に見てみよう。

情報積極派も情報消極派も,「発信する内容がない」は,ともに5割か,それ以上と多い。情報積極派には,「情報が悪用される」懸念も高いようで,ヴァーチャルな世界に安心しているわけではない。

そこで,最後にネットワーク社会をどう見ているかについて見てみよう。表7はネットワーク社会に対する期待である。

情報積極派は,「仕事・家事・学習が効率よくなる」,「どこからでも買物予約」,「簡単に情報交換」,など生活の利便性での活用の期待が高い。これに対

表6 パンフ・テレビ・ダイレクト・新聞広告×ホームページを持ちたくない理由

		全体	内容がない情報を発信する	悪用される情報が	ハッカーやウィルスに犯される	いやがらせを受ける	その他	NA
全体		100.0 (140)	54.3	20.7	3.6	10.0	7.1	4.3
パンフレット	あてはまる	100.0 (66)	53.0	24.2	3.0	9.1	9.1	1.5
	あてはまらない	100.0 (73)	54.8	17.8	4.1	11.0	5.5	6.8
テレビコマーシャル	あてはまる	100.0 (76)	51.3	23.7	2.6	11.8	6.6	3.9
	あてはまらない	100.0 (64)	57.8	17.2	4.7	7.8	7.8	4.7
ダイレクトメール	あてはまる	100.0 (68)	48.5	32.4	2.9	7.4	7.4	1.5
	あてはまらない	100.0 (71)	60.6	8.5	4.2	12.7	7.0	7.0
新聞広告	あてはまる	100.0 (86)	51.2	22.1	3.5	9.3	9.3	4.7
	あてはまらない	100.0 (54)	59.3	18.5	3.7	11.1	3.7	3.7

Ⅱ　家庭の情報化と消費者意識　175

表7　パンフ・テレビ・ダイレクト・新聞広告×ネットワーク社会に対する期待

		全体	仕事・家事・学習の効率がよくなる	世界中の情報が入る	最新情報が入る	どこからでも買物予約ができる	自宅で仕事ができる	簡単に情報交換	コミュニケーション活発になる	特にない	わからない
全体		100.0 (202)	19.4	30.3	39.3	17.4	14.4	13.4	14.4	17.9	12.4
パンフレット	あてはまる	100.0 (101)	22.8	36.6	41.6	15.8	18.8	14.9	15.6	11.9	8.9
	あてはまらない	100.0 (99)	16.2	23.2	37.4	19.2	10.1	12.1	13.1	24.2	16.2
テレビコマーシャル	あてはまる	100.0 (119)	26.9	28.6	37.0	20.2	15.1	15.1	16.0	10.9	12.6
	あてはまらない	100.0 (81)	8.6	33.3	42.0	13.6	13.6	11.1	12.3	27.2	12.3
ダイレクトメール	あてはまる	100.0 (101)	26.7	31.7	39.6	20.8	13.9	16.8	15.8	11.9	8.9
	あてはまらない	100.0 (98)	12.2	28.6	38.8	14.3	13.3	10.2	13.3	24.5	16.3
新聞広告	あてはまる	100.0 (127)	22.0	29.9	37.8	19.7	13.4	15.0	11.8	17.3	13.4
	あてはまらない	100.0 (74)	14.9	31.1	41.9	13.5	16.2	10.8	18.9	18.9	10.8

し，情報消極派は，「特にない」に高く，期待の低さが見られる。

では，ネットワーク社会に対する不安はどうであろうか。リアルな面とヴァーチャルな面の両面で問題が考えられる。

表8に見るように，全体的には，「新しい犯罪が増える」，「間違った情報が伝わる」など，ヴァーチャルな面での不安が高い。とりわけ，情報積極派は，「自分の情報が利用される」，「新しい犯罪が増える」，に不安を感じている。反対に，情報消極派は，「機器になじめない人が取り残される」，「機器利用でストレス」，「人と人とのふれあいが少なくなる」などリアルな面で不安を感じて

176　III　情報化と生活

表8　パンフ・テレビ・ダイレクト・新聞広告×ネットワーク社会の不安（3A）

	全体	情報記憶がらんとする	間違った情報が伝わる	取り残される人がいる	情報量格差	機器利用ストレス	機器に慣れなくなる	社会混乱機器故障で	自分の情報が利用される	新しい犯罪が増える	人とのふれあいがなくなる	特にない	わからない
全体	100.0 (202)	29.4	37.8	26.4	14.9	8.5	4.0	26.4	31.8	56.2	30.8	3.5	3.5
パンフレット あてはまる	100.0 (101)	31.7	41.6	20.8	12.9	6.9	4.0	26.7	38.6	60.4	28.7	4.0	4.0
パンフレット あてはまらない	100.0 (99)	27.3	34.3	32.3	17.2	10.1	4.0	25.3	25.3	52.5	32.3	3.0	3.0
テレビショッピング あてはまる	100.0 (119)	29.4	36.1	25.2	16.0	6.7	5.0	27.7	31.9	58.8	30.3	4.2	4.2
テレビショッピング あてはまらない	100.0 (81)	29.6	39.5	28.4	13.6	11.1	2.5	23.5	32.1	51.9	32.1	2.5	2.5
ダイレクトメール あてはまる	100.0 (101)	27.7	37.6	20.8	18.8	4.0	5.0	25.7	34.7	63.4	31.7	4.0	3.0
ダイレクトメール あてはまらない	100.0 (98)	30.6	38.8	31.6	11.2	13.3	3.1	25.5	28.6	49.0	30.6	3.1	4.1
新聞広告 あてはまる	100.0 (127)	29.1	33.9	28.3	15.0	9.4	5.5	23.6	34.6	55.9	27.6	4.7	4.7
新聞広告 あてはまらない	100.0 (74)	29.7	44.6	23.0	14.9	6.8	1.4	31.1	27.0	56.8	36.5	1.4	1.4

いるようだ。

　以上，見てきたように，消費行動で旧メディアに積極的に接してきた人はインターネットの利用も活発である。しかも，機器活用の利便性も心得ている。しかし，ヴァーチャルな面での不安は解消されていない。

　(2)　プライバシー意識とインターネットの利用
　インターネットの世界はヴァーチャルリアリティの世界でもある。インターネットによる私的情報が匿名性情報の流通する中で，情報犯罪や情報被害に遭遇する可能性は十分に考えられる。とりわけ近年，自分が知らないうちに自分に関する個人情報が利用されていたりして，消費者のプライバシー意識は強くなっている。行政機関が保有する個人情報を保護する法律は1989年に施行されたが，民間部門が保有する個人情報の保護についてはまだ法制化されていない。インターネットの使用は交通ルールのない街中で車を運転するようなものである。

　ここでは，インターネットの利用をプライバシー意識との関連で分析する。
　表9を見てみよう。アンケートの記入，電話帳の掲載は，いろいろな機会に自分の住所・氏名・電話番号・年齢・職業などを書くことがあるが，そのような時に，それらのことを書くことを，どの程度気にするかを，アンケートの記入と電話帳の掲載のケースについて聞いたものである。「ぜんぜん気にしない」，「ほとんど気にしない」，「どちらともいえない」，「少し気にする」，「大変気にする」，の5段階で聞いてみた。それを3段階にしたのが表9である。なお，この2項目は12項目調査したうち，「大変気にする」で，アンケートの記入が1位，電話帳の掲載が2位を占めたものである。

　もう1つ，ダイレクトメールへの気持ちは，プライバシー意識を角度を変えてとらえてみた。「あなた，または家族の内容とピッタリのダイレクトメールを受け取った時のあなたのお気持ちはつぎのいずれですか」と質問し，「特に何とも思わない」，「自分や自分たちの家のことをどこかで調べていると思うと不愉快だ」，「自分や自分たちの家のことをどこかで調べていると思うと許せな

表9 アンケート・電話帳・ダイレクトメール×インターネット・ホームページ

		インターネット・パソコン通信の利用はあるか				ホームページを持ちたいか			
		全体	はい	いいえ	NA	全体	持っている・持ちたい	持ちたいと思わない	NA
全体		100.0 (202)	46.8	53.2	—	100.0 (202)	27.4	70.1	2.5
アンケート記入	気にしない	100.0 (50)	56.0	44.0	—	100.0 (50)	34.0	66.0	—
	どちらともいえない	100.0 (34)	32.4	67.6	—	100.0 (34)	23.5	76.5	—
	気にする	100.0 (113)	47.8	52.2	—	100.0 (113)	26.5	69.9	3.5
電話帳の掲載	気にしない	100.0 (68)	48.5	51.5	—	100.0 (68)	30.9	66.2	2.9
	どちらともいえない	100.0 (50)	44.0	56.0	—	100.0 (50)	34.0	64.0	2.0
	気にする	100.0 (79)	49.4	50.6	—	100.0 (79)	21.5	75.9	2.5
ダイレクトメールへの気持	なんとも思わない	100.0 (48)	47.9	52.1	—	100.0 (48)	39.6	58.3	2.1
	不愉快だ	100.0 (106)	49.1	50.9	—	100.0 (106)	24.5	73.6	1.9
	許せない	100.0 (31)	35.5	64.5	—	100.0 (31)	22.6	71.0	6.5
	商売熱心	100.0 (5)	40.0	60.0	—	100.0 (5)	20.0	80.0	—

い」,「自分や自分たちの家のことまで調べてよこすのは商売熱心だと思う」の4段階に分けて聞いてみた。「商売熱心」を除けば，プライバシー意識が素直に現れている。

　なお，ここでも分析内容は，旧メディア利用態度で分析した内容とまったく同じである。

表9を見ると、インターネットの利用は、プライバシー意識の強い方が、利用が低そうだ。ホームページでも、プライバシー意識が強い方が「持ちたいと思わない」に高い。プライバシー意識の強い人はインターネットの利用に消極的と言えそうである。

そこで、以下ではプライバシー意識の強い人を、プライバシー高、弱い人を

表10 アンケート・電話帳・ダイレクトメール×友人・知人交流，宿泊・交通機関予約

		インター・パソコンで友人・知人との交流					インター・パソコンで宿泊・交通機関の予約				
		全体	利用したことある	利用してみたい	知らない	NA	全体	利用したことある	利用してみたい	知らない	NA
全体		100.0 (202)	32.8	39.9	17.2	10.1	100.0 (202)	6.0	59.8	19.1	15.1
アンケート記入	気にしない	100.0 (50)	36.0	36.0	16.0	12.0	100.0 (50)	2.0	66.0	22.0	10.0
	どちらともいえない	100.0 (34)	17.6	47.1	32.4	2.9	100.0 (34)	5.9	58.8	23.5	11.8
	気にする	100.0 (113)	35.4	38.9	12.4	10.6	100.0 (113)	8.0	56.6	15.9	17.7
電話帳の掲載	気にしない	100.0 (68)	35.3	36.8	16.2	10.3	100.0 (68)	5.9	63.2	20.6	10.3
	どちらともいえない	100.0 (50)	26.5	51.0	14.3	8.2	100.0 (50)	6.1	61.2	8.2	24.5
	気にする	100.0 (79)	35.4	34.2	19.0	10.0	100.0 (79)	6.3	55.7	24.1	12.7
ダイレクトメールへの気持	なんとも思わない	100.0 (48)	32.6	30.4	28.3	8.7	100.0 (48)	10.6	57.4	23.4	8.5
	不愉快だ	100.0 (106)	33.3	45.7	10.5	10.5	100.0 (106)	5.7	62.9	13.3	18.1
	許せない	100.0 (31)	29.0	41.9	19.4	9.7	100.0 (31)	3.2	61.3	25.8	9.7
	商売熱心	100.0 (5)	20.0	20.0	60.0	—	100.0 (5)	—	60.0	40.0	—

180　III　情報化と生活

プライバシー低とよんで見ていくことにする。

　表10は，インターネットの利用を具体的な内容で見たものである。

「友人・知人との交流」ではプライバシーによる利用経験の違いはない。「宿泊・交通機関の予約」ではプライバシー低に利用希望が多いといえようか。

　表11は，インターネット・パソコン通信を利用したことのない人に，その理

表11　アンケート・電話帳・ダイレクトメール×インターネット・パソコンを利用しない理由

		全体	機器の価格が高い	通信費が高い	操作がむずかしい	習得時間がない	内容がわからない	興味がない	必要性を感じない
全体		100.0 (107)	20.6	14.0	31.8	21.5	13.1	21.5	46.7
アンケート記入	気にしない	100.0 (22)	27.3	22.7	36.4	27.3	—	18.2	45.5
	どちらともいえない	100.0 (23)	8.7	4.3	30.4	26.1	30.4	13.0	52.2
	気にする	100.0 (59)	22.0	15.3	30.5	16.9	11.9	25.4	44.1
電話帳の掲載	気にしない	100.0 (35)	28.6	8.6	37.1	20.0	8.6	17.1	40.0
	どちらともいえない	100.0 (28)	7.1	7.1	39.3	28.6	32.1	17.9	42.9
	気にする	100.0 (40)	22.5	25.0	22.5	17.5	5.0	25.0	52.5
ダイレクトメールへの気持	なんとも思わない	100.0 (25)	16.0	12.0	32.0	16.0	8.0	28.0	64.0
	不愉快だ	100.0 (54)	20.4	14.8	37.0	25.9	16.7	14.8	38.9
	許せない	100.0 (20)	30.0	20.0	15.0	20.0	15.0	25.0	40.0
	商売熱心	100.0 (3)	—	—	33.3	33.3	—	66.7	33.3

由を聞いたものである。

プライバシー意識の影響は，はっきりとは見られないが，プライバシー低は「操作がむずかしい」と感じ，プライバシー高に「興味がない」と感じている人がいるようだ。

そこでつぎに，インターネットを使っているが，オンラインショッピングを

表12 アンケート・電話帳・ダイレクトメール×オンラインショッピングの不利用理由

		全体	電子決算に不安	品物が届くか不安	実物が見られない	品物がよいかどうか不安	個人情報の流出が心配	パソコンを持たない	操作がむずかしい	興味がない
全体		100.0 (70)	25.7	12.9	44.3	41.4	27.1	7.1	10.0	8.6
アンケート記入	気にしない	100.0 (24)	25.0	16.7	45.8	29.2	16.7	—	16.7	4.2
	どちらともいえない	100.0 (8)	37.5	25.0	50.0	—	12.5	12.5	25.0	25.0
	気にする	100.0 (37)	24.3	8.1	43.2	56.8	37.8	10.8	2.7	10.8
電話帳の掲載	気にしない	100.0 (27)	18.5	11.1	55.6	37.0	22.2	—	14.8	7.4
	どちらともいえない	100.0 (17)	41.2	5.9	23.5	58.8	35.3	11.8	5.9	11.8
	気にする	100.0 (26)	23.1	19.2	46.2	34.6	26.9	11.5	7.7	7.7
ダイレクトメールへの気持	なんとも思わない	100.0 (12)	41.7	16.7	16.7	50.0	16.7	8.3	16.7	16.7
	不愉快だ	100.0 (44)	27.3	11.4	56.8	40.9	27.3	4.5	6.8	4.5
	許せない	100.0 (9)	—	22.2	44.4	44.4	55.6	11.1	—	11.1
	商売熱心	100.0 (2)	50.0	—	—	50.0	—	—	50.0	—

182　III　情報化と生活

表13　アンケート・電話帳・ダイレクトメール×ホームページを持ちたい理由

		全体	自分自身のPR	考えや作品の発表	同じ趣味の人を作りたい	友人との交流	研究論文の発表	仕事で活用
全体		100.0 (58)	17.2	19.0	48.3	56.9	5.2	22.4
アンケート記入	気にしない	100.0 (17)	23.5	23.5	52.9	52.9	5.9	29.4
	どちらともいえない	100.0 (8)	12.5	12.5	62.5	62.5	―	37.5
	気にする	100.0 (33)	15.2	18.2	42.4	57.6	6.1	15.2
電話帳の掲載	気にしない	100.0 (23)	8.7	17.4	52.2	56.5	8.7	26.1
	どちらともいえない	100.0 (17)	17.6	29.4	47.1	52.9	―	29.4
	気にする	100.0 (18)	27.8	11.1	44.4	61.1	5.6	11.1
ダイレクトメールへの気持	なんとも思わない	100.0 (19)	15.8	21.1	42.1	56.2	10.5	36.8
	不愉快だ	100.0 (28)	21.4	17.9	46.4	57.1	3.6	14.3
	許せない	100.0 (8)	12.5	12.5	75.0	50.0	―	25.0
	商売熱心	100.0 (1)	―	―	100.0	100.0	―	―

したことのない人にその理由を聞いてみた。それが表12である。

プライバシー高は，「個人情報の流出が心配」が不利用理由で高いのに対し，プライバシー低の理由は，「操作がむずかしい」である。全体的には，「実物が見られない」，「品物がよいかどうか不安」など，ヴァーチャルな世界への不安が不利用理由になっている。

　つぎに，ホームページを持ちたいかどうかについて全員に聞いたうち，「持

ちたい」と答えた人の理由を表13に見てみよう。

　プライバシー低の人は，「考えや作品の発表」，「仕事での活用」など実用的な利用の意識が高い。反対に，プライバシー高の人にはとりたてて利用理由がみられない。

　つぎにホームページを持ちたくない理由を表14に見てみよう。

　プライバシー低には，「発信する内容がない」という理由が見られそうだが，

表14　アンケート・電話帳・ダイレクトメール×ホームページを持ちたくない理由

		全体	発信する内容がない情報を	情報が悪用される	ハッカーやウィルスに犯される	いやがらせを受ける	その他	NA
全体		100.0 (140)	54.3	20.7	3.6	10.0	7.1	4.3
アンケート記入	気にしない	100.0 (32)	50.0	18.8	—	12.5	12.5	6.3
	どちらともいえない	100.0 (26)	65.4	15.4	3.8	7.7	3.8	3.8
	気にする	100.0 (79)	51.9	22.8	5.1	10.1	6.3	3.8
電話帳の掲載	気にしない	100.0 (45)	57.8	8.9	4.4	15.6	6.7	6.7
	どちらともいえない	100.0 (30)	76.7	13.3	3.3	—	3.3	3.3
	気にする	100.0 (61)	41.0	31.1	3.3	11.5	9.8	3.3
ダイレクトメールへの気持	なんとも思わない	100.0 (27)	77.8	3.7	7.4	7.4	3.7	—
	不愉快だ	100.0 (78)	52.6	25.6	3.8	12.8	3.8	1.3
	許せない	100.0 (23)	34.8	30.4	—	4.3	17.4	13.0
	商売熱心	100.0 (4)	50.0	—	—	—	—	50.0

プライバシー高は、「情報が悪用される」と考えている。つまり、プライバシー高にはヴァーチャルリアリティの世界への不安がはっきり見られる。

最後に、ネットワーク社会に対する評価をプラス、マイナスの面から見てみよう。

表15は、ネットワーク社会に対する期待を見たものである。

表15 アンケート・電話帳・ダイレクトメール×ネットワーク社会に対する期待

		全体	仕事・家事・学習が効率よくなる	世界中の最新情報が入る	情報がどこからでも入る	買物予約	自宅で仕事ができる	簡単に情報交換	コミュニケーション活発になる	特にない	わからない
全体		100.0 (202)	19.4	30.3	39.3	17.4	14.4	13.4	14.4	17.9	12.4
アンケート記入	気にしない	100.0 (50)	24.0	26.0	42.0	16.0	12.0	10.0	24.0	14.0	16.0
	どちらともいえない	100.0 (34)	23.5	20.6	38.2	23.5	8.8	2.9	17.6	17.6	14.7
	気にする	100.0 (113)	16.8	35.4	38.1	16.8	16.8	17.7	9.7	18.6	9.7
電話帳の掲載	気にしない	100.0 (68)	16.2	29.4	39.7	17.6	14.7	8.8	13.2	25.0	13.2
	どちらともいえない	100.0 (50)	20.0	28.0	42.0	26.0	16.0	16.0	16.0	12.0	14.0
	気にする	100.0 (79)	22.8	32.9	36.7	12.7	12.7	16.5	13.9	15.2	10.1
ダイレクトメールへの気持	なんとも思わない	100.0 (48)	27.1	18.8	37.5	14.6	12.5	6.3	14.6	29.2	18.8
	不愉快だ	100.0 (106)	20.8	36.8	45.3	18.9	14.2	14.2	12.3	13.2	7.5
	許せない	100.0 (31)	6.5	29.0	29.0	22.6	16.1	25.8	16.1	12.9	9.7
	商売熱心	100.0 (5)	20.0	20.0	20.0	—	20.0	—	20.0	40.0	40.0

Ⅱ 家庭の情報化と消費者意識 185

表16 アンケート・電話帳・ダイレクトメール×ネットワーク社会の不安

ネットワーク社会の不安 (3A)

		全体	情報が氾らんする	間違った情報が伝わる	収められないなどがる	情報量に格差	機器利用でストレス	機器に慣れなく忙しい	機器故障で社会に混乱	自分の情報が利用される	新しい犯罪が増える	人とのふれあいがなくなる	特にない	わからない
全	体	100.0 (202)	29.4	37.8	26.4	14.9	8.5	4.0	26.4	31.8	56.2	30.8	3.5	3.5
アンケート記入	気にしない	100.0 (50)	32.0	40.0	24.0	24.0	10.0	6.0	26.0	22.0	60.0	28.0	2.0	2.0
	どちらともいえない	100.0 (34)	23.5	32.4	38.2	23.5	8.8	5.9	20.6	14.7	44.1	32.4	8.8	8.8
	気にする	100.0 (113)	30.1	38.9	24.8	8.8	8.0	2.7	26.5	40.7	58.4	31.9	2.7	2.7
電話帳の掲載	気にしない	100.0 (68)	29.4	33.8	20.6	23.5	5.9	2.9	36.8	17.6	58.8	30.9	7.4	5.9
	どちらともいえない	100.0 (50)	28.0	40.0	32.0	14.0	10.0	—	20.0	42.0	42.0	36.0	2.0	4.0
	気にする	100.0 (79)	29.1	39.2	40.5	8.9	7.6	7.6	21.5	36.7	65.8	26.3	1.3	1.3
ダイレクトメールくの気持	なんとも思わない	100.0 (48)	22.9	35.4	31.3	10.4	12.5	4.2	27.1	25.0	45.8	33.3	6.3	6.3
	不愉快だ	100.0 (106)	33.0	36.8	26.4	17.9	5.7	3.8	28.3	32.1	65.1	30.2	1.9	0.9
	許せない	100.0 (31)	29.0	38.7	25.8	12.9	12.9	3.2	19.4	51.6	48.4	25.8	3.2	3.2
	商売熱心	100.0 (5)	40.0	60.0	20.0	—	20.0	20.0	20.0	—	20.0	40.0	20.0	—

プライバシー高は，「世界中の情報が入る」,「簡単に情報交換」と情報摂取の利便性をあげている。これに対して，プライバシー低は，「仕事・家事・学習の効率がよくなる」,「特にない」,「わからない」に高い。プライバシー意識の高い人の方がネットワーク社会に対する期待もはっきりしているといえよう。

表16は，ネットワーク社会に対する不安の内容を見てみた。

プライバシー低は，「情報量に格差」,「機器故障で社会に混乱」など，リアルな面に社会不安を感じている。これに対して，プライバシー高は，「自分の情報が利用される」に高い。プライバシー意識の高い人は，ここでもインターネット利用のヴァーチャルな面での不安を強く持っている。

以上，インターネットの利用を，プライバシー意識の側面から見てきたが，プライバシー意識の高い人は，インターネットの利用に消極的であること，そしてその理由は，「個人情報の流出心配」,「情報が悪用される」,「自分の情報が利用される」の3つの点であった。

インターネット社会とプライバシー問題は大変深刻であることがわかる。

5．おわりに

便利なものは早く広く拡がればよい。たしかにそうかもしれない。しかし，いろいろ問題があってはそうとばかりは言っておられない。家庭の情報化も家庭を中心に準備され，拡大していけば問題は生じないだろう。しかし，弱い消費者にとっては，それはほとんど不可能である。産業の情報化が，電子的コミュニケーションとともに，無防備な家庭に遠慮なく進入しようとしている。

今回の調査でわかったことは，消費者が情報化社会を無条件に歓迎しようとはしていないことだ。消費者行動で旧メディアをよく活用している人はインターネットの利用も活発である。ただ，かれらはまだ機器だとか，通信費に経費の高さを感じている。それ以上にプライバシー侵害に対する懸念である。これは旧メディアをよく活用している情報摂取に活発な消費者にも見られたが，日

ごろの消費生活でプライバシー意識をより強く感じている人に顕著である。

　家庭の情報化は，情報インフラの整備や，機器やサービスで適正な料金が実現されればそれでよいというものではない。外からの形だけの情報化ではダメなのである。ユーザーとしての消費者の意識の把握を十分に積み重ね，それに基づいたセキュリティの確立を完成しなければならない。

　また，消費者もインターネットを唯一万能のものと考えるべきではない。自ら主体的に家庭の情報化を心がけるべきである。リアルな生活の補完としてインターネットを認識するぐらいが望ましい。

1) 　古川一郎，電通デジタル・ライフスタイル研究会編『デジタルライフ革命』東洋経済新報社，2001年，55頁。
2) 　前掲書，137頁。
3) 　田崎篤郎・船津衛編『社会情報論の展開』北樹出版，1997年，63頁。

参 考 文 献
1. 美ノ谷和成・前納弘武編『情報社会の現在』学文社　1998年
2. 守弘仁志他著『情報化の中の〈私〉』福村出版　1996年
3. 川﨑賢一『情報社会と現代日本文化』東京大学出版会　1994年
4. 日本情報処理開発協会編『情報化白書2001』コンピュータ・エージ社　2001年
5. 刈谷市『市政要覧』刈谷市　2000年

III 生活者の福祉分野における情報化

［キーワード］　福祉情報化，生活者，地域情報化，情報ネットワーク，非人間化，互助

1. はじめに

　現代社会のこれからの方向のひとつが「情報化社会」であることはすでに本書の随所からうかがわれるところである。そして，また一方，現代の日本は，平成12年4月から開始された介護保険の問題にみられるように社会的にも福祉への方向性も明らかになってきた。これにともなって，「福祉」は従来のように高齢者，障害者などから社会全体の問題となってきた。

　情報関連においても，近年は福祉分野において各種情報機器を活用する試みも多くなってきた。研究面でも「福祉情報化」あるいは「社会福祉情報論」に関する議論が提出されるようになり，「福祉」と「情報」を結びつけようとする試みがおこなわれるようになってきた。先にあげた議論は，情報化によって福祉の実務的な方法を変化させる試みを内在させているところから，主に福祉研究者が「福祉」の立場から情報化の必要性を主張する場合が多いように思われる。このような状況の中で，本稿では逆に「情報」を論ずる立場から，「情報」が「福祉」とどのように関連してゆく可能性があるのか，またその中でも国や地方自治体などの諸政策を論じるという行政的立場ではなく，福祉の利用者，ひいては一般市民である「生活者」の立場からこの問題を検討したいと思う。そこでまず，現代社会の情報化状況から見てゆき，このような情報化状況

は，生活者レベルから我々が直面した福祉社会にどのような影響を及ぼすのかという点から考えてゆきたい。ここで，「生活者」が日常生活をおこなうのは「地域」あるいは「地域社会」という場である。したがって先ずは，生活者を中心としながらも，それをとりまく地域社会との関連で福祉分野の情報化を考えて行くことになろう。

(1) 生活者がメディアに求める福祉情報

かつて，地域社会，特に地方に住む生活者にとって，マスメディアに関しての情報化といえば「より多くのテレビチャンネルでたくさんのテレビ番組を見たい」あるいは「東京・大阪などの情報がほしい」など中央の情報，大都市の情報を中央・大都市並みの情報チャンネルの多さで得ることであった。ここから，情報の全国画一化が進んでゆき，生活者がどの地方にいても，国民共通の情報が入手可能なシステムを次第に作り上げていった。このような国内の情報の画一化は，放送衛星や通信衛星の放送利用などによって現在も進んでいるともいえる。しかし，逆に，このような情報化が進めば進むほど，生活者にとって必要な自分の周りの地域の情報，身近な生活の情報が入手できない，ということになった。このような状態に対して，生活者の側からはその反動が生まれることになる。1970年代以降に日本でも，いわゆる「ミニコミ」が活性化する。ミニコミは地域問題の顕在化のなかで運動の媒体となり，あるいは身の回りの地域生活情報を提供し，地域情報媒体の不在を埋める手段となった。このような小規模メディアの見直しは近年ふたたびおこった。阪神淡路大震災（1995年）においてもマスメディアの全国情報としてフィルターを通された「上意下達」情報システムは被害地域の生活者ためには機能しないことがわかった。むしろ小規模メディア（中波ラジオ，コミュニティFM，新聞，CATV）の方が地域において機能したことから，これらメディアに対して一定の評価が与えられるようになった。1980年代までは放送局の置局（設置単位）は名目上，「県域」であったが，1991年からは小規模電波局いわゆる「コミュニティFM」が制度化されたこともあり，生活者優先の地域情報の伝達へと修正が加わることになったとい

える。このように，生活者が求めている情報欲求のなかでは，身近情報・地域情報の欲求が高くなっている。ところで，「地域福祉」や「コミュニティケア」などの言葉に見られるように，直接的人間関係が大きな比率を占める福祉は，それが具体的に展開される場は生活者の周りにある地域社会である。このことから，福祉情報も身近情報・地域情報の範疇にはいるものと考えられる。

　実際に船津が複数のケーブルテレビ企業がおこなった視聴者調査をまとめた結果をみても，コミュニティ放送であるケーブルテレビに「福祉情報」を求める割合が20％内外，順位でも3〜5位程度を占め，その要望が多いことがわかる（船津衛「地域の情報化」田崎篤郎，船津衛『社会情報論の展開』北樹出版，1997, pp. 58-61）。これは，「福祉（地域福祉）」「ケーブルテレビ」が，ともに地域社会（具体的には市町村などの地方自治体の行政区分だが）において展開するという一致が，生活者のメディア意識において「地域における福祉のメディア」としての機能をケーブルテレビに印象づけたのだと考えられる。

(2)　地域情報化と福祉

　近年のいわゆる「地域情報化」は福祉の情報化にどのような展望を与えるのであろうか。ここでは情報化について，「新しい情報メディアの利用によって，社会の効率化，合理化，利便化がもたらされることを主として目指したもの」（船津，同，p. 56）という概念づけにしたがってみてゆく。実際に，行政において「地域情報化」がどのように捉えられていたかという船津の1988年の調査では，地域情報化の目的について，国の政策と地方自治体の政策との間に著しい認識の違いがあり，国の政策としては「地域産業あるいは地域生活の情報化」が旨とされているのに対して，地方自治体においては「行政サービスあるいは事務の情報化」という実務的側面として捉えられている。そして，情報化が行きわたらない理由として「コスト高」，実際には，情報機器の導入（パソコンを買う）や情報基盤の整備（システムを作る，情報網を作る，回線を作る）が理由とされている（船津，同，pp. 53-56）。船津は「情報化の推進が遅れている理由」について「人々の関心の低さ」「住民の欲しい情報の曖昧さ」「人材不足」など

の理由とともに,「地域情報化」が産業の論理による情報化,効率性,利便性に支配されていることをあげている。また,地域における情報化が中央との情報格差を是正するもの,具体的には娯楽,流行,トレンドなどで中央と地域とを画一化する機能もあることをあげておかねばならない。1990年代にはいると地方自治体の地域情報政策も変化してきたと船津は言う。例えば「地域情報化基本計画」（東京都,1993）においては政策指定都市が今後力を入れたいこととして,①地域生活の情報化　48.5％,②地域産業の情報化　23.8％,③地域行政の情報化　12.9％,④地域文化の情報化　7.9％で,情報化を経済,産業から「生活者の視点」「地域の視点」へ変化させたことがみられる（船津,同）。このうち,地域生活の情報化のなかに「福祉」もはいるものと思われる。

　このように,全体的傾向として地域情報化の目的,あるいはその情報需要は福祉も含む生活や地域文化の方向へと変化してきたといえよう。とはいえ,かつての地方自治体の情報化意識のなかで高い位置を占めていた「行政手続きの効率化」は観点は現在でも残存しているかどうか,そしてそれは生活者に福祉情報の便益をもたらすのか,を検証する必要があろう。そこで次に,福祉分野において情報ないし情報化とはどのように捉えられているのかという点から概観してみよう。

2．「福祉」からみた「情報」と「情報」からみた「福祉」

(1)　福祉分野における情報化の認識

　福祉分野において,「情報」を福祉と関連づけるという試みは1980年代半ばのことではないかと思われ,その歴史は「福祉」の歴史,「情報」の歴史に比すれば新しいものであろう。例えば,情報の福祉利用に関して保田井進（保田井進「生活福祉環境」星野定一郎,渡辺武雄『福祉社会学』1986,pp. 289-290）は,文字電話（メール）,コードレス電話,文字多重放送,当時最先端の双方向通信サービスの実験だったキャプテン（現在に置き換えるならインターネット,デジタル放送の双方向利用）など当時登場しつつあったいわゆる「ニューメディア」が

視覚聴覚障害者，身体障害者，高齢者の福祉ニーズを満たすこと，またワープロなどの普及が先に述べた福祉の対象となる人々の自立生活と参加を促すこと，さらに地域における情報システムを，医療への利用，コミュニティ形成，在宅福祉サービスなどの利用に資することを述べている。

　高橋紘士（高橋は初期に福祉情報化を提言したという。生田，同）は社会における「情報化」と福祉分野における「高齢化」と「ノーマライゼーション」の動向とを関連づける視点として「福祉情報化」が提示されるようになったと指摘している。また，福祉情報化の進展については，(1)OA化の進展としての情報化，(2)市民向け情報提供サービス，(3)ケアマネジメントにつながる情報化，(4)需給調整と参加支援のための情報化，(5)情報機器，情報技術を活用した福祉サービス，(6)バリアフリーのための情報化，(7)生きがいにつながる情報化の順に進んできたと説明している。岡本民雄は1986年に「福祉情報」についての定義づけをおこない「広義には福祉に関するあらゆる情報を意味するものから，狭義にはある特定目的のために加工されたデータとするものまでさまざまな捉え方」（岡本民夫「社会福祉と社会情報」小田兼三，高田真治『現代社会福祉』1986，pp. 201-202）であると述べている。

　この定義づけから岡本は「福祉情報」についての解釈を二つの要素に分けている。第一は「福祉のニーズを持っているクライエント＝利用者側の情報であり，福祉ニーズをめぐる情報」（岡本，同）である。これは「援助の情報」であるが，利用者側の福祉ニーズに関する情報であり，利用者のプライバシーに関わってくる。したがって，情報の開陳・提供と同時にサービスが供与される福祉情報システムを構築しなければならないという実務的な問題を残している。第二は「福祉サービスの内容，利用方法，要件，手続き，制約などの関連情報」（岡本　同）であり，より広範囲の福祉情報の解釈である。この範疇の福祉情報は，要請があれば一定の制限はあるがむしろ，公開することが義務づけられることになる。

　森本佳樹は「福祉情報」について情報の諸定義を検討した上で「住民や福祉サービスの利用者自体に関することがら，福祉にかかわる施策やサービスある

いは施設やマンパワー自体に関することがらおよびそれらの両者の状況関係に関することがらについての"報せ"であり，社会福祉に関して，判断を下したり，行動を起こしたりするための知識」(森本『地域福祉情報論序説』川島書店，1996，p. 37)，また地域福祉の立場から「地域福祉システムを構成する諸要素の間を相互に行き交う，あるいはこの構成要素内部で流通する，福祉についてのあらゆる情報」(森本，同) と定義づけている。

　また，生田正幸は「福祉情報」の概念について「社会保障・社会福祉および関連領域に関する情報であって，生活にかかわる諸問題の担い手と社会福祉の実践および援助活動に携わっている人々が必要とする知らせあるいは知識」(生田『社会福祉情報論へのアプローチ』，ミネルヴァ書房，1999，p. 14) と定義づけている。

　以上は，福祉分野からの「福祉情報」の定義づけである。各論のより細部までみながらこの他の議論などもまとめると，「福祉情報」とは「情報を社会福祉分野において実務的に活用すること」とすることができようか。いずれも実践的な関心からのアプローチであることがわかる。そして，実践的アプローチであるため，「情報」を「知らせ」としてその周知をはかる実務的ニュアンスが色濃いものであることは特徴としてあげておかなければならないだろう。

(2) アプリケーションとしての福祉情報

　ところで，情報の分野では「福祉情報」についてどのように捉えているのであろうか。例えば佐野匡男はケーブルテレビの双方向回線が充実されたときの多様な情報機器の利用可能性について述べている。そこであげられているもののうち，生活者が福祉利用する例を抜き出すと，

　　a．緊急告知（災害のみでなく，日常生活の中の緊急を要する連絡とその受信確認）
　　b．ホームセキュリティ（独居者の急病時など，発信装置のボタン操作によって関係者，関連組織に情報が伝わる）
　　c．テレメータリング（遠隔検測により，福祉対象者などの在否情報を定期的に遠隔地から把握）

d．いわゆる「在宅医療」（「医療」に関しては未解決の問題が多く，これからの諸制度の整備等が必要である。実例としては血圧，心電図，脈拍などを在宅で検測し，情報ネットワーク回線を通じてコンピュータに情報を記録するなどがある。）

　　e．現在位置確認（徘徊の把握方法として，発信機からの電波を受信し本人の位置を確認する），あるいは視覚障害者の位置・方向確認

……などがあげられている（佐野匡男，伊澤偉行『ケーブルテレビジョンの野望』，1995，pp. 81-124）。また，西正も2000年12月に開始されたBSデジタル放送，2003年頃から本放送が開始される地上波デジタル放送，CS放送，ケーブルテレビなどの双方向利用の将来的な可能性の多くを「介護・医療が変わる」として福祉分野での利用が拡大する可能性が大きいことを述べている（西正『e放送ビジネス最前線』PHP，2000年，pp. 168-173）。

　このように，多くの情報関連の分野からは，福祉は情報化によってその分野が変化・活性化するアプリケーション（応用）の一部分をなすもの，として捉えられていることが多い。いわば「情報」ないし「情報化」を実際に活用する場のひとつとして福祉があるという捉え方である。これは福祉分野からの福祉情報の定義づけである「福祉の実践的道具として情報を用いる」という考え方とほぼ同じである。ややニュアンスを異にしている点は，考え方の中心を「情報」に置くか「福祉」に置くかということであり，実際には「情報」を福祉の場で実際的・実践的に展開するものとして共通であると思われる。

　しかしながら，「情報技術の応用を福祉で実践する」「福祉の実践的道具として情報を用いる」という考え方は，情報化（技術）の方向に福祉情報化は大きく影響されるということになる。たとえば，児島和人は情報の分野から生活（福祉を含む）について論じている。それによると，生活は衣食住や人間関係といった日常生活であり，「いま」「ここ」での実名を持った身近な人々との付き合いである直接的体験の世界を「生活世界」と規定した上で，メディアと，福祉もその分野に入るであろう「生活世界の現実的構成」との関係について「生活世界の現実構成にメディアがその独自機能を発揮する前に，新たな情報技術を具現したメディアが実態としての社会の各領域に浸透し，生活世界の現実

構成に影響を与える社会的装置として付置されてゆく」(児島「情報化と生活世界」児島和人，橋本良明『変わるメディアと社会生活』ミネルヴァ書房，1996, p. 7)としている。

　つまり，ここでこの論を援用して「福祉情報化」を考えると，その形態としてして，①情報（技術）の社会福祉分野への応用，②社会福祉の必要性に基づいた情報（技術）の開発，の二通りがあることがわかる。このことは，メディアの構造的布置が福祉分野との間に持たれる関係について，「福祉での必要性」が「福祉分野でのメディアの利用」の起因となるのではなく，ニューメディア，マルチメディア，双方向，デジタル化，ブロードバンドなど，つねに技術が革新されるメディアの世界における「新しいメディアの登場」が先にあり，それに促された形で，あるいはこれらメディアのアプリケーションの可能性の中のほんの一例として「福祉への応用」が「福祉情報化」の現実形であるということである。そして，決して社会福祉の実践の側からの必要性によって，新しい情報技術ができるということではない，ということなのである。つまり「福祉情報」に関しては「情報」分野からも「福祉」分野からも多くが①の方向にある。このことは，先に述べた福祉情報化について「情報」分野と「福祉」分野に共通した考え方に近いものがある。そして，今のところは②の観点が強調されないという点で，「情報」が持つ論理が「福祉」を圧倒する可能性があり，この点は「福祉情報」の概念を考える上で考慮する必要があるだろう。なぜなら，このような傾向が「福祉」実践の場からの情報化への抵抗を生むことにもなるからである。

(3)　福祉情報化の非人間性

　岡本は1986年に「福祉事業は人間の手で実施する文字通りのヒューマン・サービスであるから，機械を介在させることは「反福祉」的であり，神聖にして侵すべからず領域に土足で踏み込むかごとき批判をあびてきた」(岡本　1986 p. 203) ことを述べている。また，森本佳樹は1997年に，福祉情報化の進行が遅れた理由として，『多くの福祉関係者の間に，福祉は情報化，とくにコンピ

ュータ化には馴染まないという「信念」があったからではないかと思われる。それはすなわち，福祉の援助技術をアートであるとして捉え，その「職人芸」的世界を情報化すると言うことは，人と人，心と心の関係を無機質化するものとして否定してきたということである。』(森本，1997, p. 293, 岡本，高橋，森本，生田『福祉情報化入門』有斐閣) と述べている。さらに福祉の現場の事情として，仕事の全体像が明らかになり，結果として仕事の増加を生み「情報化しない方がメリットが高かった」時代があったことも述べている。また，生田正幸も「特に社会福祉の領域においては，コンピュータに対する抵抗感が根強い。コンピュータを，人間の対局に位置する機械の象徴であるかのようにとらえる向きもあり，人間を相手とする社会福祉の実践を機械に委ねることは許されない，といった感情論に結びつくことも珍しくない。」(生田正幸『社会福祉情報論へのアプローチ』ミネルヴァ書房，1999, p. 35)」と，同様な議論があることを述べている。また，生田によると福祉の情報化は，逆に「合理化」，あるいは「楽になる」という連想，情報化の側面ではしばしばみられる先端技術至上主義に陥る例もみられるという。

「福祉の情報化」の実際的局面であるコンピュータ化において，実際におこり得る問題として，もっとも指摘されているのは先ず「プライバシーの侵害」などの個人情報にかかわるものである。在宅介護においても，実際には福祉関連機関はその手続きのためにさまざまなプライバシー (家族構成，住宅事情，病気の程度) を文書化している。これがコンピューター情報化されることによって関係者間において「情報の共有」というメリットが生ずる反面，これらの情報が一定の手続きを経れば誰でもアクセス (閲覧) 可能になるという側面も生じてくる (川村匡由『新しい高齢者福祉　地域福祉への展望』，ミネルヴァ書房，1996, p. 234)。情報化がこのような問題もはらんでいるということは，すでに周知のことではあるが，改めて福祉の観点からも認識しておかなくてはならない。

3．情報伝達と供給の中の生活者

(1) 情報の一方的伝達

　福祉情報化においてその非人間性が指摘されるのはなぜなのだろうか。それは，福祉情報における「情報」の観点が，一方的に情報を伝えることに関するものだからなのではないだろうか。

　「情報」に関する特徴としてしばしばあげられるのが，有機体が情報を得たことによる「不確実性の減少」である。ここから，「情報」に関する情報伝達の側面の特徴は，一方が所有している情報を，それを所有しない他方に伝えることで，後者は行動における不確実性を軽減できる。結果として情報が共有される。新聞，放送などのコミュニケーション・メディアを使用したマスメディア情報は，マスメディアの受け手に対する行動の不確実性の減少へと導かれるものとして原則的には語り得る。

　20世紀までの情報メディアの主役は新聞，放送などのいわゆるマスメディアであった。これらマスメディアの特徴は，「少数の送り手が，多数の受け手に向かって，情報を一方的に送出する」ものであった。このような一方的な情報の伝達は多くの場合には上意下達の道具として位置づけられた。「上意下達」の形態は，より効率的に（多くの段階を経ることなく一時に情報が伝えられる）同一の（情報内容に偏差がない）情報を広く伝達できるという特徴を持っている。また，送り手側に多大な装置を置き，受け手側に低廉な装置を置くのみで，多くの者が同一の情報を同時に得られるという利点はあった。マスメディアが現在のような独占的位置にあるのも，それ自体が印刷機や放送設備など多大な装置を要する大組織体を要するためでもある。情報伝達における効率性は例えば，日本の場合，よりグローバルな情報を伝達する機能以外にも，国内においては中央に立地する「情報的中央」の情報を，滞り無く周辺にまで周知させる機能を持つことになる。

(2) 情報伝達が生む富者と貧者

　情報を「情報の一方的伝達」の側面としてのみみるならば，多大な情報を持ち，その中から選択して送出・伝達する送り手側と，選択され，送出された情報を受け取る・伝達される受け手側との情報の質・量における両者の差異は明らかである。前者は多くの情報の中から伝達するに値する情報を選択・判断して伝えるという「情報富者（強者）」の立場になり，選択された情報のみを受け取る後者は「情報貧者（弱者）」の立場にあると言えよう。この情報伝達の中での生活者は当然，その多くが受け手側にあり，情報弱者側に位置するものと考えられる。少なくとも20世紀の「情報」は，多くの者に情報がゆきわたることを目指すという名目のもとに，「情報富者」から「情報貧者＝生活者」へ情報が一方的に流布されるという強者と弱者の論理であったのではないだろうか。

　それにもかかわらず，「福祉情報」は（ここでは情報メディアを主体とした「情報伝達」ではなく，送り手から受け手への「情報供給」という用語を使うのが適当と思われるが）先に概観したようなその定義をみる限り，福祉に関する「一方的情報供給サービス」を可能とするような情報伝達システム作りが目的のようにように見える。特に当初はこの傾向があったことはすでに述べた。情報化を「情報供給システムの確立」として捉えると，ここで構想されうるのは，その理想型として「情報を求める者」にはその情報が滞りなく入手できることであろう。ところが，情報検索がたとえ利用者の側からなされたとしても，それを供給するのは基本的には送り手側であることがここにおける問題点となる。本来，情報は広く意味されるように何らかの「知らせ」であり，以後の行動の不確実性を減少させる意味を持つものである。しかも，それは情報の供給システムを確立することによってそれは十分に可能になるのだろうか。

　例えば，具体的に，インターネットが国民の間に普及してきた現在，情報・供給伝達システムの確立によって，求める情報は十分に得られるようになるか。現在のところ，インターネットで情報を求めたとき，目的とする情報が得られないということは可能性としては十分あり得る（もちろん求める情報が正確に得

られた場合，求める情報はなかったが，別の場所で役立つ情報が得られる場合も多いが）。なぜなら，いくら検索しても，送り手がその内容を作成せず内容を供給・蓄積していない（コンテンツがない）情報は伝達されないからである。利用者である生活者個々人の情報欲求は多様であるからだ。それにすべて応じることの可能な情報システムが確立されることはかなり先のことではないだろうか。

　少し見方を変えて，ジャーナリズムの世界を見ると「スクープ」が目白押しであり，少なくとも，ジャーナリズムの世界で働く者にとってスクープをものにすることは（少なくとも内部の者にとっては）勲章にも値する。ここで，もし，求める情報はすべてそれを求める者に与えられるという情報供給システムが完備しているならば，少なくとも「スクープ」はなくなるはずだ。しかし少なくともマス・コミュニケーションの世界を見る限り「ある情報が今，はじめて明らかになった」という言い回しはきわめて頻繁に使われる。このように，少なくとも「情報」とはその供給システムが確立していることと，求められる情報が供給されるかどうかという問題は切り離して考えなければならないのではないか。

　福祉において情報化が目指される理由として，森本は過去の福祉のあり方を「恩恵的福祉」とし，「『恩恵的福祉』にとどまっている限りでは情報化は不要であり，逆に，社会サービスとして福祉サービスを確立していくための有力な方策として，社会情報化があると考えられる。」（森本，1997，p. 293）と述べ，情報化によって新たな福祉の方向である「自立的福祉」が促される大きな契機となるとしている。だとすれば，生活者が利用しやすい福祉情報化というのは，いわゆる行政側が「恩恵的に」福祉情報を供給して周知させるのではなく，「自立的に」情報が発信・受信されるのための他の要素が必要となるのではないだろうか。

4．コミュニケーション・ネットワークとしての福祉情報化

(1) コミュニケーションの双方向性

「福祉情報化」の問題を語るにあたり，かつて福祉分野からの抵抗が大きかったことはすでに述べた。この問題は，対人間の直接的相互作用を旨とする「福祉」と，現在では，直接的相互作用の中のコミュニケーションよりは，情報機器を媒介にした関係が圧倒的に大きな位置づけにある「情報」との，互いに異なった原理を持つ二者の矛盾関係として捉えられたからではないだろうか。

それでは，「情報」は先に述べたように「一方的伝達」としてのみ働いてきたのだろうか。この他に，「情報」というカテゴリーが持つ社会的関係には他の特徴がないのだろうか。

これについては，情報のもうひとつのはたらきであるコミュニケーションについて考慮しなければならない。近年は情報メディアに対して「双方向」という言葉が使われるようになったように，メディアの情報が情報伝達主体からコミュニケーションへと拡大するという可能性を持つことが言われるようになった。コミュニケーションについてはここで新たに定義づけを行うことはしないが，それは精神内容の伝達による相互作用過程であり，相互のやりとりの結果は共有されるものであること，面接し時間と場所を共にしていることにも意味がある（単に情報伝達や情報交換のためだけでなく，「共にある，いる」感覚が共有され，無駄話のように情報としては意味がないが，コミュニケーションとして意味がある）ことなどがあげられる。

情報の「コミュニケーション」と「伝達」は，かつてからその位置を異ならせつつ，社会の中では相互補完的に機能してきた。情報メディアがマスメディアによっていた時代にも，生活者にとって専ら身近な地域の情報は，近隣の人々の直接コミュニケーションの中に託され，伝えられていた。従来の「社会的ネットワーク」はこのような直接的な人間関係が作り出した対人関係の網の

目であり，それは地域社会に近似のものでもあった。当然，互助などの福祉的行動もこの社会的ネットワークを通じておこなわれてきた。

人々の双方向的なコミュニケーション・メディアとしては，従来より電話があったが，それは社会的ネットワークの補助的存在でしかなかった。しかしながら，近年の，通信技術の発展とコンピュータ技術は両者を融合したコンピュータ・ネットワークを作り上げるに至った。多くの個人は情報機器によってコミュニケーションができるようになった。そして，コンピュータ・ネットワークは，従来の社会的ネットワークとは異なる，対人関係が情報機器を媒介として成り立つ「電子ネットワーク」「情報ネットワーク」を作り出した。

(2) 情報ネットワーキングの互助性

今井賢一や金子郁容は，情報ネットワークも社会的ネットワークと同じく「互助」の性質を持っているという。ここから「情報ネットワーク」と「社会的ネットワーク」の連携が考えられる。今井は情報化技術が社会的にハンディキャップを負った者に対して「情報技術と情報経済は幸いにも，その固有の性質によってハンディキャップを負った者の立場を包容しうる可能性を持っているのである」（今井健一『情報ネットワーク社会』1984, p. 173, 岩波書店）と述べ，情報技術についてのその進歩によって，情報経済については「情報の場合には，一旦生産されて他のところで使われているのであれば，それをコピーして無料で提供したとしても，寄付をする側には何らの犠牲も必要としないのである。この条件を活用すべきである。寄付というと，いかにも恩恵めくが，ハンディキャップを負った人々が作り出す情報に対する反対給付といってもよい。」（今井，同，p. 175）と述べて，情報は基本的に必要な者に低コストでコピーされて互助されるものであることを述べている。また，金子は『情報は（希少性のある資源ではなく）「無限に」存在しうるのであるから，資源として情報を見たとき，「限られた資源を競って手に入れることで優位性を確保する」というこれまでのアプローチをとる必要がなくなる可能性』（金子郁容『ボランティア　もう一つの情報社会』岩波新書，1992年，p. 207），また『情報は「与えることで，与え

られる」という特性を持っている。(中略) 情報の価値や意味は, 情報を隠すところからは生まれず, 情報を積極的に開示し相手とのつながりを付けることによってしか, 発生しない』(同上)ことを述べている。つまり, 「情報」は無限であり, 限られてはいないこと, しかも情報を独占することからはその価値を生まれないこと, したがって情報はネットワークを通じて公開されるべきものであるということである。これは, 誰かが情報を提供する→それがネットワークの中で流れる→社会の中で情報が等しく行き渡る→情報における「弱者」が作られない, という仕組みである。

　このように考えるならば, 生活者の立場からの福祉情報化は「コミュニケーション」の観点をぬきでは語れないのではないだろうか。かつて, 福祉情報化が福祉関係者の強固な反対があったのは機械的な情報伝達・供給システムに対する危惧であるとも考えられ, その面においても生活者の福祉分野のコミュニケーションの充実として情報化が語られる必要があるだろう。

5. 生活者の立場からの福祉情報化

　ここまで, 情報の持つ諸側面を対比しながら生活者にとって「福祉情報化」がもたらすふたつの方向性を示した。ひとつは「一方的情報伝達・供給によって生活者が情報弱者になる可能性」の側面であり, 他方は「情報が生活者の互助・コミュニケーションになる可能性」の側面である。ただし, 現実にはこの両者は容易に分離できるものではない。むしろ混合して併存しているものであるといえる。

　今井賢一は社会的ネットワーク・情報ネットワークを中央集積型のネットワークAと, 弱い連結の創発型のネットワークBの二つのタイプに分けている。「ネットワークAでは仕事が標準化され, 形式化されているわけであるから, 情報A（形式的情報）が中心的な役割を果し, ネットワークBでは, 非定型的な仕事が多く, ネットワークによる連結は人によって行われるので, 情報B（意味的情報）が中心的な役割を果す」(今井, 1984, p. 70) と述べ, 以後はネッ

トワークBが重視されるべきとしている。「情報」はその歴史的推移から，マスメディアによって伝えられるという形で推移したため，今井の言うネットワークAに近いものとして発展してきた，しかしながら，近年の情報ネットワーク化により「情報発信」「メディアリテラシー」などの言葉が使われ，ネットワークBのような相互性を持つものに変化していると言えるだろう。

武川省吾は「福祉」の慣用的な意味，狭義として「社会的に弱い立場の人々（バルネラビリティにある，マイノリティ）への援助」，広義として「人々の自立を可能とする（いずれも武川省吾『福祉社会』2001年，有斐閣）」であると述べ，「私たちの社会は，この2つの福祉の考え方を同時に受けいれている」（武川，同，p. 15）とした上で，「福祉国家」と「福祉社会」という相反する立場について「福祉国家の社会政策は福祉社会というコンテクストの中で考えていかなければならない」（武川，同，p. 15）と結論づけている。

「情報」と「福祉」の両者はその成り立ちが異なっているので直接的に関連づけることはできないが，多少の誤解を恐れずに関係づけると，全体社会・中央集権的社会像と分散的社会像の対立の中で，「情報」の持つ社会観が「福祉」に近くなってきたということができるのではないか。

実際には，新聞や放送などのマスメディアに載らないような地域社会の日常の生活者レベルの情報を，ネットワーキングの中で伝えてゆく「地域の人々に地域の情報を提供する」はたらきとしての情報ネットワークの構築は生活者レベルでの福祉のひとつのツール（道具）になり得る。コンピュータネットワーク自体をひとつのメディアとするならば，一方では広域社会の中での仮想的な地域社会「ネットワーキング・コミュニティ」（関心を同じくする人々が地域的距離を超えて結びつく）ことがすでに指摘されている。そこで得られるものは，距離を超えてコミュニケーションの場を共有しているという感覚である。地域生活者の観点から見るなら，ここでは「地域生活者のコミュニケーション機会を提供する」側面である。

福祉に関連するが生活者同士を結びつけてコミュニケーション手段として活用する試みは，高齢者向けの情報ネットワーキング「シニアネット」が日本国

内にも数多くある。また，「障害者を納税者にする」を合い言葉に，障害者を「挑戦すべきことを与えられた人々」という意味で「チャレンジド」と呼び，支援者を「プロップ（ラグビーのポジションで「両脇で支える者」）と呼んで，コンピュータとインターネットを手段として障害者の就労機会を支援する試みである「プロップ・ステーション」などもある。このように，高齢者や障害者など社会的条件から孤立を余儀なくされ，「恩恵的福祉」の対象であった人々も，情報ネットワークによって社会的ネットワークの中に参加可能になるのである。もちろん，ここでは要支援者へのメディアリテラシー教育（情報を受け取り，理解し，操作加工し，発信する能力を作るための教育）を行わなければならない。具体的には「パソコン教室」が典型的で「ホームページ作成教室」「パソコントラブル援助者」などが存在することが必要となるが，それは「情報」と「福祉」の持つ互助的性格が関係づけられた成果と言えよう。

　筆者も，1999年度に高齢者向け情報ネットワーク「熊本シニアネット」の発起人賛同者として参加し，同年秋に利用者調査を行ったが，そこでは情報提供以上に高齢者のコミュニケーション手段として同ネットが重要であることがわかった。また，同年，熊本県の身体障害者向け地図「熊本アクティブガイド」を「熊本バリアフリーマップ」として情報ネットワーク上で提供するプロジェクトに参加したが，印刷メディアと比べて情報の加除修正が随時可能なことなどの利点の他に，掲示板などを設けて情報提供を募ることが可能なことから「福祉情報」の実際的運用に関しては情報提供の他にコミュニケーションが大きな位置を占めていることが理解された。

　このように，「福祉情報化」は実際の生活者レベルにおいて，これから将来的な可能性のある分野ではある。ただし，「情報」の持つ社会観と「福祉」の持つ社会観は本来異なっていたわけで，今後も「福祉情報化」において，「情報」の立場からすれば，その応用分野としての「福祉」の分野に「情報」が持つ社会観を持ち込もうとすることになり，また「福祉」の側は福祉が持つその社会観を温存しつつテクニックとして「情報」を使おうとするという，いくらかの矛盾をはらんだものになる可能性がある。また，「情報」がかつて持って

いた，富者から貧者へ流れるような情報システムが「福祉」分野に入ってくると，情報の持つシステム的側面（今井の言うネットワークA）が「福祉」を侵食する可能性もある。まさにこれがかつて福祉情報化に異議が唱えられたことなのかもしれない。福祉分野における情報化が，福祉をシステムが侵食する予兆としないことを，これからも生活者レベルで検討してゆく必要があるだろう。

参考文献

生田正幸『社会福祉情報論へのアプローチ』1999年，ミネルヴァ書房
今井賢一『情報ネットワーク社会』1984年，岩波書店
井村保『健康福祉と社会情報』2001年，三恵社
岡本民夫，高橋紘士，森本佳樹，生田正幸編『福祉情報化入門』1997年，有斐閣
池田謙一『ネットワーキング・コミュニティ』1997年，東京大学出版会
大谷信介『現代都市住民のパーソナル・ネットワーク』1995年，ミネルヴァ書房
児島和人，橋本良明『変わるメディアと社会生活』1996年，ミネルヴァ書房
佐野匡男・伊澤偉行『ケーブルテレビジョンの野望』1996年，電気通信協会
田崎篤郎，船津衛『社会情報論の展開』1997年，北樹出版
竹中ナミ『プロップ・ステーションの挑戦』1998年，筑摩書房
G. ガンパート，石丸正訳『メディアの時代』1990年，新潮社出版
金子郁容『ボランティア―もう一つの情報社会―』1992年，岩波書店
林雄二郎，橘川幸夫，山岡義典編著『生活情報論』1997年，光生館
山中守『マルチメディア社会と地域づくり』1999年，九州テレコム振興センター
須藤春夫，大山博『ふれあいのネットワーク　メディアと結び合う高齢者』1997年，日本放送出版協会
森本佳樹『地域福祉情報論序説』1996年，川島書店
社会福祉・医療事業団監修『情報化時代の新しい福祉』1997年，中央法規出版
矢内秋生，櫻山義夫『ネットワーク・生活情報論』2000年，同文書院

Ⅳ 公的介護保険と福祉情報
——地域福祉との係わりで——

[キーワード] 公的介護保険，要介護認定，介護支援専門員，福祉情報，ノーマライゼーション，情報の共有，介護保険事業計画，アドボカシー，オンブズマン

1．公的介護保険の発足

　2000年4月から公的介護保険がスタートした。介護保険が導入された背景には，高齢者の社会的入院の増加による老人医療費の増嵩と，「介護地獄」と呼ばれている介護の過重負担による家族崩壊などが社会問題となったからである。

　こうした問題の原因を突き詰めていくと，従来の高齢者福祉制度の機能不全という問題に突き当たる。

　例えば特別養護老人ホームの場合，1992年に入所基準が緩和され，入口については普遍主義の立場がとられたが，供給の面ではその絶対数が不足し，したがって入所に当たっては，家族の状況や資産状態などが審査され，結局，所得が低く，単身で生活している高齢者が優先されていたのであった。

　このように高齢者サービスが狭き門であるのに比べ，「病院は医学的診断を根拠に入院が決められるので，ごく普通の市民にとっては福祉施設よりも入院するほうが簡単である」[1]。そこで入院の緊急性もないのに行き場のないため入院する「社会的入院」が広く見られるようになった。しかし90年代以降，医

療費抑制の目的のため長期入院の是正が進められたため、介護の必要な高齢者は、家族が受け皿とならざるをえなかった。

しかし我国では高度成長後の家族は、産業化や都市化の影響を受け、核家族、小家族が一般的となり、女性の就労も増大したため、介護が必要な高齢者を受け入れる体制になく、一旦引き受けた家族は、たちまち過重な介護負担に押しつぶされ、疲労困憊し、心身ともに追い詰められ「介護地獄」という状態が生まれることになった。

こうした状態は、ごく普通の家族に普遍的に見られ、そこにはそれまでの低所得者中心の高齢者福祉制度と、現実の福祉ニーズとの間には大きなギャップが存在することは誰の目にも明らかとなった。したがって新たな施策創設が緊要なものとして求められ、そこで発足したのが以下で説明する公的介護保険である。

介護保険の対象者は、原則65歳以上の高齢者である。その財源は、半分は公費（税）で、他の半分は65歳以上の第一号被保険者と、40～64歳までの第二号被保険者の毎月の保険料で賄われる（表１参照）。また、サービスを利用した場合は、掛った費用の一割は原則として自己負担となる。

介護保険を保険方式にしたのは、税方式の場合、税収がその時々の景気に左右され、歳入の落ち込みによってサービスが停滞、縮減される恐れがあるところから、安定した財源を確保できないという政策判断が働いたと思われる。

保険方式のメリットは、財源を安定させるとともに、保険料納付の対価として、いつでも、誰でも「権利」として介護サービスが利用できることである。それ故、かつての措置制度のように所得状況や家族の事情等、プライバシーに立ち入る調査など、サービス利用に伴う屈辱感を与えず「心身の状態」のみに応じて給付が決定される点で画期的な制度といえよう。

このことは従来の福祉制度ではその対象者になり難かった、国民の大多数を占める経済的、社会的中間層の高齢者をも福祉制度の中に取り込むことを意味し、もともと、階層に関係なく発生する介護需要に対応する制度となっている。

IV 公的介護保険と福祉情報　209

表1　介護保険制度

被保険者

第1号被保険者
(65歳以上)
2,200万人
(平成12年度)

第2号被保険者
(40〜64歳以上)
4,300万人
(平成12年度)

市町村・特別区

高齢者の保険料(17%)

若年者の保険料(33%)

公費(50%)
　国(25%)
　都道府県(12.5%)
　市町村(12.5%)

市町村支援 ← 都道府県

審査・支払等 ← 国民健康保険団体連合会

市町村の個別徴収 ← 約2割の者が対象

年金から天引き ← 約8割の者が対象

保険料

医療保険者：健保組合・国保など
一括納入(全国でまとめる)
→ 社会保険診療報酬支払基金
交付

*若年者の保険料については、医療保険と同様に、事業主負担・国保負担があります。

○要介護認定
・市町村で実施
(要介護の審査判定は広域連合や都道府県への委託も可能)
○介護サービス計画の作成
・介護サービスの計画的利用の支援

サービス利用 → 利用者の一部負担

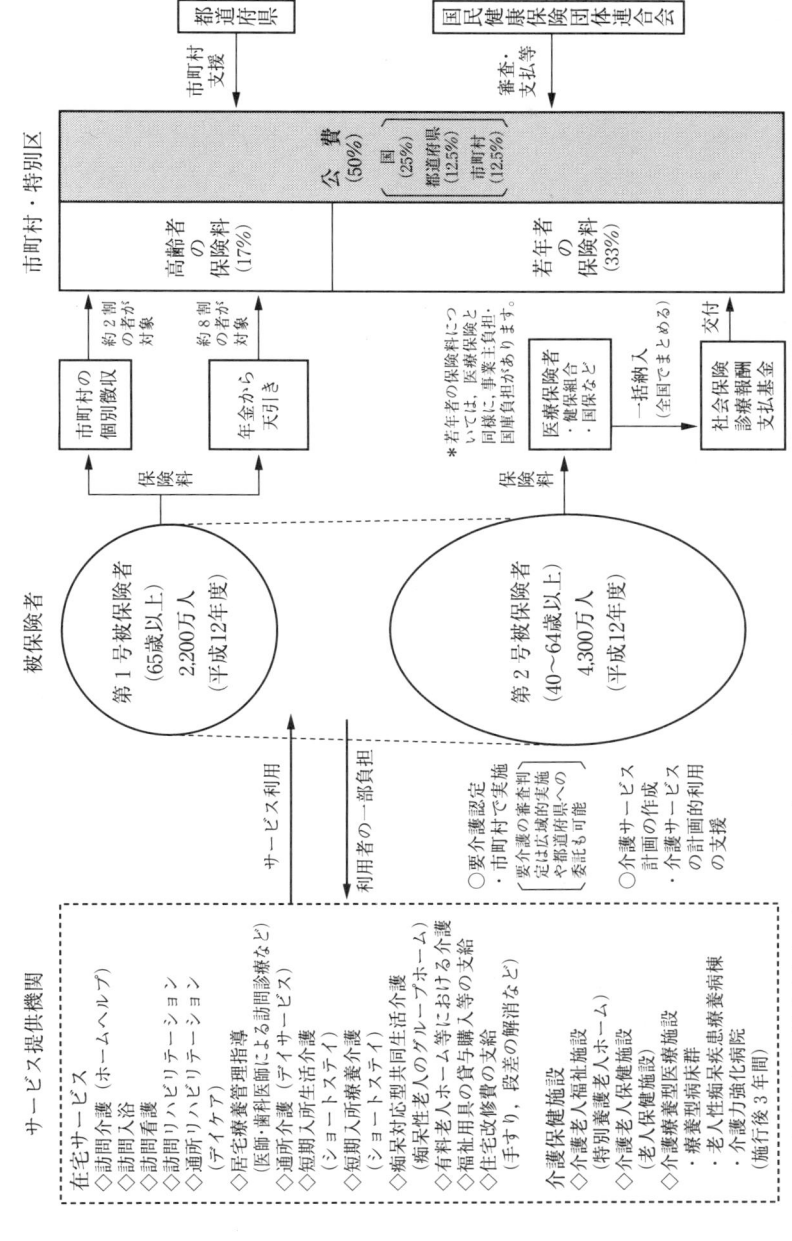

サービス提供機関

在宅サービス
◇訪問介護(ホームヘルプ)
◇訪問入浴
◇訪問看護
◇訪問リハビリテーション
◇通所リハビリテーション(デイケア)
◇居宅療養管理指導(医師・歯科医師による訪問診療など)
◇通所介護(デイサービス)
◇短期入所生活介護(ショートステイ)
◇短期入所療養介護(ショートステイ)
◇痴呆対応型共同生活介護(痴呆性老人のグループホーム)
◇有料老人ホーム等における介護
◇福祉用具の貸与購入等の支給
◇住宅改修費の支給(手すり、段差の解消など)

介護保険施設
◇介護老人福祉施設(特別養護老人ホーム)
◇介護老人保健施設(老人保健施設)
◇介護療養型医療施設
・療養型病床群
・老人性痴呆疾患療養病棟
・介護力強化病院(施行後3年間)

出典：『平成12年度厚生白書』ぎょうせい、2000年、428頁。

但し、ターゲットを中間層にまで広げたため、その仕組み（例えばサービス利用の一割負担など）は経済的弱者には厳しい制度となる。

　そこで低所得者には医療保険の高額療養費制度に似た支給制度が設けられ、一割の利用負担の月額が一定の額を超えた場合、市町村が要介護者に高額介護サービス費を支給することになっている。しかし従来無料または低額で利用できたサービスの費用負担が増えることは避けられず、弱者対策のなお一層踏みこんだ対応が求められている点は留意すべきであろう。

　介護保険加入の被保険者が介護サービスを受ける場合、被保険者本人かその家族等が保険者である市町村に申請書を提出し、「要介護認定」を受ける。従来の健康保険等の医療保険と比べ、あらかじめ要介護認定を受けなければ保険サービスが得られないという点が、介護保険の特徴である。

　そしてこの申請を受理した市町村では、調査員を申請者のもとに訪問させ、視力、聴力、麻痺などの機能障害、日常生活活動（ADL）などの心身の状態に関する73項目、及び特別な医療に関する12項目、85項目の質問等を行なって調査する。その調査内容はコンピュータで一括処理し、その結果を一次判定とする。この一次判定の結果と、調査の際の特記事項及び掛り付けの医師の意見書を添えて、市町村の「介護認定審査会」に通知する。

　審査会は上記の調査結果等を踏まえて、厚生労働大臣が定める基準に基づき、合議によって被保険者がどのランクの要介護状態に該当するかを判定し、この審査結果を市町村に通知する。介護が必要な状態にある被保険者を「要介護者」（1～5度）、要介護状態になる恐れがある被保険者を「要支援者」とする。市町村はこの審査結果に基づいて要介護認定を行ない、保険証に介護状態区分を記載して被保険者に通知する。

　認定を受けた被保険者は要支援から要介護5のいずれのランクに分けられるわけで、表2（在宅サービスの支給限度額）にあるランクごとの給付額を上限として、その状態に見合った介護サービスを受給することになる。

　サービスの種類は表1の通りで、居宅サービスは、家庭を訪問するサービス、日帰りで通うサービス、施設への短期入所サービスと、施設に入所するサービ

表2　在宅サービスの支給限度額

	心身の状態	支給限度額　（利用者負担額）
非該当（自立）	身の回りのことが自分でできる	介護保険のサービスは利用できない
要支援	部屋の掃除などで手伝いが必要	6万1,500円　　　　（6,150円）
要介護1	浴槽の出入りに一部介助が必要	16万5,800円（1万6,580円）
要介護2	何かにつかまれば歩ける	20万1,000円　　（2万100円）
要介護3	歩けない。入浴に介助が必要	26万7,500円（2万6,750円）
要介護4	身の回りの世話に介助が必要	30万6,000円　　（3万600円）
要介護5	意思の伝達が困難。生活全般に介助が必要	35万8,300円（3万5,830円）

出典：山川和則他『介護保険のすべて』東洋経済新報社　2000年　45頁。

スがあり，希望するサービスを提供機関に保険証を提示して，契約の形で受けることになる。

　なお，居宅サービスの場合，利用者の希望により，要介護度に基づいてサービスの給付項目及びその組み合せ，サービス提供事業者に関して，居宅介護サービス計画（ケアプラン）の作成を介護支援専門員（ケアマネジャー）に対して無料で依頼することができる。その際利用者は，自分の生活にあったサービスを受けたい要望を介護支援専門員に伝え，要望が受け入れられなければ専門員を変更することもできる。また利用者自らサービス計画を作成し，サービス事業者を選定することも可能である。なお，施設入所サービスの場合は，施設介護サービス計画の作成は必須となっている。

　介護保険では，被保険者の権利擁護のため「不服申し立て」と「苦情処理」の制度が設けられている。

　まず「不服申し立て」は要介護認定に係わる制度で，都道府県の介護保険審査会に不服申し立てを行なって審査請求をし，審理・裁決を受けることができる。審査会は被保険者代表3名，市町村代表3名，公益代表3名以上で構成され，任期は3年で，都道府県知事により任命される。不服申し立てに対しては，問題が発生した日の翌日から起算して60日以内に文書または口頭で回答があ

る。なおこの審査会の裁決に不満がある場合は，行政不服審査法に基づき，所轄の地方裁判所に対して行政訴訟を起こすことができる。

　また「苦情処理」とは，介護サービスの内容や質についての問題に対して相談，解決することで，その窓口は市町村から介護サービスの費用などに関する審査と支払いの委託を受けている各都道府県の国民健康保険団体連合会（国保連会）にある。そこでは苦情処理業務の適任の学識経験者が選任され，利用者からの苦情，相談を受け入れて聞き取り調査，面接，サービス提供事業者の調査を通じて，各サービス業者に改善すべき点があれば通知し，指導をすることになっている。

2．公的介護保険と福祉情報[2]

　本節では公的介護保険制度の下での福祉情報の意義を，保険利用者（サービス需要の側面）とサービス提供事業者（サービス供給の側面）とに大別して，それぞれの領域で検討してみよう。

　まずは保険利用者にとって福祉情報はどのように位置づけられるかを考察していこう。

　介護保険導入前の福祉は措置制度で，措置とは「社会福祉法制などにより行政庁に義務づけられ，また権限を与えられていた施策」[3]と定義されているように，国，都道府県，市町村がそれぞれに行なう行政処分であった。その際，行政解釈では，利用者の請求権は否定され，措置された者が受ける利益も権利としてではなく「公的機関に措置義務があることから派生する『反射的利益』」であるとされた。

　その根拠は行政処分に基づく財源が一部の自己負担を除けば租税で賄われていたからである。したがって介護サービスについてもサービスの種類や量，給付期間等は，行政が決定権限を持っていたのである。そしてそれは予算の範囲内で実施され，行政が主体となる枠組で実行され，需要に応じてサービスを提供するという仕組みではなく，供給が需要を管理するシステムであり，予算を

使い果たせば，サービスはそこで打ち切りとなり，供給量の範囲内に需要は押え込まれていた[4]。

したがって福祉対象者も限定され，単身，低所得高齢者が優先され，サービスの量や種類も少なく，誰もが，いつでも，どこでも受益の対象になれる仕組みではなかった。そのため情報提供も利用啓発のための広報程度にとどまり，それ以上情報が重要視されることはなかった。

他方，前節で述べた介護保険の仕組みから見ると，サービス利用の決定権は行政から，保険料を納付している権利主体である利用者に移行することが企図されていることがわかる。つまり被保険者が介護サービスを受ける時は，要介護認定を市町村に申請する。市町村は受理後30日以内に要介護度の認定結果を利用者に通知するが，行政が行なうのはここまでである。

ここから（認定結果通知後）先は利用者が主役となり，要介護ランクの金額の枠内で自分に合ったサービスが利用者本位で，しかも契約によって選択することができる。また選択に当たっては，介護支援専門員（ケアマネジャー）に相談したり，居宅サービス計画（ケアプラン）の作成やサービス提供事業者との調整も，自分の意見を十分反映させて，依頼することが可能である。

このような従来の措置制度下の「行政本位」の福祉から，「利用者本位」への転換によって，サービス提供事業者は，かつては行政から委託を受けて事業が成り立っていたので，行政に信頼を得，行政に顔を向けていたが，介護保険下では仕事は利用者本人から，あるいは介護支援専門員から要請されるので，常に利用者に信頼を受け，利用者に顔を向けなければならず，利用者を保護対象ではなく「消費者」として遇し，利用者の満足を最大化するサービスを提供するという市場原理・競争原理が介護サービスでも働くことになったのである。

まさに介護保険の導入によって，保険方式によって財源基盤を確保するとともに，利用者が「契約」によって自らサービスを選択，利用する仕組みに切り替わったわけだが，その際重要となったのは，利用者がサービスを選択する時点で，その判断を的確に行なえるための十分かつ適切な「福祉情報」の確保で

ある。

　行政が決定権を持っていた措置制度下では，法制，財政の固定化によって福祉情報は，ほとんど構造的に不必要であった。しかし介護保険下では，介護サービスの情報を知っているか，いないかでその人の介護される生活内容が大きく変ってくる。将来サービス供給の多様化がさらに進む局面では，その差はさらに大きなものになってくることが予想される。

　したがってその地域でどのような介護サービスが提供されているかの情報を，利用者に迅速かつ的確に届くような福祉情報の入手のための仕組み（システム）が早急に作り上げられることが今日求められているのである。

　そしてそこで提供される福祉情報はかつての広報の域を超えた「サービスの提供者が提供する具体的なサービス内容や他の事業者と比べた特色や特徴等の情報をサービス利用者に届けるものであり，それを利用者が自らの生活条件や選好を基準として選択し利用するための支援となるべきもの」[5]であり，いわゆる電話帳のような情報ではなく，より具体的な「①どの内容のサービス（商品）が，②どのくらいの料金で，③どのような質を伴い，④それが自分のライフスタイルに合っているかどうか」[6]といった利用者の判断材料，ひいては生活の質の向上に結びつく，実質的な選択行動を支援する内実を備えた福祉情報でなければならないだろう。

　またこうした内容をサービス提供事業者が積極的に情報開示をすることによって，利用者から一定の評価を得，事業拡大にもつながっていくはずである。

　ただここで留意しなければならないのは，豊富な情報が提供されても，実際のサービス内容と情報との間に業者によって大きく食い違っていては，いたずらに利用者を戸惑わせるだけであろう。特にこれからの介護サービスは，対人福祉サービスがその中心となるであろうから，同じ「ホームヘルプ」，「デイサービス」，「ショートステイ」と表現されても，その内容が事業者間で曖昧さがあっては，利用者としては困惑する。

　したがって今後は，事業者指定制度の適正な執行やサービスガイドラインの作成など，サービスの質の均一化を計るとともに，すでに医療分野で行なわれ

ている諸事象と情報との合致が進められているように，福祉サービスの情報提供についても「それが真に利用者のサービス利用支援として機能するためには，誰にも共通した概念として通用する福祉情報の標準化」[7] が進められなければならない。

　次にサービス提供事業者のサイドからの福祉情報の意義を検討してみよう。

　上記で見たように介護保険のサービス内容の中心は在宅福祉が軸になっている。事実近年の動向を見ると，ノーマライゼーション思想の定着とともにサービス利用者は可能な限り，住みなれた地域社会や家族の中で拘束や制約から自由な生活を送れるようすることに比重が置かれている。

　但し在宅サービスは，サービス利用者が地域社会に散居しているため，施設でのサービスのように集約的にサービス提供することが難しく，サービス提供者と利用者との間のコミュニケーションの密度と頻度は施設に比較すると大幅に低下する恐れがある。

　したがってノーマライゼーションの理念からすれば，施設での処遇並の態勢を地域に整備するためには，豊富なマンパワーを用意するとともに，地域に散居している利用者のニーズの把握がサービス提供事業者間に，十分に遺漏なくなされていなければならない。

　そしてまた人々の生活は「生命・身体のレベル，人格，行為のレベル，生活関係・生活環境のレベルというそれぞれのレベルが相互に依存しあい規定しあいながらひとつの全体として成り立っている」[8] のである。

　それ故に，従来縦割りで，単発的に提供されてきたサービスを横につなげて，全体性を持つ生活を覆い被せるように生活保障を総合的かつ有機的に統合させた形で提供するため，サービス提供諸機関のネットワーク形成が必要となっている。

　特に近年では福祉といった限られた分野だけでなく，保健，医療との連携が当り前のように求められている時代には，ネットワークの構築は，その作業を急がねばならない。

　また介護支援専門員が実効性のあるケアプランを立てるためにも，各関係諸

機関がネットワーク化されていることは、プラン作成の土台として必須である。

　このネットワーク化は、情報の視点から見ると「情報の共有」というキーワードでいいかえることができる。例えば「福祉・保健・医療の連携やケース・マネジメント・プロセスにおいては、一人の要援護者に対してどのようなサービス提供者が関わり、どのような処遇を行ってきたかについてのファイル化を行うことによって、処遇の継続性・一貫性が高まる。つまり、一人ひとりの要援護者についてのデータベース化を行うことで、その人についての情報を、関係者が共有でき、その結果、処遇ネットワークに関わるサービス提供者の処遇レベルがアップし、また、その要援護者に新たなニーズが発生したときにも即時対応が可能となることが期待されるのである」[9]。

　このような情報の共有化を実現するためには日頃からの関係機関相互のコミュニケーションの質量を高めることが肝要である。かつて日本の福祉情報の取り扱いはきわめて閉鎖的で、機関内部の情報のみがシステム化されていて、いわゆる「タコつぼ」型であったため、その情報の普遍性や汎用性は乏しく、サービス提供がバラバラで、ケースの「たらいまわし」などが見られた。こうしたバラバラのタコつぼ方式を打破するためには、各サービス提供事業者の情報の共有が不可欠となる。

　この点、生田正幸は情報の共有の重要性をより具体的に次のように述べている。「たとえば、ホームヘルパーが訪問時に把握した高齢者の生活状況等に関する情報を、他のヘルパーやかかりつけ医・訪問看護婦などが共有することができれば、それぞれの訪問をより効果的に行うことができる。また、デイサービス、デイケア、ショートステイといった在宅サービス提供機関の担当スタッフや在宅介護支援センターの相談スタッフ、さらには特別養護老人ホーム、老人保健施設などといった施設のスタッフも加わり、それぞれが持つ当該利用者に関する情報を必要に応じて共有したり、処遇上の注意事項を互いに伝え合ったりすることができれば、利用者に関する調査を別々に行う必要もなくなり、その時々の状況にふさわしいサービスを継続的にしかも一貫して提供すること

が可能になる。また，新たなニーズの掘り起こしやサービスの質の向上，コスト削減にもつながり，利用者にとっては生活の質（QOL＝Quality of Life）の向上に結びつく」[10]。

このように在宅福祉サービスを中心とした地域福祉の展開には，サービス提供事業者が日々その処遇内容を相互に知らせ，情報を共有することによって，連携が成立し，利用者に対するサービスの組合せをより効率に提供することができる。そしてそれがケアの継続性と質の確保の実現に通じることになるのである。

3．公的介護保険下における住民参加と福祉情報

再々述べているように公的介護保険によって，「措置」から「契約」へと処遇の転換が計られて，これまで行政が中心に提供されてきたサービスの供給のあり方が根本から覆されることとなった。ただ今後介護保険を円滑に運用するためには，都道府県，市町村の情報の効率化や生活支援のための情報提供を含め，関係諸機関で各種情報をスムーズに授受できるかが課題となろう。

本節では以上の点を踏まえて，介護保険をより豊饒な制度にしていくため地域住民がどのように係わるべきかを情報との関連で考えてみたい。

第一に，介護保険と住民参加を考察する際に，まず指摘しなければならないのは，介護保険を具体的に実施するための「介護保険事業計画」を各自治体が作成する作業に，公募による地域住民を参加させることが法律の条文（第117条）に，明文化されたことであろう（政策立案に当たって当事者すなわち障害者が加わる規定は1994年に成立した障害者基本法が先行しているが，事業計画段階での住民参加を明文化した法律は日本で初めてであると思われる）。

この事業計画とは「要介護度のランク別に介護を必要とする住民がどれだけ存在し，そのうち介護保険給付のサービスを利用する意向はどれだけあるかを調査して，必要サービス量を把握するとともに，提供しうる介護サービスがどれだけ準備されているかを調査し，不足分を今後どのように調達していくかの

計画を策定するものである。また，提供しうるサービスの見込量により，第1号保険料の水準を決定する。つまり，介護保険制度を円滑に始動させるうえで，もっとも重要な準備作業である」[11]とされている。

これは突き詰めていくと，住民自らがより質の高い，より多くのサービスを望むならば保険料負担は高くなり，低く抑えたいなら僅かなサービスで我慢しなければならないといった，ある意味では切実な判断が求められることになる。このような作業に住民が参加するのは，日本では前例がないだけに住民自治の実験ともいわれている。

それだけに，従来の多くの審議会に見られるように，行政が用意したシナリオを，行政が選任した業界や圧力団体の委員により，行政の報告を聞いているだけで，時間を過ごすといったわけにはいかないのである。

ただ制度発足に間がないだけに「公募委員には関心と意欲はあるが介護保険制度や保健福祉サービスの状況把握ができず，戸惑が生じている例も多いと聞く」[12]という報告もある。

それ故，行政が福祉サービスの整備状況，住民の抱えている課題に関する状況等の情報を積極的に開示し，また他地域との比較による格差の実態や，先進地域の事例情報等を策定委員に示し，委員自身が自らの問題として介護保険を受け止め，理解し，課題解決に向けた主体的意識（＝主体形成）の醸成が重要であろう。

その意味でまさに事業計画策定委員会は，地域における介護について，住民が正確な判断を下すための「情報集積の場」あるいは「情報センター」とし機能することが期待される。こうした行政の情報行動によって，委員が単に参加するだけでなく，地域住民の代弁者として，介護保険のPRの仕方や，苦情処理の方法，申請受け付けの場所やその方法など生活者としての感覚を生かし，介護保険の使い勝手をよくする意見や，保険料の提案や対案を出すといった意識改革の進むことが期待される。そう考えると，策定委員会の地域代表は，単なる参加ではなく，参画，対案提起の主体者となり，地方分権時代にふさわしい，新しい地域での役割を担う住民として成長していくことが展望できるので

ある。

　第二に，介護保険においての住民参加の意義をアドボカシー（権利の代弁，擁護）の機能を通して考えてみよう。介護保険は，そのサービスを利用者の「選択」に委ね，「利用者本位」の仕組みとなるよう設計されているが，サービスを選択するためには利用者自身に十分な意思能力があり，自立した個人として判断ができなくてはならない。しかし要介護高齢者は，一人暮しや虚弱者等，身体的，精神的，知的なハンディキャップを持つ人が多く，そのため情報についての判断能力が十分でなかったり，制度情報に無知であるといった，いわゆる「情報弱者」になりかねない人が多い。そのような状況では，いくら多くの情報が流通されても，これを受け取り効果的に活用することは困難である。したがってこうした情報弱者をサポートする仕組みが不可欠となる。

　現段階では民生委員のリーチング・アウト・システム（地域に出かけて，ニーズを発見するシステム）に期待が寄せられているが，民生委員の数は限られており，将来の高齢社会ではとても対応しきれないのが実情である。そこで注目されているのが，福祉に関心を持つ地域住民によるアドボカシーのためのネットワークの形成である。

　人は何か困った時には，行政機関や専門機関にストレートに相談に行くことはまれで，家族や親戚，友人，知人，近隣住民など気心の知れた人々に頼ることが圧倒的に多い。それは各種の調査結果からも明らかになっている。特に近年では，地域福祉やコミュニティ形成が叫ばれるのは，増加が著しい1人暮らし高齢者などを，近隣住民がサポートの役割を担うことが期待されているからである。

　情報弱者の問題は，本人の能力の欠如だけでなく，その当事者を取り巻く周囲の人々に情報が伝達できていないため，サービスがニーズと結びつかない状態が生じているとも捉えることができる。そのため情報弱者の高齢者の周囲に，地域住民を中心としたアドボカシーのためのネットワークが用意され，的確なニーズ情報の把握とそれに対応した適切なサービス情報をマッチさせ，情報弱者を支える体制を作り上げねばならない。

そしてそうしたインフォーマルなネットワークが，行政や在宅介護支援センターなどと結びつきを強化し，ネットワークの質的向上を計り，課題解決のための個別的，具体的な「活きた福祉情報」を情報弱者に伝え，介護保険を利用できる態勢にまで弱者を持ち上げる（エンパワメント）ことが求められる。このようなアドボカシー機能は，今後重要な地域福祉における役割の一つとなるであろう。

第三には住民のオンブズマンとしての参加が期待されている。介護保険制度では，事業者指定制度が設けられ，指定事業者がサービスを提供することになっているが，その際，サービスの質は，原則的には「利用者の選択」と「市場」によって判断されることになっている。

しかし現時点では，特養のような入所施設では介護保険がスタートしても需給関係の逼迫はすぐに改善されるわけではなく，利用者が簡単に施設を選択することは難しい。

そこでサービスの質の確保策として，①厚生労働大臣が定める設備及び運営等に関する基準要件を満たしている場合，「指定事業者」に定める制度による，一定水準の質の確保，②サービスの品質についての自己評価の法的義務づけ，③サービス利用者において苦情が発生した場合，国保連合会の業務としての苦情処理（介護保険法176条1項第2号）が設けられている。しかしこれらの対策は基本的に定められた基準，義務づけられた運営に事業者が明らかに違反した時，特に③については明確な人権侵害，つまり違法行為に対処するために用意された方策である。

但し，こうした制度化された苦情処理には必ずしもなじまない，つまり行政等が対応するまでに至らない苦情や要望が介護の現場には多数存在する。例えば「『気が進まないのに買物に行こう行こうと無理に勧めないでほしい』『歯医者さんの往診回数を増やしてほしい』『煙草を自由に吸いたい』『コールをしたとき，何んですか何んですかと何度も聞かずすぐ来てほしい』」[13]。こうした苦情や要望の情報は，当事者にとっては切実であるが，必ずしも表面化しないままであることが現在の介護現場の実情である。その背景には，伝統的な福祉

の姿勢がなお温存されていて，福祉対象者を弱者あるいは保護，援護する存在とし「お世話する」「される」という力関係が働いているからである。

　措置から契約へと制度が変ってもこうした関係が続けば，介護保険の理念は「絵に書いた餅」になりかねない。

　本来そうした苦情，要望の情報はサービス提供者と利用者のコミュニケーションの中でちょっとした「気づき」として感知され，解決されるべきであろう。そしてそうした気づきと解決の積み重ねがサービスの質の向上の内実をなすのだが，現在のところ介護の現場でそうした内部解決が進んでいるという報告はあまり聞かない。

　そこで行政や事業者から独立し，公平かつ客観的な判断を下せる，地域住民が主体となる「住民オンブズマン」組織が介護の現場に立ち合うことが要請されている。それにより従来ささやかれていた「施設の常識は社会の非常識」といわれた状態から社会の常識に介護サービス運営を改善すべきであり，「モノ言わぬ入居者」から苦情，要望の情報を取得し，当り前の消費者保護，人権擁護を実現すべきである。

　そしてこうした活動の通じて，オンブズマン組織は，施設，在宅を含めた介護サービスの質に関する地域での「情報プール」となることによって，これからサービスを利用しようと考えている利用者予備群に対して大変貴重なアドバイスを提供できる機関となるであろう。また，既設のサービス提供事業者には，オンブズマン組織の存在によって福祉事業がサービス業であるという自覚を促し，利用者との対等な関係に基づき，利用者＝顧客＝消費者の満足を最大化を図るといったインセンティブが働くような方向に向かっていくことになるのではないだろうか。

　介護保険制度の導入によって「保険料を支払っている」という意識に基づき権利意識の強い利用者が増え，「措置」時代のスティグマも解消されると，より多くの苦情，要望が表面化し，そうした情報をオンブズマン組織が蓄積することで，サービス提供事業者を，住民自らが評価を行なうことが可能となる意味で，住民オンブズマン組織の導入は介護保険制度の理念に照らしても大変意

義のある存在となろう。

1) 衛藤幹子「介護保険と市民」『ボランティア活動研究　第10号』大阪ボランティア協会，1999年，8頁。
2) 本稿の福祉情報の定義は，森本佳樹の「住民や福祉サービスの利用者自体に関することがら，福祉にかかわる施策やサービスあるいは施設やマンパワー自体に関することがらおよびそれらの両者の状況関係に関することがらについての"報せ"であり，社会福祉に関して，判断を下したり，行動を起こしたりするための知識」に依拠している。『地域福祉情報論序説』川島書店，1996年，37頁。
3) 京極高宣『現代福祉学レキシコン』雄山閣出版，1993年，239頁。
4) 池田省三「ゴールドプランから介護保険へ」大森彌編『分権改革と地域福祉社会の形成』ぎょうせい，2000年，167-168頁。
5) 須永誠「福祉改革における情報提供とその課題」山縣文治編『社会福祉法の成立と21世紀の社会福祉』ミネルヴァ書房，2001年，129-130頁。
6) かながわ福祉サービス振興会編『介護保険と福祉ビジネス』中央法規，2000年，5頁。
7) 須永誠，前掲書，130頁。
8) 古川孝順『社会福祉の運営』有斐閣，2001年，84頁。
9) 森本佳樹「地域福祉における情報化の意義，現状，及び今後の展望について」『東洋大学大学院紀要　第27集』東洋大学大学院，1991年，147頁。
10) 生田正幸『社会福祉情報論へのアプローチ』ミネルヴァ書房，1999年，66頁。
11) 池田省三，前掲書，200頁。
12) 大澤隆「地域福祉計画と介護保険事業計画」大橋謙策編『介護保険と地域福祉実践』万葉舎，1999年，77頁。
13) 尾崎努「介護保険とNPO」早瀬昇他編『NPO非営利セクターの時代』ミネルヴァ書房，2001年，228頁。

IV 情報化と地域

I　アポリアとしての地域情報

［キーワード］　地域，地域情報，地域メディア，批判的言説，地域問題情報

1．はじめに

　周知のように情報通信技術の急速な発達，情報ネットワークの全国的・全世界的普及は情報の付置連関を根本から変え，我々の身近な地域社会や地域生活にも大きな影響を及ぼしつつある。

　ところで，郵政省（現総務省）が発行している『通信白書』の各年度版を鳥瞰すると，経年とともに地域情報や地域情報化に関する言及が少なくなりつつあるることに気づく。それに反比例して，紙面を賑わせているのが，ITやインターネットである。これらの技術の超地域的，脱地域的性格は異なる場所の人々を容易に結びつけ，新たなコミュニケーションの可能性を開く。こうしたなか，より狭い地域を対象とするメディアはどのように再構成され，新たに意味づけられるのか。あるいは情報の担い手である住民と地域情報の関係はどのように考える必要があるのか，課題は山積しているといえよう。

　本章はこうした問題を意識しつつ，地域の大きさ，地域情報の概念，地域情報の社会心理的な側面について考察を加えつつ，地域情報という問題構制のアポリア（難問）を析出することを目的とする。

2. 地域メディアと地域の大きさ

(1) 地域と地域社会

　地域情報を研究の対象に据えるばあい，まず問題となるのは地域あるいは地域社会をどのようにとらえるかである。地域の含意は，学問領域や論者によって多様であり，議論は極めて複雑である。地理学では〈地域〉は学問的本質に関わる概念として，古くから論議されてきた。人文地理学辞典によれば，地域とは「地表面のある特性を有したまとまりのある領域」であり，「可視的なものと否とを問わず，自然的，人文的すべての要因が地表面の一定の広がりの中に構成する複合体」と定義される[1]。つまり，人間という主体を抜いても，地表面にまとまりのある特徴が認められれば，その規模に関係なく〈地域〉は成立する。それに対して，社会学ではコミュニティという概念と連動しながら，主として人間の結びつき，社会関係の総体という次元で地域＝地域社会をとらえてきた。蓮見によれば，地域社会は「歴史的・制度的に設定された地域の上に複雑に錯綜する社会関係・社会集団の組み立てる構成」とされる[2]。

　地域コミュニケーション，地域メディア，地域情報を取り扱う際も，当然，地域あるいは地域社会とは何かという概念規定は避けて通れない。どの論者も操作的であれ，何であれ，まず冒頭に地域概念について言及せざるをえないところにこれらの領域の困難さがある。そして，その理解はこれまた一様ではなく，それぞれの論者の地域理解にしたがって地域概念が規定されるから，微妙な議論のズレを生むことになる。

　ところで，地域社会学によれば，共同体的社会は自己完結的色彩の強い局地的小宇宙として存在し，そこでの人々の生産活動や社会活動と地理的空間，範域はおおむね一致していたとされる。しかし，近代化によって人や商品の流通，交流が促進された結果，人々の社会活動と居住という地理的範域が必ずしも一致しなくなった。こうしたズレは近代化の進展とともにますます昂進し，その結果，生産の共通性はおろか，生活の共同性も存在するかどうか極めて疑わし

Ⅰ　アポリアとしての地域情報　227

いものになっていった。蓮見は地域という概念で地理的範域の中から生活の共同性や社会的交流の見られる地理的空間を切り取るという行為は現実には不可能になっていると述べ、「現代の，ことに都市社会において，居住者の社会活動によって作り出される社会関係・社会集団を手がかりにして，地域社会のまとまりを空間的に描き出すことは，とうていできないことといわざるをえない」と述べ，地域という概念を人々の生活の共同性の集積体として求めることはもはやできなくなっていると結論づけている[3]。

　地域社会学において地理的範域の中から生活の共同性や社会的交流の見られる地理的空間を切り取る行為が不可能になっていると語られていた同時期，地域メディア論は地域社会についてどのような認識を持っていたのだろうか。たとえば，竹内は「地域社会が一定の地理的範域を前提していることは確かであるが，同時に，そこに生活する人びとの共通性，共同性，連帯性を含んだ実体であることも自明である」としている[4]。両者の地域社会への視座が好対照をなしていることは注目に値する。こうした違いが見られる原因として，地域社会学では人々の関係性そのものへ関心が向くのに対して，地域メディア論では，地域が成立していることを自明として，当該地域におけるメディアの機能や住民の情報行動などにより強い関心が向けられてきたところにあると思われる。

　地域メディアはその（技術的）特性として一定の空間に展開せざるをえないところから，地域メディア論における地域の理解は関係論的な把握よりも一定の限られた範域＝地域という空間的把握が強く出る。清原は「地域メディアとは，あつかう情報の領域による分類ではなく，そのサービス・エリア，カヴァレッジ・エリアを，地理的な範域としての「地域」とするものなのである」と述べているが[5]，この場合，地域メディアの地域とはサービス・エリア，カヴァレッジという地理的空間と同義になる。地域メディアがある範域の中で成立するならば，その内容である地域情報も範域に対応したかたちで分類可能となる。こうした立場にたつと地域メディアのカバレッジと仮定されたある空間的範域で生じる情報はすべて地域情報となる。森谷がいうように「地域社会の抱える問題や地域住民のニーズとは無関係に，地域情報という情報があること」[6]

にもなりかねない。そこでは，ある範域を伴った実体としての地域メディアというメディアが先験的に存在して，その範域をカバーするのが地域メディアであり，そのメディアが伝達する内容が地域情報であると素朴に観念されることになるのである。

(2) 地域の大きさ

　地域メディアにおいて地域とはどのような大きさを指すのであろうか。むろん，これは相対的な問題であることはいうまでもない。たとえば，船津は地域メディアの種類として地方紙，地方ローカル局，自治体広報誌，回覧板，折り込み，チラシ広告，有線放送，有線放送電話，同報無線，地域情報誌，フリー・ペーパー，CATV，キャプテン，ファックスなどをあげているが[7]，この定義から地域メディアは県域を含む広さ，地域情報も同様に県域までということになる。一方，山田は「県域程度以上の規模の社会はマスメディア以外に共有されるコミュニケーション回路なり，社会的絆を持ち得ない社会＝マス社会」だから，それを対象とするメディアはマスメディアであり，「県域メディアをわざわざ「地域メディア」として切り出してくる必然性は薄い」と述べる[8]。そして「「地域メディア」の論議で主たる対象となるのは日刊地域紙に代表される地域紙であり，CATVであり，自治体広報や無題広告紙，コミュニティFMなのであり，県域メディアは付随的に論じられるのが普通である」と地域メディア論が対象とする領域を「都道府県域よりも小さい部分」ととらえている[9]。

　田村が指摘しているように，県域（社会）という規模は県域社会相互のアンバランスが激しい[10]。範域の大きさ，人口，経済規模など大きな差がある。つまり県域という空間が，住民の直接体験の延長上にないばあいも多いのである。田村は県域社会と地域社会を区別したうえで，地域社会に比べれば，県域社会は「依然広告，宣伝，SP（販売促進技術）の対象である」と述べている[11]。県紙の販売エリアは周知のように戦前の新聞統合に起源を持つものであり，人工性が高い。地方ローカルテレビ局（特にUHF局）の場合，いくつかの例外を

のぞいて，多くは県域放送となっているが，これも電波の技術的性格というよりも商業的利益をいかに極大化するかという観点で決定された側面が強い。そして，地方ローカルテレビ局においてはその置局の理念に反して地域向け番組の制作比率がおしなべて著しく低いことは周知の事実である。

地域メディアのレーゾンデートルはマスメディアとは異なる機能や役割がそこに見られること，殊に住民自身が情報を生み出す主体としてアクセスや参加の可能性が開かれているところにあると考えられる[12]。県域メディアにとって住民はあくまでも情報の「受け手」という客体にとどまるのであり，こうした点から考えると県域メディアは住民のアクセスと参加の可能性が開かれたCATVや地域情報誌などとは明らかに位相の異なる位置にある。したがって，実体論的，空間的な視点から見ると県域を含むメディアは我々の直接体験を超えるマスメディア的色彩が強く，その意味で地域メディアという次元で論じるには一定の留保が必要である。

3. 地域情報のアポリア

(1) 批判的言説としての地域メディア論，地域情報論

地域情報の概念を検討してみると2つの異なった方向性が見られる。船津は地域情報を「人々の身近な情報，地域の情報を意味し，地域社会に関するあらゆる情報のことを表す。具体的には地域の産業，政治，行政，生活，買物，医療，福祉，気象，災害，教育，文化，娯楽などに関する情報を指している」と広義に概念規定しているが[13]，ここで使われている地域情報という概念は明らかに実体としての地域情報を指す。ここでは地域情報は客体化されたかたちで地域という地理的空間の中の住民に投げ出された実体を伴った情報としてとらえられているように見える。こうした概念構成は地域情報の媒体である地域メディアがその技術特性上，ある範域を持って成立し，その内容である地域情報も範域に対応したかたちで分類されるところに由来する。一方，こうした地域情報の定義をおこなうとともに，船津は地域情報の特性を以下のように整理

している[14]。

(a) 地域に関連した情報であり，地域に依存した，地域レリバントな情報である。それは一般の情報を地域の観点から切り取り，意味づけし，解釈し，また新たに創造した情報である。
(b) 地域に密着した地域の情報，人びとにとって身近な情報を表す。
(c) 地域社会の抱える問題を明確に把握し，また人びとのニーズに応える情報を表す。
(d) メディアが情報を生み出すのではなく，情報を生み出すのは情報主体としての住民である。

ここで注目されるのはある空間的範域で生じる情報をすべて地域情報と操作的に規定しつつ，一方で，地域情報とは一般の情報を地域の観点から切り取り，意味づけし，解釈し，また新たに創造した情報であり，情報を生み出すのがメディアではなく，情報主体としての住民とされているといった時の概念のズレだ。つまり，包括的な概念規定としての地域情報の具体的内容と地域情報の特徴が必ずしも符合しないのである。また，船津の地域メディア概念の中に含まれる地方紙や地方ローカル局は地域メディアの中でも極めてマスメディア色の強いものであり，これらのメディアが生産する情報を住民自らが生み出す情報とは見なしにくい。地方紙や地方ローカル局についていうなら，現実には住民自らが情報を生み出す主体としての地域情報という規定は成り立ちにくいものだといえよう。

では，なぜ一見，矛盾を含んだような地域情報の概念規定がなされているのか。その理由は前述したように地域情報の媒体としての地域メディアが伝統的にその機能としてアクセスと参加を掲げてきたこと，つまり地域メディアあるいは地域情報論がその概念や機能を一種の理念として把握してきたことにある。地域メディア論，それに関連した地域情報化論は現実態として論じられる一方，その先に地域メディアや地域情報化による地域の再編や紐帯の強化の可能性を見ていたのである。たとえば，現実態としての地域メディアたとえばCATVの地域番組は利用実態が低く，地域情報の入手源としてほとんど役だっ

ておらず，総じて番組への住民参加意欲がかなり低いことが指摘されてきた[15]。したがって，地域メディア，地域情報の把握のされ方は現実態と可能態という二重性においてとらえられてきたといえる。

このような概念の把握のされ方，視点は花田が公共圏概念の構造を明らかにするために示した方法，つまり転繹法に近い視点である。転繹法とは「潜在的な対象，つまり可能的な対象を措定し，その誕生と発展を，過程と実践（実際の行動）との関係において示す」のであり，「ひとつの企図から出発してそれを定義し，現実化するための探求」である[16]。その概念は仮説と定義を同時に内包している。公共圏概念と同様に，地域メディア，地域情報概念も現実態と可能態の二重性においてとらえられてきたのである。「未来の到達点」あるいは理想のあるべき可能態から過去および現在に存在する地域メディア，地域情報の運動過程が照射される。したがって，地域メディアや地域情報に関する議論は，進化しつつある，あるいは地域で展開しつつある社会的実践として示されることになる。したがってそれゆえに地域メディア論，地域情報論は現実の地域メディア，地域情報，地域情報化に対する一種の批判的言説としても機能してきたのである。

(2) 地域情報の成立根拠

前述したように，蓮見は人々の社会関係・社会集団の累積として，地域という一定の地理的範域を描き出すことは不可能としたが，それに代わって居住者のアイデンティフィケーションという観念形態によって地域をとらえるという提案をおこなっている[17]。地域住民には地域についての暗黙の前提があり，特定の地域住民としての認知が住民相互間に形成されているというのである。暗黙の前提とはどのように生じるのか。私見ではそれはその土地に固有の歴史や風土，行政的区割り（地理学でいう形式地域），住民の社会的・経済的・政治的・文化的活動，メディアによる地域住民への地域イメージ付与などであり，それらの複合的所産として地域という観念は生じると考えられる。地域は国家ほどその人工性は高くないにしても人々にとって何ほどか「想像された」もの

として存在するといえよう。

　さて，蓮見の地域社会への視点を準用すれば，地域の関連概念である地域情報も住民＝主体のアイデンティフィケーションという観念形態としてとらえられる。つまり当該主体が地域と認知，認識した空間の中で生成した，もしくは地域との関わりの中で解釈された情報が地域情報ということになる。地域情報は住民相互の地域イメージとして，想像されたものとして存在しているのである。当然，主体の地域認知には個人差が見られることになる。しかし，その認知が各主体個人の主観の中に完全に溶解してしまうことはないだろう。なぜなら，地域認知は一定の物理的空間的な，あるいは制度的な基盤のうえに形成された住民相互認知のうえに成立するからである。地域認知が住民相互のイメージの所産と考えるならば，先の地域の大きさに関しても異なる見解を導き出すことが可能となる。つまり地域の大きさとは物理的な直接体験可能性の延長上にあるか否かというよりも，直接体験可能性の延長上にあることをも含めつつ，主体である住民が直接体験可能であると想像された，あるいは自我関与的であると想像された空間の大きさと考えるとわかりやすいのではなかろうか。

　では地域情報という問題構制はいかにして成立するのであろうか。山田は地域メディアの性格を一般のマスメディアとは異なるものにしているのは，受け手が共有している地理的空間＝具体的な地域を生きるという経験であると述べ，地域メディアは，直接体験が可能な範囲の環境について，共有された「スペース・メディア」＝（公民館・図書館・公会堂・公園・広場など—筆者注）としての「地域」そのものと共存する形で成立することになると指摘している[18]。

　また森谷は鈴木榮太郎の「生活の本拠」という概念から地域の意味を説明している。生活の本拠とは眠る場所，財産の貯蔵場所，家族の生活場所の集まっているところであり，この生活の本拠はある場所に据えられ，頻繁に移動することはない，つまり地面に貼りついている。地面に貼りついた生活の本拠をめぐって，人々は生活に必要な必需品といった生活財獲得活動をおこない，自治体という専門機関の活動や住民による自治的活動を通して，災害，犯罪，公害などから生活の本拠を守るための防衛活動をおこなう。また，地域社会はそこ

に存在する世帯と相互扶助処理システムや専門機関処理システムとの「もらう・借りる・買う」関係の累積によって，構成員の基本的な生活欲求を充足させているという。こうして，地理的な特性や専門機関配置状況の特性，相互扶助処理システムの特性など，本拠を置いている地域の特性によって規定され，地域ごとにある程度の範域性を示すとしている。鳥瞰的に見れば，各世帯の活動の広がりは地域的な累積を示すことになるという。そして地域情報を生活の本拠をめぐっておこなわれる諸活動との関連において意味づけられた情報と規定した[19]。

　山田や森谷の所論は極めて妥当なものである。地域情報という概念設定が意味を持つのは我々の生活が畢竟，どこかの地域において展開すること，そしてそのことから派生する情報面でのマス・コミュニケーションとは異なる主体のニーズや地域固有の機能，役割が存するということなのである。しかし，視点を変えてみると今日の地域社会において具体的な地域を生きるという経験は住民に共有されているのだろうか。生活の本拠は本当に地域的な累積性を示すのであろうか。むしろ，そうした傾向が弱化し続けているところに戦後の地域の問題があったのではないか。とりわけ都市においては生活財獲得活動の場は著しく拡散している可能性が高い。また地方でもモータリゼーションは同様の拡散傾向を強めている。また現代において相互扶助処理システムや専門機関処理システムが十分に機能していないということが問題ではなかろうか。その意味で地域情報の成立根拠とは具体的な地域を生きるという経験や生活の本拠をめぐる活動とそれが危機的な状況にあるという二面性においてとらえられるといえよう。

4．地域情報の社会心理

(1)　地域情報の機能と社会心理

　次に地域情報の機能について社会心理的側面を中心に整理してみよう。前述したように，地域メディア論，地域情報論が「未来の到達点」あるいは理想の

あるべき可能態から過去および現在に存在する地域メディア，地域情報の運動過程を照射するのであれば，その機能も可能態として示されるはずである。竹内によれば地域メディアの社会的機能として環境の監視，地域社会の統合性の推進，地域に対する住民の愛着や誇りを育て，その地域の住民であることの満足感を醸成することをあげている[20]。また船津は地域情報の機能を，(1)情報伝達・環境監視機能，(2)人々の行動を方向づける指令動員機能，(3)人々のインティマシーな感情や帰属意識を生み出す一体化・結合機能に分けるとともに，これまでの研究を総合して，地域情報と地域メディアの機能として，地域社会および地域住民に対して環境監視，争点提示，議題設定，教育・文化・娯楽提供，地域意識醸成，アイデンティティ確立，コミュニティ形成をあげた[21]。また清原は地域情報の媒体である地域メディアの基本的機能として情報伝達機能，討論・世論形成機能，教育機能，娯楽機能，生活の情報化の側面で果たす機能を指摘している[22]。これらの機能の中で，地域への帰属意識を生み出す一体化・結合機能，地域意識醸成，アイデンティティ確立などの機能はすぐれて社会心理学的な問題といえよう。だが，多言するまでもなく，たとえば地域メディア，地域情報と地域の愛着心との関係はあいまいなままである。すなわち，メディアや情報が主たる作用因として愛着心や帰属意識を高めるのかどうかについては未だに十分な結論を見ていない。また地域意識についても，元々地域意識が高い住民の地域番組への接触頻度が高いことは知られているものの，地域メディアや地域情報への接触の結果，地域意識が高まるという因果関係はなお，未解決である[23]。ここにも地域のメディアや情報をめぐるアポリアが横たわっているといえよう。

　ところで，先に掲げた地域メディア，地域情報の機能は地域住民に対して概ね順機能的なものが列挙されている。しかしながら，地域メディアによっては必ずしもこのような機能として働くとは考えられないばあいも見られる。このことは地域メディアとされてきた地方紙や県域放送局のばあいに特徴的である。たとえば環境監視機能は古典的ジャーナリズムの基本的機能として重要視されてきた。地域メディア，地域情報においてもこの機能は重要と考えられる。

しかしながら，地域メディアがこの機能を十全に果たしているとはいえない。美ノ谷が明らかにしているように放送局は放送制度を通じて権力の介入が不可避的におこなわれている。特に地方ローカル局では設立時の様々な経緯を含めて，地方自治体や国会議員の役員兼職，資本参加が広範囲におこなわれている[24]。また，地方紙や地方ローカル局のばあい，その存立基盤の弱さから地域権力と癒着しやすいことはよく知られており，その意味では環境監視が十全に働かない基盤が存在しているといえる。佐藤守弘は地域社会の支配構造におけるマス・コミュニケーションの機能は支配機構における補強機能を果たすものといってよいと述べているが[25]，こうしたいわば逆機能にも注意を払うべきであろう。佐藤は地域開発におけるマスメディアの機能についても論じているが，それらは以下のようになる[26]。

(a) 世論形成機能＝政策決定過程におけるマスメディアの機能
    地域住民に対する開発計画の意義やその効果についての教化・宣伝。
(b) 世論誘導機能＝政策浸透過程におけるマスメディアの機能
    マスメディアによる住民の関心の吸引とこれに対する協力的な住民意識の培養。
(c) 世論統合機能＝政策遂行過程における住民意思の統合
    政策が決定されて実行に移されるばあい，直接利害関係を持つ住民のあいだから賛成・反対の反応があらわれるが，そうした世論を統合し，一定の方向に水路づける機能。

佐藤はこれらの機能を地域住民支配の補強・教化するものとして，逆機能的にとらえている。争点を含んだ問題情報に対するメディアの情報伝達のスタイルを考えるうえで，佐藤の指摘は今なお有効性を持つものといえる。

(2) 地域問題情報と社会心理

佐藤智雄は青森県むつ市における原子力船「むつ」をめぐる調査をつうじて，地域情報を4つに類型化した[27]。すなわち，

(a) 地域イベント情報――地域の事件や社会の変化，予兆などの情報

(b)　地域生活情報——地域生活の便益や実益に関する情報
(c)　地域文化情報——地域の住民の知識，教養，趣味に寄与する情報
(d)　地域問題情報（争点情報）——地域において賛否という争点を伴う情報

　これらは固定的なものではなく，発生した原事実の推移でその型が変化するとされる。この中で注目しなければならないのは地域問題情報である。地域に発生するイッシューに対する賛否や是非をめぐって，しばしば住民の間に対立や紛争が引き起こされる。こうした状況下で住民＝受け手はさまざまな情報メディアに接触しながら，当該問題への認知や態度，意見を形成し，行動をおこなうが，こうした過程に地域メディアや地域情報はさまざまな議題設定をおこなう可能性を持つ。しかしながら，地域という比較的限定された空間では，地域情報を生産・創造する主体や受け手が目に見えやすい。争点における当事者は容易に特定できるのである。地域コミュニケーションにおいてはその担い手も受け手も不特定多数のマスなどではない。したがって地域情報において議題設定機能を問題にするのであれば，どのような主体が誰に対してどのような内容の議題をどのように設定するのか詳細に検討する必要がある。それは地域の政治構造との関連で地域情報の生成や住民の反応を問うことであり，社会構造や地域性＝ローカリティと地域情報の関係を問うことでもある。

　ところで，林は原子力船むつの調査から，準拠メディアの仮説を提出している[28]。すなわち，争点を知ろうとする情報所得のためのメディア接触において，市民はそれぞれ個別のメディア（メディアム）を選択している。そして，そこでの受け手の情報取得は送り手それ自体の性格を直接反映するかたちでなされるのではなく，送り手はその送り手と機能的に連関する他の諸要因と関係づけられて受け手に判断され，選択されるとしている。つまり受け手は準拠メディアを持ち，それに依存しながら，情報取得や情報接触をおこなうのである。地域における受け手のメディア，情報選択のこうした社会心理学的な問題も今なお十分な議論が尽くされていないといえよう。

　そもそも住民が地域情報の主体というとき，主体としての個々の住民あるい

は組織としての住民がどのような動機やプロセスと手段，地域情報を生成しているのかについては必ずしも明らかになっていない。こうした点も今後の研究が待たれるところである。

5．おわりに

　以上，地域情報，地域メディアに関する議論を整理しながら，そのアポリアを抽出してきた。どこまでを地域，地域社会とするかは地域情報の規定の問題と大きく関わっている。特にアクセスや参加が地域情報の重要な要件とするならば，今一度，地域の大きさについて考察することが必要となろう。また，地域情報概念の二重性については，地域メディアや地域情報，とりわけ地域情報化の議論があるべき地域の状態を理念型とした議論であって，必ずしもメディアの実態から析出されたものではないことにも留意する必要があろう。つまり地域メディア，地域情報論は地域政策論と極めて近い位置で議論されてきたのである。これはあるべき地点から現実を照射する批判敵視点を提供するという有効性を持ち得るが，一方，それらが実態から乖離するという危険をはらむ。地域情報の機能として掲げられてきたいくつかの点が十分論証されないのも，こうした理由によるものと思われる。地域情報論においては実証調査の綿密な積み重ねとともに，概念の一層の彫琢が求められているのである。

1)　山本正三，奥野隆史，石井英也，手塚章編『人文地理学辞典』朝倉書店，1997，281頁。
2)　青井和夫監修，蓮見音彦編『地域社会学』サイエンス社，1991，16頁。
3)　蓮見前掲書，11頁。
4)　竹内郁郎，田村紀雄編『新版地域メディア』日本評論社，1989，4頁。なお竹内は地域社会をコミュニティに対応させている。
5)　清原慶子「地域メディアの機能と展開」竹内郁郎，田村紀雄編前掲書，1989，37頁。
6)　森谷健「地域情報，情報スタイル，メディア・モード」栗原孝他著『情報文化と生活世界』福村出版，1998，196頁。

7) 船津衛『地域情報と地域メディア』恒星社厚生閣，1994，1頁。
8) 山田晴通「地域」『マス・コミュニケーション研究』No.50，1997，18頁。
9) 山田前掲論文，18頁。
10) 田村紀雄編『地域メディア ニューメディアへのインパクト』日本評論社，1983，33頁。
11) 田村紀雄編前掲書，33頁。
12) これについては山田を参照。
13) 船津前掲書，1頁。
14) 船津前掲書，107-120頁。
15) 多喜弘次「実証化研究の閉塞―CATV調査の閉塞」『新聞学評論』No.40，1991，86頁。
16) 花田達朗『メディアと公共圏のポリティクス』東京大学出版会，1999，37-38頁。
17) 蓮見前掲書，12-15頁。
18) 山田前掲書，18頁。
19) 森谷前掲書，198-205頁。
 ちなみに森谷は地域情報を以下のように整理分類している。
 A：(1) 「生活財獲得活動」に関する情報
   (2) 「防衛活動」に関する情報
 B：(1) 世帯単独で行う活動に関する情報
   (2) 相互扶助処理システムとの関係に関連する情報
   (3) 専門機関処理システムとの関係に関連する情報
 C：(1) 世帯レベルでの活動に関連する情報
   (2) 地域社会レベルの2機能に関する情報
20) 竹内郁郎「地域メディアの社会理論」竹内郁郎，田村紀雄編前掲書，8-16頁。
21) 船津前掲書，1頁。
22) 清原前掲論文，52-54頁。
23) CATVと地域意識の関係については竹下俊郎「ニューメディアと社会生活―CATVを中心として―」竹内郁郎，児島和人，川本勝編『ニューメディアと社会生活』東京大学出版会，1990，35-36頁。
24) 美ノ谷和成『放送メディアの送り手研究』学文社，1998。
25) 佐藤守弘「地域社会における支配とマス・メディア」『講座 現代日本のマス・コミュニケーション2 政治過程とマス・コミュニケーション』青木書店，1972，347頁。
26) 佐藤守弘前掲書，349-358頁。
27) 佐藤智雄編『地域オピニオンリーダーの研究』中央大学出版部，1985，4-7頁。

28) 林茂樹『地域情報化過程の研究』日本評論社，1996，158-159頁。

参 考 文 献

佐藤智雄編『地域オピニオンリーダーの研究』中央大学出版部，1985
竹内郁郎，田村紀雄編『新版地域メディア』日本評論社，1989
船津衛『地域情報と地域メディア』恒星社厚生閣，1994
林茂樹『地域情報化過程の研究』日本評論社，1996
栗原孝他著『情報文化と生活世界』福村出版，1998

II 社会運動と新聞報道
―― 栗東町産廃処分場問題を事例にして ――

[キーワード] 社会運動，新聞報道，記事類型，新聞報道を規定する3要因，解釈フレーム，「真意」の顕在化，公式化機能

1. 社会運動，新聞，そして社会学

「諸君，学会が純粋に学問的なとり扱いにふさわしいものとみなした第一の問題は，新聞の社会学である」。「今日の公開性がそもそもどのような状態にあるか，そして将来のそれはどのようであろうか，いったい何が新聞によって公にされ，そして何がされないのかを問うのは，きっと興味のあることである」。「何よりもまずわれわれとしては，新聞の公開性の作り出す力関係を研究しなければならない」。「研究の着手のための材料はどこにあるのか，と諸君は問うであろう。その材料はまさに新聞そのものであり，はっきりと言えば，われわれは今や鋏とコンパスをもって，ごく卑近なところから始め，量的な観点からいったい新聞の内容が（中略）どのように移り変わったかを測定しなければならない。（中略）そして，この量的な測定から，われわれは次に質的な測定へと移るであろう」[1]。

上にあげた文章は，マックス・ウェーバーが1910年の秋，フランクフルトで開催された第1回のドイツ社会学会において行った報告から抜き出したものである。

「社会学を勉強する人は，いつも社会問題や社会思想を勉強していなければ

いけない。社会学者も，社会運動家も，社会思想家も，突きつけられている問題は同じなのである。この点を忘れて自分を社会学というトーチカに閉じ込めると，私たちは社会学者ではなく，社会学学者になってしまう。勉強家ほど，なりやすい」[2]。

これは清水幾太郎が『社会学入門』(1959年) の最後に書いている言葉である。

筆者は，これらの指摘が未だ全く色あせないばかりか，現代の社会学者に研究上の貴重な指針を与え，また傾聴すべき警句となっていると考える。

この章は，社会運動において新聞報道が果たす役割を明らかにすることをねらいにしている。新聞が，社会運動の活性化と広がり，あるいはその沈静化と縮小に一定の効果をもつことを疑う人はいないであろう。しかしながら，このことを実証的に究明した研究は極めて少ないのである。

たとえば，我が国の公害研究として，そして社会運動研究として第一級の作品である，宇井純の『公害の政治学～水俣病を追って』(1968年) でさえ，「水俣病の進展に新聞が果たした役割は大きい。ある時は正確な情勢判断が，ある時は何の気なしの誤報が，被害者たちの運動を力づける結果を生んだ」としつつも，新聞についてわずか数ページの，しかも実証的というよりも感覚的と言わざるを得ない記述をしているだけである[3]。

新聞という枠を広げてマスメディアと社会運動という観点で先行研究を探してみても，その数はけっして多くはない。しかもその内容を見れば，外国に出自をもつ理論に依拠して普遍的なモデル構築を目指す，大石裕，大畑裕嗣，そして片桐新自らの研究と，地域の個別状況を歴史主義的に詳論する，小谷敏，松浦さと子らの研究という両極端に別れているように思われる[4]。前者のアプローチは，社会構造や文化的背景等の細部を捨象しがちであるという弱点をもつし，後者のアプローチは，特殊な経験を記述することに満足するだけに終わりがちであるという弱点をもっている。

この問題に対峙する社会学者に必要なのは，トーチカに籠もることでも現場に止まることでもなく，具体的現実に即した理論的な研究をすることではない

だろうか。しかし，先行研究にそうした例がほとんどないということは，このアプローチが大変困難なものであることを示唆している。

　本章がどこまでそれに成功したかの最終判断は読者に委ねるほかない。しかし，筆者の意図としては，具体的事例から普遍的命題を抽象するというパースペクティブを採用したつもりである。以下ではこの視角から，社会運動において新聞報道が果たす機能について論じる。

　まず，事例としてとりあげた社会運動の概要を説明することにしよう。

　1999年夏，滋賀県栗太郡栗東町（人口5.5万人，2001年10月より栗東市）で町の一般廃棄物焼却施設の更新問題をめぐって活動していた住民グループが，同じ町内にある民間企業（㈱RDエンジニアリング）の産業廃棄物処分場（中間処理・最終処分）でガス化溶融炉が建設されつつあることを知り，周辺地域に対してその危険性を訴える啓発活動を始める[5]。11月，周辺の6つの自治会と先の住民グループが発展した市民運動団体が連合して，産廃処理問題合同対策委員会（後に1自治会が脱退）を結成[6]。ほぼ同時期に同処分場から硫化水素が出ていることが判明する。硫化水素の致死量は約700ppmとされているが，2000年1月には，県の調査で15,200ppm（地下9m），7月には22,000ppm（地下2m）を検知。デモ，署名運動，業者告発，県議会へ請願，選挙候補者への公開質問，数回にわたる行政からの説明会と住民集会の開催等など，住民運動は進展。2001年1月，県は処分場内の掘削調査に着手。2月，問題業者はガス化溶融炉解体撤去を発表。5月，地下水から基準値の2倍を越えるダイオキシンを検出。この間，この問題を各種の新聞，雑誌，テレビ（ニュース／ワイドショー）が報道した。

　現時点（2001年8月）で，この運動は終結しておらず，地下水汚染問題と9月に予定される業者の免許更新問題が焦点になっている[7]。

2．社会運動の見取り図

　この社会運動における情報の流れを図示したのが図1「諸アクター間の情報

244　Ⅳ　情報化と地域

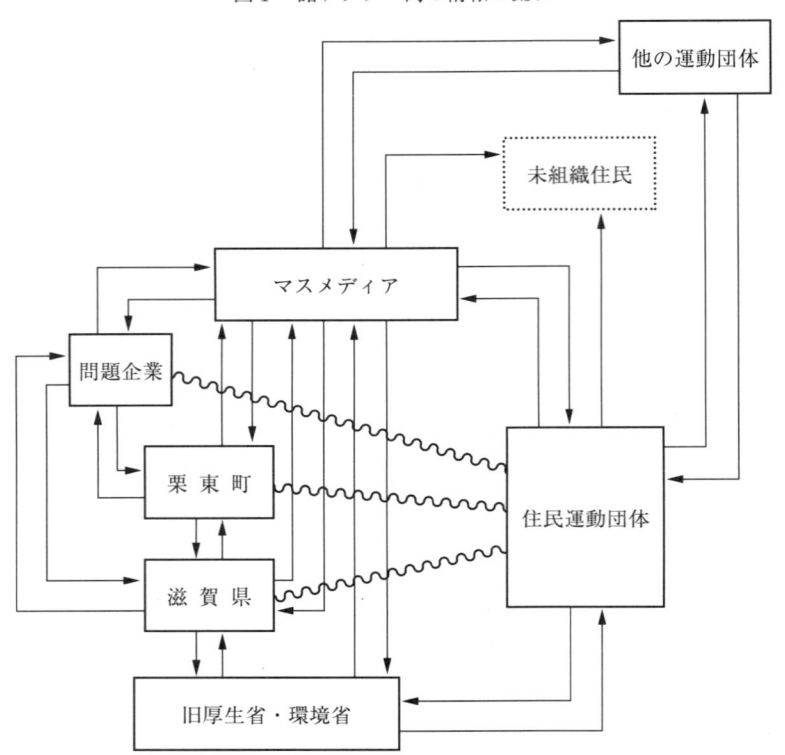

図1　諸アクター間の情報の流れ

の流れ」である。問題企業は，滋賀県より産業廃棄物に関して収集・運搬，中間処理，最終処分の許可を，栗東町より一般廃棄物に関して収集・運搬の許可を得ていた。この企業は，こうした公害問題によくあることだが，当初より「行政の指導に従う」として，住民側の質問や要求に対して直接答えようとはしなかった。それゆえ，住民運動団体にとっての主な交渉相手は監督官庁である滋賀県と栗東町になった。また，地方分権の時代と言いつつも行政機構の階統制は堅持されていて，栗東町が旧厚生省（環境省）から直接指示を受けたり，情報を提供したりしたことはない。すべて県を通してのやりとりである。国との関係という点では，むしろ住民側の方が電話で問い合わせたり陳情に出向い

たりして情報交換を行っている。住民運動団体は，集会や個人的なネットワークのほか，ビラ，新聞折り込みチラシ，あるいはホームページで，未組織住民と他の運動団体へ情報提供を行っている。

さて，ここではマスメディアの機能に注目するわけだが，それは図中，右上半分に示した未組織住民と他の運動団体への機能と，左下半分なかでも住民運動団体と栗東町・滋賀県との交渉への機能に分けられるだろう。よく社会運動にマスメディアが果たす機能について，強力効果か限定効果か，あるいはマスメディアは運動においてヘゲモニーをもつか単なる媒介に過ぎないのか，という議論がなされるが，こうした問題の立て方は，影響が及ぶ先を明確化していない点で問題がある。「闘争そのもの」と「運動の広がり」は，別の過程であり，それらは相互に関連しているとはいえ一応峻別して論じられるべきだろう[8]。

マスメディア一般ではなく，新聞報道が社会運動に果たす機能に限定したとしてもこの点は重要である。なぜなら，それは新聞紙面を分析する際の指標の取り方に関わるからである。

各新聞が当該地域でもっている販売シェア，記事の見出しの段数，あるいはその記事が地域面に載ったものか全国面に載ったものか，といったことは，新聞報道の影響を論じる際によく話題になるが，それらはけっして万能な指標ではない。というのは，それらは，確かに未組織住民と他の運動団体への機能を考える際には重要な指標になるだろうが，闘争そのものの過程においては必ずしも問題にならないからである。

経験的に見て明らかなことだが，当事者が一般人の場合，自らに関わることが記事になるのはちょっとした事件である。その人は，それがどんなに小さな記事でも探すだろうし，購読紙に載ったものでなければ買ってでも読もうとするに違いない。つまり，当事者にとってみれば，新聞がどれだけ大きくとりあげたのか，という問題は二次的なものなのである。

本章では，従来あまり論じられることの少なかった当事者間の過程に焦点を絞る。以下では，実際の社会運動の闘争過程にたいして新聞報道がいかなる機

能を果たしたのかについて考えてみたい。

3．新聞報道の量と質

　まず当該地域における新聞販売部数を示しておこう。一般紙の販売部数について各販売店に問い合わせた結果，朝日新聞と読売新聞がともに4,100部，京都新聞3,750部，毎日新聞1,500部，産経新聞1,050部，中日新聞300部という数字が明らかになった。もっとも，販売店によっては栗東町外も販売エリアにしているところがあり，また日々変わる数字なので，これはあくまで概数である。これら6紙のほかに，地域紙である滋賀報知新聞の「市民ニュース」が折り込み広告と一緒に入ることがある。これはタブロイド版両面刷りの新聞で，調査期間である1999年10月から2000年12月までに計4回発行されているが，すべてこの問題を取り上げている。1回の発行部数は14,000部であり，栗東町の世帯数は18,000（当時）であるから，これは約8割の世帯をカバーしていることになる。

　この問題を扱った記事について時系列で新聞毎の記事数と記事行数（各新聞とも，1行12文字）を図表にまとめた。まず，総体的な特徴を述べよう。

　記事数，記事行数ともに山が10月，12月，2月，7月，9月にあることがわかる。これはちょうど県議会の開催時期と重なっている。行政側の主要な決断は議会答弁として発表されることが多く，またその前後に住民側の行動も起きていることが記事の数量に反映したと見ることができる。また，問題発覚から2月までの間，ほぼ右肩上がりで記事の数量が増えていることが確認できるが，これは，11月に合同対策委員会が結成されてから，12月業者告発と町役場へのデモ，1月高濃度硫化水素検知，2月「町民大集会」開催へと，運動が盛り上がってくる過程と一致している。その後，年度替わりの数カ月を挟んで，断続的な山が形成されているのも，その時々の運動の活性化の度合いに対応したものと見ることができよう（表1「住民運動団体の活動と主な出来事」参照）。

　各新聞ごとの特徴は，とりあえず次のようにまとめられる。

Ⅱ　社会運動と新聞報道　247

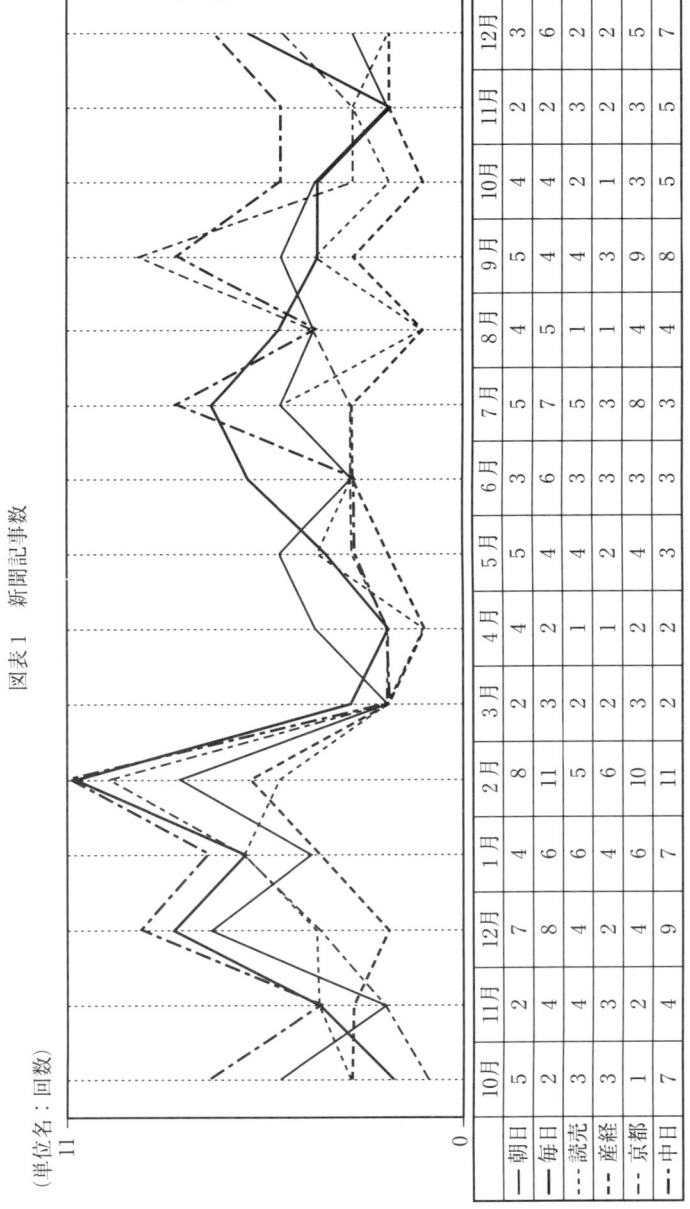

図表 1　新聞記事数

(単位名：回数)

	10月	11月	12月	1月	2月	3月	4月	5月	6月	7月	8月	9月	10月	11月	12月
朝日	5	2	7	4	8	2	4	5	3	5	4	5	4	2	3
毎日	2	4	8	6	11	3	2	4	6	7	5	4	4	2	6
読売	3	4	4	6	5	2	1	4	3	5	1	4	2	3	2
産経	3	3	2	4	6	2	1	2	3	3	1	3	1	2	2
京都	1	2	4	6	10	3	2	4	3	8	4	9	3	3	5
中日	7	4	9	7	11	2	2	3	3	3	4	8	5	5	7

248　Ⅳ　情報化と地域

図表 2　新聞記事行数

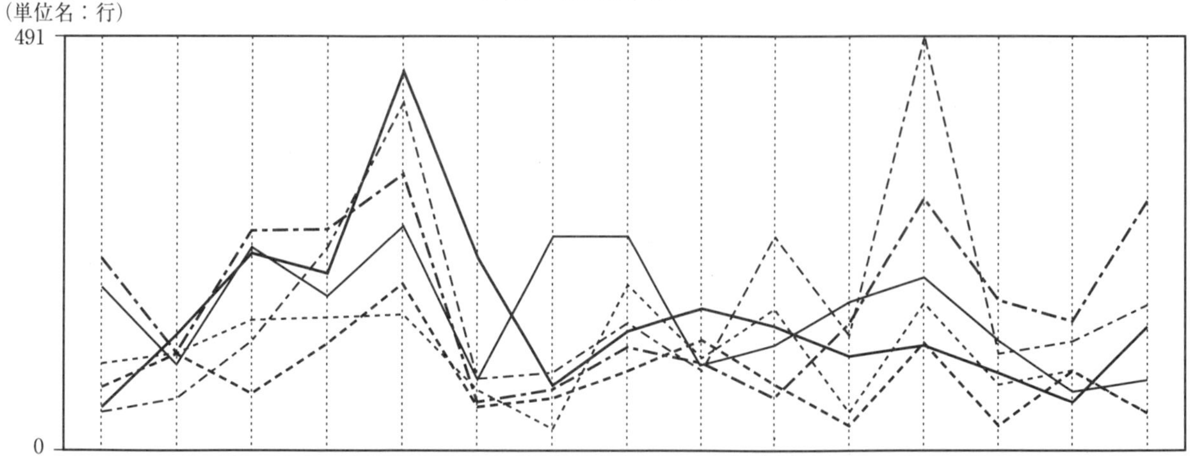

(単位名：行)

	10月	11月	12月	1月	2月	3月	4月	5月	6月	7月	8月	9月	10月	11月	12月
朝日	190	97	239	180	267	76	251	253	97	120	172	204	128	68	79
毎日	49	141	234	206	450	222	73	137	164	144	109	121	89	55	142
読売	102	113	152	154	156	65	22	194	108	162	41	172	77	90	45
産経	72	110	61	124	197	45	58	89	128	75	26	121	27	92	42
京都	43	58	128	244	422	82	83	146	92	250	134	491	112	124	169
中日	223	108	261	260	326	55	69	119	102	58	146	298	179	151	291

表1　住民運動団体の活動と主な出来事

1999年	
10月	硫化水素検知，各自治会で対策委員会立ち上げ
11月	県硫化水素問題調査委員会発足，合同対策委員会発足，公害調停の申し立て
12月	知事現地視察，都市計画法違反で告発，デモ
2000年	
1月	町長交渉，硫化水素15,200ppm 検出
2月	町民大集会，県による説明会，町ダイオキシン調査結果発表
3月	署名運動開始，硫化水素ガス抜き開始，町松枯れ調査結果発表
4月	他の運動団体との交流会
5月	町議会会派との懇談会，第2回県・町説明会
6月	知事との会談，署名提出，厚生省へ陳情，町との協議
7月	県議会へ請願提出，硫化水素22,000ppm 検出，県と町が浸出水調査，小学校PTAへ協力要請
8月	県交渉，町調査委員会発足，掘削調査，子どもの保護者部会設立
9月	他の運動団体との交流会，参院補選で公開質問状，県調査委員会覆土案報告　県庁へ抗議行動
10月	町調査委員会調査項目決定，処分場で違法廃トレー発見
11月	他の運動団体と交流会，県調査委員会拡充
12月	町議員との懇談会，県調査計画発表，高教組との交流会，県交渉

　朝日新聞，早くから注目し積極的に報道している。毎日新聞，出足はやや遅れるがその後積極的に報道している。読売新聞，出足は悪くなかったがその後消極的。産経新聞，一貫して低調。京都新聞，出遅れるが猛烈な巻き返し。中日新聞，もっとも先行し，その後も積極的に報道している。

　記事総数は，多い順に中日新聞80，毎日新聞74，京都新聞67，朝日新聞63，読売新聞49，産経新聞38である。

　1つの記事の平均行数を計算したところ，もっとも多かったのは京都新聞で38.48行，その後に朝日新聞38.43行，読売新聞33.73行，産経新聞33.34行，中日新聞33.08行，毎日新聞31.57行と続く。このデータを多重比較検定したところ，有意水準0.05で，毎日新聞と朝日新聞との間，毎日新聞と京都新聞との間で有意であった。

　ところで，社会運動の当事者にとってどのような新聞記事がもっとも関心を

引きつけるものだろうか。たとえば，「何月何日，県廃棄物対策課は処分場の地下水調査を行った」という記事が出たとする。運動に関わっている住民は多くの場合すでにそのことを知っているし，県職員や記者と一緒に，その現場に立ち会っていることも少なくない。記事が，このようにただ単に起きたことを語るだけならば，その魅力はたいして大きくはないと言ってよいだろう。ところが，先の文章に続けて「知事は記者の質問に対して『住民の不安を解消するために精一杯取り組みたい』と語った」という文章があったとすれば，全く別問題である。この記事は，住民に明るい見通しを抱かせるばかりではない。知事の発言は記者のインタビューに答えたものとはいえ，公式なものと受け取られる。すなわち，住民側にとって見れば言質を取ったのと同じである。行政側住民側を問わず，間違いなくこの記事を切り抜いて保存する者がいるだろう。すなわち，記事に当事者の発言引用があるかどうか，というのは重要な点である。

　記事の中には，単に事実を伝えるだけではなくその意味をわかりやすく伝えるものがある。後でまた述べるが，15,200ppmの硫化水素が検知されたと県が発表した際，新聞の多くの見出しは「高濃度の硫化水素」が検知されたとして報じた。しかし，唯一朝日新聞のみは，福岡県の産廃処分場で硫化水素によって2人が亡くなる事故があったことを引き合いに出して，「致死量の15倍を超す硫化水素」という見出しで報じた。この記事がもっとも注目されたのは言うまでもない。読者がもっとも知りたかったのは，15,200ppmという数字の意味であり，それには死亡事故や致死量という他事象との関連づけることで初めて可能になった。

　これら2つの指標すなわち発言引用の有無，他事象との関連づけの有無によって，記事を4つのタイプに分類した（表2「記事類型」参照）。Aタイプは記者による構成度がもっとも高く，逆にDタイプはもっとも低い。Bタイプ，Cタイプは，その中間に位置づけられる。

　3カ月ごとの時系列で見てみると，興味深いことに記事数がもっとも減少している4〜6月期に逆にAタイプが増えていることがわかる。先にも述べた

表2　記事類型

	発言引用あり	発言引用なし
他事象との関連づけ あり	A	C
他事象との関連づけ なし	B	D

ように，この時期は年度の節目を迎え運動の盛り上がりが一段落したころである。ちょうどそのとき，これまでの過程をまとめた中間総括的な記事が増えたと考えられる（図表3「時系列―記事類型」参照）。

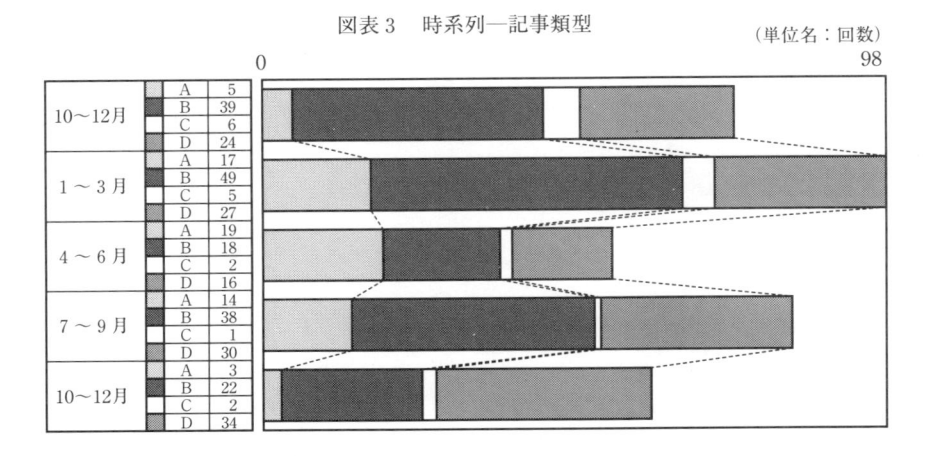

新聞毎の特徴は，表3「新聞名と記事類型のクロス表」に示した。要点を述べれば次のとおり。朝日新聞Aタイプが多い，毎日新聞AタイプとDタイプがともに多い，読売新聞Bタイプが少ない，産経新聞類型別特徴見出せず，京都新聞Bタイプが多くDタイプが少ない，中日新聞BタイプとDタイプがともに多い。

以上の考察から，新聞毎に記事の数，行数，類型に特徴があることがわかった。これまで判明したことをまとめれば，次のようになる。

朝日新聞　1つの記事が長く，記事の数は中位。Aタイプの記事が多い。

図表3　時系列―記事類型　　　（単位名：回数）

期間	類型	回数
10〜12月	A	5
	B	39
	C	6
	D	24
1〜3月	A	17
	B	49
	C	5
	D	27
4〜6月	A	19
	B	18
	C	2
	D	16
7〜9月	A	14
	B	38
	C	1
	D	30
10〜12月	A	3
	B	22
	C	2
	D	34

表3　新聞名と記事類型のクロス表

			記事類型 A	B	C	D	合計
新聞名	朝日	度数	13	29	3	18	63
		新聞名の%	20.6%	46.0%	4.8%	28.6%	100.0%
		記事類型の%	22.4%	17.5%	18.8%	13.7%	17.0%
		総和の%	3.5%	7.8%	8%	4.9%	17.0%
	毎日	度数	13	31	1	29	74
		新聞名の%	17.6%	41.9%	1.4%	39.2%	100.0%
		記事類型の%	22.4%	18.7%	6.3%	22.1%	19.9%
		総和の%	3.5%	8.4%	0.3%	7.8%	19.9%
	読売	度数	8	18	3	20	49
		新聞名の%	16.3%	36.7%	6.1%	40.8%	100.0%
		記事類型の%	13.8%	10.8%	18.8%	15.3%	13.2%
		総和の%	2.2%	4.9%	0.8%	5.4%	13.2%
	産経	度数	6	17	0	15	38
		新聞名の%	15.8%	44.7%	0%	39.5%	100.0%
		記事類型の%	10.3%	10.2%	0%	11.5%	10.2%
		総和の%	1.6%	4.6%	0%	4.0%	10.2%
	京都	度数	10	39	4	14	67
		新聞名の%	14.9%	58.2%	6.0%	20.9%	100.0%
		記事類型の%	17.2%	23.5%	25.0%	10.7%	18.1%
		総和の%	2.7%	10.5%	1.1%	3.8%	18.1%
	中日	度数	8	32	5	35	80
		新聞名の%	10.0%	40.0%	6.3%	43.8%	100.0%
		記事類型の%	13.8%	19.3%	31.3%	26.7%	21.6%
		総和の%	2.2%	8.6%	1.3%	9.4%	21.6%
	合計	度数	58	166	16	131	371
		新聞名の%	15.6%	44.7%	4.3%	35.3%	100.0%
		記事類型の%	100.0%	100.0%	100.0%	100.0%	100.0%
		総和の%	15.6%	44.7%	4.3%	35.3%	100.0%

毎日新聞　1つの記事が短く，記事の数が多い。AタイプとDタイプの記事が多い。

読売新聞　記事の長さは中位，記事の数が少ない。Bタイプが少ない。

産経新聞　記事の長さは中位，記事の数が少ない。類型別特徴見出せず。
京都新聞　1つの記事が長く，記事の数は中位。BタイプがDタイプが少ない。
中日新聞　1つの記事が短く，記事の数が多い。BタイプとDタイプの記事が多い。

　新聞によって，この社会運動の取り上げ方は異なっていた。こうした相違は，何によるのだろうか。筆者はそれを明らかにするため各新聞社の支局長，デスク，記者に対して聞き取り調査を行った。その結果，報道を規定する3つの要因が浮かび上がってきた。

　第一の要因は，各新聞の支局の編集方針である。朝日新聞のデスクは「この問題は40行くらい書かないとわからないと判断した」と語ってくれた。同様に読売新聞も「分量を書く，特集記事ではなくニュース優先が支局の方針」とのことだった。逆に毎日新聞と中日新聞のデスクは，ともに「『数を多く』は支局の方針」であると述べた。

　第二の要因は，紙面の余裕である。この点では産経新聞と京都新聞が特異かつ対照的である。産経新聞は，紙面に地域面が存在しない日もあり必然的に記事数は少なくならざるを得なかった。逆に京都新聞は，地方紙の1つの特徴として，全ページに地域の話題が載ることも少なくない。つまり，紙面に十分な余裕があり，数量とも多くを載せることが可能だった。

　第三の要因は，組織体制である。この問題に対しては産経新聞を除いて，各社実質2〜3人の記者が担当していた。産経新聞は，支局全体の記者の数が少ないこともあって，担当の記者は実質1名だった。また読売新聞だけは，現地に通信局等の拠点がなかった。はじめ両新聞の記事数が少ないのは，新聞社のイデオロギーの反映ではないかと予想したのだが，これは間違いであることが判明した。組織体制の不備が十分な取材を困難にし，それが記事の数と類型に影響したのである。

　ただし，組織体制の不備と記者の数が少ないこととは必ずしも一致しない。この点に関連して，中日新聞のデスクは「記者は数が多ければよいというもの

ではない」と語っている。中日新聞は，一人のベテラン記者が当初より強い関心を寄せ精力的な取材を行ってきた。中日新聞の記事は，かなりの数がこのベテラン記者一人によるものである。運動の初期によく取材の姿を見かけたのは，この中日新聞の記者と京都新聞の記者であった。ところが，京都新聞にはなかなか記事が載らなかった。京都新聞のデスクにその理由を尋ねたところ，「当初，問題の輪郭が分からなかったので自重した。担当記者が『1年生』だったことは無関係」との返答であったが，記者の能力とまたそれに対する信頼の問題も考慮しなければならないだろう。

4．闘争への機能

　次に新聞報道全体の特徴を鮮明にするために，まず新聞以外のマスメディア，具体的には雑誌とテレビがこの問題をどのように報道したのかについて簡単に触れておこう。

　比較的早い段階で，まとまった報道をしたのは雑誌であった。『週刊朝日』（2月11日号），『週刊現代』（3月4日号），『週刊実話』（4月6日号）は，ほぼ正確にこの問題を報じているが，これら雑誌メディアの報道はいずれも単発であった。これはこれらの雑誌が全国規模の読者を有していることによるが，それによって雑誌メディアのこの問題への介入は極めて限定的なものに終わった。

　次にテレビであるが，この地域では，NHK総合とNHK教育のほかに，朝日・日本・フジ・TBSの4大ネットワークの系列である，ABC，読売，関西，毎日の各テレビ局，そして京都テレビ，びわ湖放送が視聴可能である。ケーブルテレビはない。

　このうち，もっともよく報道したのはびわ湖放送の夜10時からのニュースであるが，その日に起きた事実をせいぜい数十秒で伝えるのみであった。これに対して，ニュース番組では読売テレビの「ニュース・スクランブル」（2月14日），ABCテレビの「ワイド630」（2月29日），「スーパーJチャンネル」（3月2日），NHK総合の「ニュースパーク関西」（4月21日），「クローズアップ現代」（4月

24日）が比較的まとまった報道をしている。またワイドショーではABCテレビの「ワイド・スクランブル」（3月13日）と「スーパーモーニング」（2000年10月2日）が取り上げている。

　これらのテレビ報道の問題点として，誤報，メディア・フレームの押し付け，センセーショナリズムの3点を上げることができる。ABCテレビの2つのニュース番組では，処分場に埋め立てが許可されているのは「安定5品目」だと間違って報じている。この処分場は確かに安定型処分場であり，一般的には，ガラス・陶磁器くず，ゴム，廃プラスチック，コンクリート等建設廃材，金属の5つが埋め立て許可品目になっている。ところが，滋賀県は安定型処分場であっても金属の埋め立てを許可しておらず，当該処分場でも埋め立て処分してもよいことになっているのは，それを除いた4品目である。特に，ドラム缶が大量に埋め立てられた疑惑が指摘されており，それが闘争の1つの争点になっていたにもかかわらず，あたかも金属の埋め立てが合法であるかのような報道をしたのは問題であろう。取材不足との批判は免れ得ない。また，NHK総合の2つのニュース番組は，硫化水素の発生原因として石膏ボードの埋め立ての問題性を指摘するものだった。硫化水素が発生するためには何らかの硫黄源と有機物が必要である。硫黄源として石膏ボードはあり得る話ではある。しかし，住民運動の争点は，なぜ安定品目しか埋め立てられていないはずの処分場に，硫化水素を発生させるほどの有機物があるのか，という問題であった。番組はこの点を無視して勝手なメディア・フレームを押し付けるものであった[9]。さらに特にワイドショーにおいてよく使われた不気味な音楽と刺激的なコマ割り，コメンテーターたちのストレートな感情表現は，センセーショナリズム以外のなにものでもなかった。こうした問題点によって，テレビメディアは行政からも，また住民運動団体からも信頼を得ることができなかったのである。

　ところで，雑誌にしろテレビ番組にしろ，2月から4月の時期に報道が集中していることに注意したい。これは，新聞でAタイプの記事が多く出現する時期と同様な傾向である。この時期に報道が集中したのは，運動が急激な盛り上がりを経て最初に中休みするこの時期が一定の総括をするのに適していたか

らだと考えられる。

さて，以下では具体的な事例をあげて，新聞報道が社会運動へ与えた影響を考えていくことにしよう。

事例1　致死量報道（『朝日新聞』1月26日）

これは先に述べたが滋賀県の調査によって，処分場内の地下9メートルで15,200ppmの硫化水素が検知されたとの報道である。各紙の見出しを拾ってみると，毎日新聞「硫化水素1万5,200ppm検出」，読売新聞「産廃処分場から高濃度硫化水素」，産経新聞「栗東の産廃処分場で高濃度硫化水素ガス」，京都新聞「高濃度の硫化水素検出」，中日新聞「高濃度の硫化水素検出される」，そして朝日新聞の「致死量の15倍超す硫化水素」となっている。

毎日新聞と中日新聞の記事でも，硫化水素の致死量について触れられてはいるが，中でも朝日新聞の記事は，硫化水素15,200ppmの意味を明確に伝えるものであった。これ以降，住民運動団体はこの「致死量の〜」というレトリックを何度となく使うことになる。この新聞報道は，読者にわかりやすい解釈フレームを提供した事例と言えよう。

事例2　町安全宣言報道（『京都新聞』3月10日）

町は処分場周辺の公園数カ所の土壌と松を調査し，公園の土壌にはダイオキシンの被害がないこと，松枯れはマツクイムシの仕業であると結論づけた発表を行った。京都新聞は「町が独自調査　ダイオキシン『周辺問題なし』松枯れ『線虫が原因』」と報道したが，他社は無視した。なぜ多くの新聞は書かなかったのか。記者たちは，町の調査結果に自信がもてなかったのである。京都新聞の記事の中で，町の担当者は「硫化水素ガスが原因なら，広葉樹がまず枯れるはず」と述べているが，この言葉はその調査が素人判断に基づくものであることを期せずして示している。というのは，大気汚染に広葉樹よりも針葉樹が弱いことは，専門家なら常識だからである。またダイオキシン調査にしても，試料の採取の仕方がデタラメであったことが後に判明する。この一件は，5月19

日に行われた町の説明会で住民からの批判の的になり，町は調査結果を発表しただけであって「問題なし」とは言っていないと弁明することになる。

「問題なし」と言わなかったかもしれないが，おそらく町がそう「言いたかった」のは事実だろう。この記事は，闘争関係において記事が一方の「真意」を顕在化させることで，双方の対立を高進させる機能を果たした事例である。

事例3　覆土案報道（全紙9月22日）

県が作った専門家による調査委員会は，処分場に覆土をすることで硫化水素の発生を抑えるべきだという提言を出した。発生原因の解明と除去を求めていた住民運動団体にとって，この提言はとても納得できるものではなかった。

そうした状況にあって，この提言を報じる新聞記事は，中日新聞，京都新聞の2つと朝日新聞，毎日新聞，読売新聞，産経新聞では相違するものであった。すなわち，中日新聞は「県は年内にも方針を決める」，京都新聞は「『調査委員会の提言を踏まえ，処分場の周辺住民とも協議して県の対策を決めたい』としている」と報じた。

これに対して，朝日新聞は「県廃棄物対策課は『硫化水素を発生させないことが大切で，提言に沿って対応したい』と話した」，毎日新聞は「県は『業者の費用負担で，出来るだけ早く取り組みたい』としている」，読売新聞は「県廃棄物対策課は『調査委の結論に即し，住民側の意向も配慮して早急に対策を取りたい』としている」，産経新聞は「今回の報告を受けて県は，雨水を利用して原因物質の洗い流しを行うことや，臭気対策のため火山灰土壌などの資材を敷き詰めるなど，新たな対応に着手することを決めた」と報じている。

同日，運動団体の住民約50名は県庁へ抗議に押しかけたが，そこで当然ながらこの点が争点になった。調査委員会の提言がすなわち県の方針なのか，あるいはそれはそれとして県の方針は今後決めるのか，住民の追及に対してその場では県の担当者は後者であると主張した。しかし，それが抗議行動を受けての方針転換であった疑いは拭い切れない。

この事例は，新聞記事の顕在化させる「真意」が記者の解釈の領域にあるも

のであり，けっして一様ではないこと，そして事例2と同様に，新聞記事が闘争において相手を追及する道具になるということを示している。

事例4　県批判報道（『中日新聞』2000年11月30日）

　事例2と事例3は，情報の発信が行政側であった。この事例4は，逆に住民運動団体側の発した情報が行政側を怒らせた事例である。

　県は，問題企業に任せるのではなく，自らの予算を使って処分場の掘削調査に入ることを決めた。このことを受けて開かれた住民運動団体の会議に，中日新聞の記者が取材を申し入れた。取材は一社のみであり，したがって他の新聞は報じていない。この取材は「対策委では『県が何かやればやるほど，分からなくなってくる』の声もあり，目的や方法論など調査計画をきちんと立てて住民に説明すべきとしている」という記事になった。これは，会議でのやりとりを傍聴した記者が勝手に書いたものだとはいえ，住民側の気持ちと意見をほぼ正確に伝えたものと言える。しかし，この「本音」は県の感情を逆なでした。せっかく予算執行を決めたのにその言い方はないだろう，というのである。この事例も，新聞報道が真意を顕在化させたことで，闘争の渦中にある行政と住民運動団体との対立を高進させた一例と言えるだろう。

事例5　RD人脈報道（『滋賀報知新聞』9月14日，9月21日）

　かつて沼津・三島地区石油コンビナート反対運動を分析した奥田道大は，次のように述べている。「タブロイド版のコミュニティ・ペーパー（地域小新聞・俗に豆新聞）に，情報提供の真価が発揮された。もとよりコミュニティ・ペーパーといっても"厳正中立"な情報提供より，特定の見地にたつ言論的機能に基調がある。この言論的機能も，一部地域権力の利益代弁に堕しやすいことは，同時にコミュニティ・ペーパー自体への批判としても，広く伝えられている。（中略）だが，この批判がそのまま存在価値の否定につながらないことは，対象地において，コミュニティ・ペーパーが現実に果たした情報的言論的機能の大きさからも，知れる」[10]。

われわれの対象地でも『滋賀報知新聞』というコミュニティ・ペーパーが発行されていることは先に述べた。奥田の指摘は，われわれの事例からも十分首肯できるものである。滋賀報知新聞は，この問題に対して他の一般紙とは違って積極的な調査報道を行ったが，その代表的な例が，9月14日と21日の2週連続で取り上げた問題企業の人脈に関する報道である。

　問題企業，株式会社RDエンジニアリングの社長は現町長の甥であり，処分場の一部は町長の所有地である。設立時の会社の取締役には町長の妻が入っており，監査役は町長の弟であった。現在でも町長の妻は大株主であり，取締役の中には，助役の息子もいる。この会社の元営業部長が現在町会議員になっていて，この企業はその親戚である県議会議員へ政治献金をしている。そして，県が作った調査委員会の委員長は，かつてこの会社を核とする研究会の座長を務めていた等など。

　これらのことは，住民運動団体の内部では初めからよく知られていたが，当該問題とは直接関係ないからであろうか，一般紙では報じられることはなかった。とはいえ，ニュース価値という点から見れば，この情報が重要なものであることは疑いえない。滋賀報知新聞の報道から5カ月後の読売新聞（2月11日）は，前日行われた住民集会の記事の中で「住民側は……処分場の土地の三分の一が町長の名義で，町長の親族が同社を経営していることを指摘，『町長として5万5千人の命を守る義務がある。どちらに軸足を置いているのか』などの厳しい質問が相次いだ」と，初めて間接的ではあるが問題企業と町長の関係を報道した。地域紙の報道が，この情報を広く衆知のものとし，いわば一般紙が記事にするうえでの露払い，地ならし的役割を果たしたと言えるだろう。

　地域紙は，その明確な言論機能に1つの特徴がある。その反面で読者が抱く掲載記事への信頼は一般紙ほどではない。地域紙には，ちょうどスポーツ新聞や週刊誌と似たところがあると言ってもよいだろう。そして，スポーツ新聞や週刊誌が一般新聞とは違う情報を提供するのと同様に，地域紙はその地域に関わる一般紙が取り上げない情報を読者に提供するという貴重な役割を担っているのである。

さて，以上5つの事例で取り上げた新聞記事は，いずれもAタイプもしくはBタイプのものである。こうした，記者による構成度の高い記事がもっている機能は2つにまとめられるだろう。第一は，読者に解釈フレームを提供し，状況の理解を手助けする機能である。第二は，究極のところはわからないにしろ，「真意」とされるものを顕在化させることによって，闘争を誘導する機能である。これら2つの機能によって，新聞報道は社会運動の闘争過程そのものに介入するのである。

5．新聞報道の果たす役割

これまで述べてきたことの要点をまとめることにしよう。

新聞記事は，新聞毎の紙面の余裕，数か量かという編集方針，そして組織体制によって，その掲載頻度と類型に特徴を示す。記者による構成度の高い記事は，社会運動が初期の盛り上がりを経て中休みする時期に多く現れるが，そうした記事は，意味を縮減する解釈フレームを提供することによって読者に状況定義を促すとともに，取材対象者の真意を顕在化させることによって闘争過程そのものに介入する。

以上が本研究が明らかにしたことである。最後に新聞メディアの特徴について付け加えておきたい。

新聞は，情報の信頼性・公開性・保存性・携帯性において卓越したメディアである。また社会運動に関わる情報に限れば，迅速性という点でも何ら支障はない。それゆえ，新聞は未組織住民や他の運動団体への影響，すなわち世論の支援や運動の拡大への貢献という点を度外視してみても，重要な役割を果たしている。というよりも，闘争過程そのものへの影響という点では，まさに比類ないメディアと言えるだろう。

マスメディアの役割は，単に情報を伝えることに限られるわけではない。それは情報を公的なものにする。すなわち，私的な発言であっても新聞に載るやいなや述べた責任を問われる発言になる。こうした公式化機能を持つがゆえ

に，テクノロジーの発達によって情報手段が多様化したとしても，新聞報道が社会運動に果たす役割は決して減じるものではないと考えられる。

1) Max Weber, Gesammelte Aufsätze zur Soziologie und Sozialpolitik, S. 434-441. （居安正「M. ウェーバーにおける新聞社会学の課題」『関西大学文学論集』17(1)，1967年，29-44頁。
2) 清水幾太郎『社会学入門』カッパブックス，1959年，260頁。
3) 宇井純『公害の政治学～水俣病を追って』三省堂新書，1968年，26頁。
4) 大石裕「社会運動と世論」社会運動論研究会編『社会運動論の統合をめざして』成文堂，1990年。同「社会運動とコミュニケーション」社会運動論研究会編『社会運動論の現代的位相』成文堂，1994年。大畑裕嗣「社会運動，マス・メディア，受け手」『新聞学評論』37，1988年。片桐新自『社会運動の中範囲理論』東京大学出版会，1995年。小谷敏「紛争と地域紙～石垣島の経験から」『地域総合研究』17(3)，1990年。同「選挙と新聞」『地域総合研究』19(1)，1991年。松浦さと子編『そして，干潟は残った』リベルタ出版，1999年。
5) ガス化溶融炉は，ゴミを高温で燃やすためダイオキシンがでない焼却炉とされているが，①ゴミの分別が不要でありゴミの排出量の抑制に逆行するものであること，②運転実績があまりなく外国では重大な事故を起こしていること，③処理量の増加がゴミの運搬に伴う交通問題を発生させる恐れ，などが指摘された。後には，同じメーカーの自社工場内の実証炉でダイオキシン漏出事故が起きたことや，このガス化溶融炉が埋め立て処分場の上に建てられており，しかも周囲からは可燃性ガスが出ていることがわかって，安全性への不安が一気に高まった。
6) この地域は，その大部分が旧小野村に属し，かつては1つの共同体であったが，現在は4つの新興住宅地と旧村に分かれている。ただし，新興住宅地と言ってももっとも古い地区は1970年に入居が始まっている。脱退した自治会は旧村であり，その背景には，この地区は町長の地元でもあり，問題企業とつながりのある住民が多かったこと，他の地区とは異なって農業への影響を最重視してこの問題を考えようとしたことなどがある。
7) 詳しくは，高谷清『埋め立て地からの叫び～ある住民運動の記録』株式会社技術と人間，2001年を参照。
8) たとえば，マス・コミュニケーションの効果研究に議題設定機能をめぐる議論があるが，社会運動の当事者たちにとって議題はすでに設定されているのだから，これは後者の過程にのみ適用可能な話であろう。
9) 住民側は，「クローズアップ現代」の報道についてNHKに抗議した。その結果，後に出版された本では，「問題なのは石膏ボードが本来そこにあってはなら

ない何らかの『有機物』と混ざり合った場合だ」となっている（傍点は原文）。NHK「クローズアップ現代」制作班編『クローズアップ現代 vol. 1. 問われる日本の「人」と「制度」』日本放送出版協会，2000年，158頁。
10) 奥田道大「マス・メディアにおける地域社会の発見〜沼津・三島地区コンビナート反対運動の事例分析」『新聞学評論』16，1967年，63頁。

Ⅲ 地震罹災地域の情報意識とアイデンティティ
——兵庫県北淡町[1]の場合——

[キーワード] 地域アイデンティティ（community-identity），集合的記憶（memoire-collective），情報意識（awareness about information），情報空間，安否情報，被害情報，安心情報，生活情報

1. 北淡町と神戸市におけるマスメディア情報空間とマスメディア状況

1995年1月17日，北淡町は兵庫県南部地震によって，死者39名，中心部富島では倒壊家屋が70％に達する激甚災害に見舞われた。消防団や隣保組織が機能したことで「復旧」はむしろ本州側に比べて早かった北淡町であるが，震災から6年以上が経過した時点においても，その中心部の「復興」の姿は神戸市長田区JR新長田駅付近と並んで，往時の様子を想像することを容易にはさせない状態のままである。

阪神・淡路大震災直後の罹災地域における情報環境と情報意識[2]を実証的に描き出した上で，北淡町住民の情報意識と地域アイデンティティの関連性について仮説的に提示することが本稿の課題である。

阪神・淡路大震災の災害情報は，発生直後からテレビ・ラジオや新聞などのマスメディアを中心に，被災地域および全国向けに放送されたが，北淡町には，コミュニティ・ペーパー（地域紙），CATV（自発放送），コミュニティ放送（FMラジオ放送）などが存在しないため，地域マスメディアによる地域情報空間は

形成されていない。これに対して、同じ被災地である神戸地域には、CATV などの地域メディアが存在するため、地域情報空間が形成される。他方、北淡町では、地方メディアとしての神戸新聞やNHKローカル放送（テレビ・ラジオ）や民放テレビ・ラジオのローカル放送などによって、地方情報空間が形成される。さらに、全国メディアとしての全国紙やNHKおよび民放におけるテレビ・ラジオの全国向け放送によって、全国情報空間が形成される。この北淡町の地方情報空間と全国情報空間は、神戸市の被災地と同じサービスエリアのマスメディアの活動によって形成されるため、客観的には神戸市の被災地と同じ情報空間が形成されていることになる。

　阪神・淡路大震災発生時、放送開始直前だったNHKではテロップに続いて5時49分、いち早く近畿ブロック内で総合、教育テレビ、ラジオ第1、第2、FMの5波で速報し、1分後の5時50分から総合テレビとラジオで全国放送を開始し、さらに同53分からは衛星放送を含む7波放送に切り替えて放送した。NHKテレビでは、神戸放送局内の映像（地震発生と同時にスイッチが入り、10秒前にさかのぼって録画するスキップバックレコーダーによるもの）を放送し、地震の強烈さを伝えた。

　他方、被災地にある神戸には、「AM神戸」（ラジオ関西）、「兵庫エフエム放送」（Kiss-FM）、「サンテレビ」（独立UHF）の民放ローカル局と「ケーブルテレビ神戸」（CTK）などのCATVがある。AM神戸は、関西地方をサービスエリアとして1952年に開局したAMラジオ局である。同局では通常のラジオ放送が午前5時30分から開始されていたが、地震直後に十数分の中断、午前6時から放送を再開し、地震報道の体制に入った。AM神戸では、17日の午前6時から20日の朝までの丸3日間、CM抜きで不眠不休の地震放送を行った。とくに、安否情報の報道を開始したのは地震後3時間もたたない午前8時過ぎからで、NHK大阪がFMを使って始めた安否情報の報道より2時間早いスタートであったことは特筆に値しよう。

　「サンテレビ」は、兵庫県と大阪府をサービスエリアとして1969年に開局した独立UHFテレビ局である。サンテレビで通常のテレビ放送が開始されたの

は午前6時30分。放送中のCMを中断して地震報道を開始したのが，午前8時14分である。それ以後，サンテレビでは1月23日午前8時までの丸6日間143時間46分にわたって音楽も一切放送せず，CM抜きで地震情報のみを放送し続けている。地震放送の中心は生活情報であり，この生活情報の報道は地震当日の深夜から放送を始め，それ以後の地域放送の中心になっていった。サンテレビの安否情報の放送は，個人情報まで受け入れると，その対応のための電話回線の占有や限られた放送時間を取られてしまう恐れがあるとの理由で，学校などの団体からの申し出に限って放送された。

　NHKでは地震発生時から2月1日までのテレビの放送時間は総合テレビでは全国向け放送188時間34分，近畿向けが224時間24分，衛星第1が全国向け放送30時間48分，衛星第2が全国向け放送113時間07分，教育テレビでは安否情報を中心に全国向け放送12時間00分，近畿向け放送158時間45分を記録している。またNHKラジオ放送では同期間に，ラジオ第1で全国向け放送258時間09分，FMでは安否情報の全国向け放送が126時間55分，近畿向け放送が162時間30分行われている。

　これに対して大阪の民放テレビ各局の放送は，報道特別番組の時間とCM抜き放送時間の両方において，少ない。この違いは，同じサービスエリアでも直接の被災地にあるテレビ局と被災地の隣接地のテレビ局の報道姿勢の違いがあらわれているといえよう。このように，「被災地の放送局はCATV局を除いて，立ち上がりの時刻に多少の差はあっても，AM，FM，テレビ局それぞれに特長ある地震情報を，途切れることなく放送し続けた。特にラジオ局は被災者と周辺の人々を結びつける有力なメディアとなった。ときには病院の所在地を患者に知らせ，薬品や食料が不足した病院からのSOSを発信するなど，まさに"ライフライン"の役割を果たした」（メディア総合研究所編集部「神戸・被災地放送局の決断」『放送レポート』第134号，21頁）。とはいうものの，「昨年1月のロスアンゼルス大地震の際には，地元のテレビ局FOX-TVは情報や映像が入ってくるまでの間，7本のVTRを繰り返し放送，その後も3日間にわたって随時放送している。①ガス遮断編，②水・電気の遮断編，③応急手当編，④

飲食水の清浄編，⑤飲料水の確保編，⑥電話編，⑦子供編のVTR 7本のセットは，放送局，送信所，中継車，さらに他のビルの4ヵ所に置かれ，どこからでも放送できるよう用意周到な準備がなされているのである。地震放送では，真っ先に2次災害を防ぐためのこうした注意事項と，被災者のための"安心情報"が重視されているのだが，今回の阪神・淡路大震災では地元の3局とも被害情報から入り，これらが置き忘れられた傾向は否めない」(メディア総合研究所編集部「神戸・被災地放送局の決断」『放送レポート』第134号，21頁) という恨みを残している[3]。

2．北淡町住民の情報メディアの利用とマスコミに対する評価
　　　── 平成10年度調査[4]から（その1）──

　北淡町の住民が，地震が発生した1995年1月17日から1ヶ月間に「被災情報」（被害の全体的状況に関する情報）の収集に利用した情報メディアは，「テレビ（地上波）」が74.2%で最も高く，ついで「新聞」(38.2%)，「口コミ」(25.6%)（「友人・家族」＝17.3%，「そのことに詳しい人」＝8.3%），「ラジオ」(17.7%) であり，これら4者でその多くを占めている。「安否情報」（家族・知人・親戚などの安否情報）の収集メディアでは，「電話・FAX・ポケベルの情報サービス」(63.5%) と「口コミ」(62.1%)（「友人・家族」＝48.2%，「そのことに詳しい人」＝13.9%）の両方が最も比率が高く，ついで「テレビ（地上波）」(14.7%)，「新聞」(8.7%) が続いている。つぎに「生活情報」（ライフライン等に関する情報）の収集メディアでは，「口コミ」(49.9%)（「友人・家族」＝27.1%，「そのことに詳しい人」＝22.8%）が最も多く，ついで「テレビ（地上波）」が32.2%，「県や町の広報誌」(26.4%)，「新聞」(20.7%) と続いている。「道路・交通情報」（道路・鉄道等に関する情報）の収集に利用した情報メディアでは，「テレビ（地上波）」が (60.8%) が最も多く，ついで「新聞」(32.0%)，「口コミ」(29.6%)（「友人・家族」＝17.7%，「そのことに詳しい人」＝11.9%），「ラジオ」(15.4%) が多い。最後に，「行政情報」（行政の対応等に関する情報）の収集に利用した情報メディアでは，「テレビ（地上波）」

(38.0％),「新聞」(33.9％),「県や町の広報誌」(33.1％),「口コミ」(31.4％)(「友人・家族」＝14.3％,「そのことに詳しい人」＝11.9％)がそれほどの比率の差はなく,比較的高い比率を示している.既述のように北淡町では,地域紙やCATVのような地域レベルのマスメディアは存在していないため,地域メディアによる地域情報空間は形成されない.それゆえ被害情報や道路・交通情報や行政情報の収集では,自ずと地方あるいは全国レベルのマスメディアに依存せざるを得ず,反対に身近な情報である安否情報や生活情報は電話や口コミなどのパーソナル・コミュニケーションに依存する割合が高くなったといえよう.もちろん,パーソナル・コミュニケーションによって身近な情報を収集するには,北淡町内の日頃からの密接な人間関係の存在が前提になっていることはいうまでもないことである.地震発生後に情報収集に利用した情報メディアが情報の種類によって異なることは,マスメディアの種類と布置状態,地域内での人間関係のネットワークの状態やその密接度などと相関関係があることを物語っている.

　北淡町の住民が日ごろから興味・関心を持って接している情報は,「健康・医療」(29.2％)「消費生活」(18.8％),「育児・教育」(10.4％),「娯楽」(8.7％)などに関する情報だが,これらの情報は日頃,日常生活をおくる上で直接的に必要度の高い情報といえる.これに対して,「政治経済」(5.5％),「社会」(1.9％),「国際関係」(0.6％)など政治・経済・社会や国際関係に関係する情報に興味・関心を持っている住民の比率は相対的に低い(平成10年度調査,関心のある情報上位3つの順位付けの結果).このことは,北淡町における地域生活では,かならずしも個人的レベルの日常生活を超えた情報に興味・関心を持って生活する必要がないこと,あるいは非常に強力な地域アイデンティティが作用していることをあらわしていると考えられる.

　地震発生の直後から被災地である北淡町にもテレビ・ラジオや新聞などのマスコミの取材陣が押し寄せたが,北淡町の住民がマスコミの「取材体制」「取材時の対応」「報道内容」についての評価を問うたところ,「テレビ」は「報道体制」や「取材時の対応」,「報道内容」のいずれにおいても「評価する」比率

が「評価しない」比率を大きく上回っており，「ラジオ」「新聞」「雑誌」と比較しても，「評価する」比率が高い。

3．集合的記憶と地域アイデンティティ

　阪神・淡路大震災は北淡町に暮らす人びとの日常性を集合的に解体・遮断した。地震は街路や家屋を破壊したのみならず生活習慣や価値観を根底から揺るがしたのである。地方都市はこうした生活習慣や価値観を変えようとする試みに対して，街全体として当然抵抗を示すが，この際の抵抗の強さは，その地方都市において集合的記憶がどの程度空間的イメージに依存しているかということを計るバロメーターになる。仮に地域住民が，かれらの街路や家屋に対してまったく表層的かつ偶然的な関係しか感じていなかったとすれば，かれらは瓦礫を片づけ，道路を拡幅することに躊躇しないだろう。が，ここで大事なのは，たとえ崩れた家屋を撤去し道路を付け直すことが可能であるとしても，元の家々や木々や事物の一つ一つとかれらの関係を否定したり消去したりすることは，傍で考えるほど容易ではないという事実である。集団が集団であるためにはまさにこの空間的イメージ（あるいは風景）を欠かすことはできないし，そのイメージは疑いもなく集団の作品（伝統と呼んでもいいが）に違いないからである。

　その観点からいえば，地域における集合的記憶は，不動の（または不動であると考えられる）事物の受動的な存在のしかたに結晶化することで，地域アイデンティティの温床となるのである。地域アイデンティティは，地域住民がその生活を集合的記憶に基づいて再創造・維持しようとする際の一連の集合的行為の動機づけ要因であるから，地域アイデンティティを持った集団は破壊された街路や家屋・生活習慣や価値観を元の通りに再生しようとつとめ，あるいは新しくなった街路や家屋，人間関係のなかに昔の姿を再発見しようと躍起になるのである。まして昔から住み続けてきた土地を放棄することは，たとえ他にどれだけ快適な代替地があっても，最後には自分だけが孤塁を守る事態になった

としても，できないのである。

　ところで，心理社会的社会学において，アイデンティティは静態的なタームとして理解されるべきではない。バーガー＝ルックマンが，指摘するようにアイデンティティは「主観的現実の基本的要素をなすものであり，すべての主観的現実と同様，社会と弁証法的な関係の下にある」[5] 動態的な概念として把握されねばならない。また通常，集団的アイデンティティは，客観的な社会的現実の比較的安定した構成要素であることも確認しておく必要があるだろう。すなわち，アイデンティティは社会過程によって形成されるが，ひとたび結晶化すると，維持され，修正され，場合によっては社会過程のなかでリフォームされることがけっして珍しくないものであるのに，社会過程そのものは社会構造に規定されているという側面と，個人の意識と状況の相互作用の産物であるアイデンティティは逆に，既存の社会構造に対して，それを修正し，さらには変更を迫るという，二つの側面を持っているということである。地域生活において住民が置かれた心理的状態は，住民一人ひとりが現実に対しておこなう社会的定義ときわめて密接な相関を示すのであり，またその関連のしかたがその地域社会の置かれた社会的な諸条件によって規定されているからである。

　集団的アイデンティティは本来，理論以前・科学以前の経験において観察可能・証明可能である。たとえば，同じ兵庫県南部地震の被災地である津名郡北淡町民のアイデンティティと，神戸市民のそれ，また北海道南西沖地震の被災地である奥尻島民のそれとでは，それぞれ異なっていると同時に似通っている部分もあることをわれわれは自分の目で確かめることができる。が，それを記述し理解するだけではアイデンティティへの社会学的アプローチとして十分ではない。集団的アイデンティティと地域アイデンティティの関連について理解するためには，集合的記憶についての見識を深めておく必要がある。なぜならば集団的アイデンティティは客観的現実としての歴史の産物にほかならないが，「歴史は変化の連続であるがゆえにそれ自体は表面上何も起こらず，したがって本質的な変化もなく，当然断絶も混乱もない生活を繰り返しているだけの時間を切り捨ててしまう性質をもち，一旦形成された集団的アイデンティテ

ィを更新する機会を有しないのに対して，主観的現実を生きる諸個人が所属する集団は過去がずっと同一であると感じられるかぎりにおいて同一性を自覚しうるがゆえに，主観的現実を根底から変容することなく過ぎ去った時間のなかでその思考の実質を形成する意識やイメージの永久化を目論む」[6]ことで，日々アイデンティティの更新・補強をなしているからであり，その舞台となっているのが主観的現実を生きる諸個人が所属する集団に内在化する集合的記憶にほかならないからである。つまり集合的記憶は主観的現実を生きる諸個人が所属する集団に対して，時間のなかで展開される集団自身の情景を示すものなのである。その意味で，集合的記憶は，集団が不変であることの証である。

4．北淡町における地域アイデンティティの一断面
―― 平成10年度調査から（その2）――

「あなたにとって，阪神・淡路大震災はもう過去の出来事ですか？」という問いに対して「はい」と答えた人は30.7%であり，調査時点では北淡町民にとって阪神・淡路大震災は過去の出来事，つまり明確な記憶，ではなく，記憶化のプロセスにあるものであったことがわかる。この項目と性別とのクロス集計をおこなったところ，阪神・淡路大震災はもう過去の出来事と思う人では男性が過半数を占めたのに対して，阪神・淡路大震災はまだ過去の出来事ではないと思う人では女性が過半数を占めて，好対照を見せた。女性のメンタルな側面との関りは無論看過できないが，それ以上に阪神・淡路大震災が生活そのものに根底から変更を迫る種類の出来事であったことの影響が少なくないだろう。逆に男性の場合，復興の具体的プランそのものに関る立場にある人が多い中で，積極的にそれを評価することが，いち早く震災そのものを記憶として認識し地域アイデンティティの創造・起動を促すことにつながっていったことを無視できないだろう。しかし，そのことは北淡町で新たに醸成されつつある集合的記憶が，生活をとりもどそうとする側面と社会に働きかける側面とで乖離する可能性を孕んでいること，ともすれば一致した地域アイデンティティの発動を妨

げる要因になることをも意味している。

　ところが，震災を過去のものとして認識するか否かに関して観察された性差は，復興の在り方に関する性差と，ある種の「ねじれ現象」を生み出していることが明らかである。すなわち，復興の在り方に関して，男性では「何よりも，震災前の姿や伝統の維持・回復することを優先すべきだと思う」人の割合が，「何よりも，地域開発や街並みの整備を進めることを優先するべきだと思う」人の割合と拮抗しているのに対して，女性では「何よりも，地域開発や街並みの整備を進めることを優先するべきだと思う」人の割合が「何よりも，震災前の姿や伝統の維持・回復することを優先すべきだと思う」人の割合を倍以上，上回っているのである。阪神・淡路大震災はすでに過去の出来事と認識する男性たちが，むしろ伝統の維持・回復を指向しているのに比べ，阪神・淡路大震災をいまだ過去の出来事と考えられない女性たちが，地域開発や街並みの整備を指向する傾向はなぜ生じたのであろうか。

　復興の在り方の各項目についての性差を細かく見てみよう。その結果，「何よりも，震災前の姿や伝統の維持・回復することを優先すべきだと思う」場合と，「震災前の姿や伝統の維持・回復することを優先し，そのためには地域開発や街並みの整備を進めることが多少立ち遅れても止むを得ないと思う」場合については男性が，「何よりも，地域開発や街並みの整備を進めることを優先するべきだと思う」場合と，「地域開発や街並みの整備を進めることを優先し，そのためには震災前の姿や伝統の維持・回復が多少犠牲になっても止むを得ないと思う」場合および「震災前の姿や伝統の維持・回復と，地域開発や街並みの整備を進めることとのバランスをはかるべきだと思う」場合については女性が，それぞれ過半数を占め，きれいに棲み分けた形になった。男性における伝統重視の姿勢と，女性における開発整備優先の姿勢は各項目のレベルでも徹底していることがわかる。このことから，北淡町の男性が思い描く北淡町の将来像は，震災はもう過去の出来事なので，未来に向けて街並の整備や積極的におこなおう，というのではなく，震災がもう過去の出来事であるからこそ，伝統を引き継ぎそれを活かした新しい北淡町を築こう，というものであり，一方，

北淡町の女性が思い描く将来の北淡町は，震災はいまだ過去の出来事だとは思えないので，震災前の姿に縋りながら徐々に形作ろう，というのではなくて，震災がいまだ過去の出来事だとは思えないからこそ，防災や開発を積極的にすすめる〈過去を繰り返さない〉在り方を目指そうというものである。メンタルな部分で過去を引きずっているからこそ女性は現実の側面で過去と訣別する論理構造の中にあるのに対して，経験の部分で過去と訣別してしまったからこそ男性は現実の側面で過去と共存し，ときに過去と対峙する論理の中にあるのだと考えられるのではないか。このベクトルのねじれは全体のバランスとして適正に機能するものであろうか，地域アイデンティティの形成を遅らせる種類のものであろうか。ちなみに，今のままでは将来も期待できないと思うものとしてあげられた項目ごとの性差を見ることで，一つの推量が成り立つ。すなわち，期待できないと多く思われたものに，「福祉・医療サービス」，「教育施設・教育環境」，「買い物等の消費生活」，「防犯・治安」，「娯楽施設」などがあるが，このうち，「福祉・医療サービス」，「教育施設・教育環境」，「買い物等の消費生活」の各項目については女性が，「防犯・治安」，「娯楽施設」の各項目については男性が，それぞれ過半数を超え6割に迫る勢いとなっている（「娯楽施設」では男性が6割を超えている）。ここから，男性と女性では地域生活をイメージする（あるいはウェイトをかける）位相（深さ）が異なっているがゆえに（それは当然集合的記憶の範囲や厚みとも密接な関係を持つが），ねじれが生じたという解釈が可能である。

5．北淡町民の情報意識と地域アイデンティティ

　震災直後の北淡町住民のメディア接触については大きな特徴がある。それは，情報を得るために情報メディア（マスメディア）と接触したのではなく，被災者としてメディアの取材対象として接触した人が多いことである。確かに，初期情報は消防団や地元の自治団体などのパーソナルなコネクションから情報を得ているが，避難所に避難後の様子，もしくは自宅にあっても震源地の罹災の

様子は取材対象としてメディアから接触を受ける結果になっているのである。そして，じつは平成9年度調査のインタビュー・データを子細に検討するとマスメディアに対する評価は，明らかにマスメディア側の取材の姿勢に距離を置く批判的な表現が少なくない[7]。震災の物理的精神的傷がすでに表層ではある程度癒されていると思われる調査実施時点において，いまだ，記憶の中にマスメディアに対する嫌悪や疑問の感情が見え隠れしていることについては，マスメディア側に取材の在り方や罹災住民との接し方などに関して再考を促すことになるのではなかろうか。

さて，同じ被災地でも神戸・西宮などのいわゆる都市部と比較して，メディア接触の手段や種類が限定されている北淡町においては，地域アイデンティティの形成や喚起に対してメディアが与える影響は，それがプラスに機能する場合であれ，マイナスに作用する場合であれけっして小さくはないと考えるべきであろうか。確かに北淡町では地域に密着した情報に対するニーズが高く，そのことが求心力の高い地域アイデンティティを発生させ，あるいは育てているようにも見える。しかしながら，すでに指摘しておいたように北淡町に地域メディアは存在しない。北淡町の人びとが得ている地域情報は地方メディアないしは全国メディアによるそれにほかならないのである。むろん，淡路島をカバーエリアとする各地方・全国メディアが，視聴者のニーズによく応えていることは考えられる。が，それにしても物理的・資源的に限られた条件の中では地域アイデンティティを育むだけの体制作りや番組作りがなされる余地は大きいとはいえない。質問紙による統計調査のデータにあらわれた，北淡町住民の地方・全国メディアに対する信頼や依存は，一見，先に述べたインタビュー・データに基づく指摘と矛盾するようであるが，これは個人的体験の記憶に基づく表現と，現実のマスメディアの機能や実績に対する客観的評価とは分けて考える必要があることを示していると同時に，それは，両者の齟齬の証左でもある。すなわち，北淡町においては情報に対するニーズと報道機関に対する評価は必ずしも連動しているわけではなく，その意味では，むしろ地域アイデンティティが先にあって，それが人びとの関心を地域情報や現実にその地域情報を伝達

している地方・全国メディアへと向かわせ，あるいはそれに対する信頼感へと結実させているのであり，メディアによって地域アイデンティティが喚起されたり，増幅されたりしている可能性は低いと考えざるを得ない。北淡町においては情報意識が地域アイデンティティによってつくられているわけで，しかも情報意識がもたらす地域情報はダイレクトに地域アイデンティティに反映されるものではないのではないか。そうしたもう一つの「ねじれ」現象があるからこそ，地域アイデンティティの有り様そのものが「ねじれ」ているとも考えられるだろう。

1) 北淡町は昭和30年に，仁井村・野島村・浅野村・育波村・室津村の5村と富島町が合併して成立している。淡路島の西北端に位置し，平地は海岸線に限られ山地が多い。東西11.6km，海岸線が18km，面積が51.0km^2，平成9年4月1日の時点で，人口10,994人，世帯数3,642を数える。

　　産業別人口比は，平成4年時点で，第一次産業30％，第二次産業26％，第三次産業45％。産業構成比は，第一次産業14.5％（農業4.7％，水産業9.7％），第二次産業33.1％，第三次産業57.6％となっている。

2) 情報ニーズの指向（sense of information needs）と報道機関への評価（estimation for media）の合成力。

3) NHK放送文化研究所が阪神・淡路大震災の被災者に避難所で面接して行った調査（有効回答498名）の結果によると，避難した人たちがまず知りたかった情報は，余震情報や知人・親戚・家族の安否情報などである。これらの情報を実際に知ることができたのは，36％で，情報の入手の手段はラジオが39％，口コミが30％，テレビが28％となっている。被災者のなかでは地震情報や安否情報の入手のメディアとしてラジオをあげる人が最も多かったが，地震発生直後にラジオを持ち出せた人は，わずかに8％にすぎなかったことが報じられている（1995年2月28日付，毎日新聞朝刊）。

4) 著者は，平成9年度から3年間にわたり北淡町において社会調査を実施した（このうち平成9年度～10年度については文部省科学研究補助金の助成を得た）。本稿に使用した調査データはその一部である。

　　なお，平成9年度，10年度の調査概要は以下の通りである。

　　★平成9年度調査
　テーマ：地域社会における日常性の再生過程に果たす「地域アイデンティティ」の役割
　　調査名：北淡町住民の地域アイデンティティに関する調査

対象地：兵庫県津名郡北淡町　富島地区及び育波地区
　　　対象者：富島地区・育波地区在住の20歳以上の男女
　　　抽出方法：富島地区…無作為抽出（抽出台帳はNTT電話帳より作成），各世
　　　　　　　　帯では調査日までのいちばん近い日に誕生日を迎えた人
　　　　　　　　を対象者とした
　　　　　　　育波地区…層化抽出法
　　　　　　　　（抽出台帳は平成9年9月1日現在の北淡町有権者名簿）
　　　調査方法：訪問面接調査法【質問紙法・インタヴュー法併用】
　　　調査期間：平成9年11月12日～15日
　　　対象者数：500サンプル（富島地区330サンプル，育波地区170サンプル）
　　　　　　　（内有効票，富島地区247サンプル，育波地区130サンプル）
　　　有効回収率：富島地区247/330＝74.8％，育波地区130/170＝76.5％
　　★平成10年度調査
　　　テーマ：地域社会における日常性の再生過程に果たす「地域アイデンティティ」
　　　　　　の役割
　　　調査名：北淡町住民の地域アイデンティティに関する調査2
　　　対象地：兵庫県津名郡北淡町
　　　対象者：北淡町在住の20歳以上85歳以下の男女
　　　抽出方法：層化抽出法（抽出台帳は平成10年6月19日現在の北淡町有権者名
　　　　　　　簿）
　　　調査方法：訪問面接調査法【質問紙法・インタヴュー法併用】
　　　調査期間：平成10年9月16日～19日
　　　対象者数：606サンプル（内有効票469サンプル）
　　　有効回収率：469/606＝77.39％
5)　P. バーガー，T. ルックマン（山口節郎訳）『日常世界の構成』新曜社，1977年，294頁。
6)　M. アルバックス（小関藤一郎訳）『集合的記憶』行路社，1989年，96-97頁
7)　たとえば以下のごとくである。「（前略）ま，せやけど港の方は県の方やら国からな，ようしてくれた。すぐ復興するようにな。みんなしてくれたし，で，自衛隊がみな来て入ってな，これみんな片づけてくれたし，そりゃ復興早かった見事なもんやったな。んで，こんど水道が止まったやろ。もう全部寸断されとるんや。んな水あれへんや，こんな高台に家建っとうから。こりゃ水もらいにいくのがな，大変や，もう。で，その時やったら弟の家この下やったんや。買っとったんやな。もうそこは潰れてしもうた。ペチャンコに潰れたし，で，まあ仮設におったけどまあ，家来て飯食ったりしとったわけよ。まあこんだけあるさかい，まあ来いやいうて。（中略）で，この家映っとったんや。NHKもここで御飯食べ

たりな，いろいろしとったがな，NHK がうるさくてな，どない撮らしてくれ，撮らしてくれ，もうかんにんしてくれや，もうこんな震災の時やさかいなあ，どないせえ，あれせんとってやっていうて，このままおいとってやってくれいうたけんど，まあこりゃ全国放送でな，まあその記録に残すんか，それもあるしいろいろあっさかいまあ撮らしてくれいうさかい，まあ，で撮らしたわけよ。だからほんまにあの時だけほんま生きたここちしなんだかった。こりゃもうドーンいうたもんな，もうジェット機ほんま，大っきな飛行機でも上からはたけったみたいな，もう一発やもんな。カカカいうてブウァーしてドーンと，あんな恐い夢知らんわ，そやから工場の方のやつな，全部写真とってな，どんだけここでもってどんだけやられとった全部写真とっておいてあるんねん。（後略）」（Y. S. さん　男性）（録音を書き起こしたもの）。

参 考 文 献

『ライフヒストリーの社会学』中野卓・桜井厚編，弘文堂，平成7年
『社会的アイデンティティ理論』M. A. ホッグ・D. アブラムス著，吉森護・野村泰代訳，北大路書房，19955年
『放送メディアの送り手研究〈増補版〉』美ノ谷和成著，学文社，2001年
『ドキュメント阪神大震災全記録』毎日ムック，毎日新聞社，1995年
『鏡と仮面　アイデンティティの社会心理学』A. L. ストラウス著，片桐雅隆監訳，世界思想社，2001年

　　付記：佐藤智雄先生には，平成9年度現地調査の準備段階から，とくに地域アイデンティティと集合的記憶の概念構成およびインタビュー調査実施のための作業フレームの構築などについてご指導をいただいた。また現地調査に際しては北淡町までおでましいただき，神戸新聞社における資料収集や地元有力者からの聞き取りなどを通して細かな点にいたるまでご指導いただいた。記して感謝申し上げ，あらためて先生のご冥福をお祈り申し上げたい。
　　Ⅲ-1 に記載の，あるいはⅢ-1 論述のために用いた資料の多くは，平成13年5月に佐藤先生の後を追うように亡くなられた美ノ谷和成先生が収集，整理されたものである。美ノ谷先生にも阪神・淡路大震災に関わる科研費の共同研究者として，とくに情報関係の資料の見方，調査票の構成等についてご指導いただいた。記して感謝申し上げ，あわせてご冥福をお祈り申し上げたい。

執筆者紹介（執筆順）

林　　茂樹	中央大学教授
前納　弘武	大妻女子大学教授
梅津　顕一郎	呉大学助教授
岡澤　憲一郎	名古屋学院大学教授
林　　暁光	金沢学院大学助教授
飯田　良明	千葉経済大学教授
豊沢　　敏	財務事務官
小谷　　敏	大妻女子大学助教授
新井　克弥	宮崎公立大学専任講師
松澤　　勝	立正大学教授
佐古井貞行	愛知教育大学教授
守弘　仁志	熊本学園大学助教授
松下　育夫	静岡精華短期大学教授
岩佐　淳一	茨城大学助教授
早川　洋行	滋賀大学助教授
植村　貴裕	立正大学助教授

情報化と社会心理

2002年2月10日　初版第1刷発行

編著者　　林　　茂樹
発行者　　中央大学出版部
代表者　　辰川　弘敬

東京都八王子市東中野742-1
発行所　中央大学出版部
電話 0426(74)2351　FAX 0426(74)2354

© 2002〈検印廃止〉　　　　　　大森印刷・法令印刷

ISBN4-8057-6140-7